意識探索

李國榮（Vidya Lee）、
「意識／心靈／靈性結構」LINE社群　合著

內在規則的思索與調校

作者群序

〈 李國榮（Vidya Lee） 序 〉

本書以匯集網路社群（LINE 社群應用程式）之「共創文體」的撰寫描述方式，將「意識相關議題」以探討、討論、對話的內容，呈現出所要表達的內涵。現代的「共創文體」比起之前的對談文獻來說，則具有更多的特色。特色如下：

1. 去中心化的多方會談

   雖然說「對話」的陳述方式，並不新穎，從古至今諸多的文獻也都有以對話的方式來記錄，不過「共創」並非一對一的對話，而是「多方會談」，因爲「多方會談」雖然不容易聚焦內容，不過也可以更開拓對話範圍，減少侷限。

   一般文獻內容都是具有作者個人的強烈色彩，下一個明顯的結論是需要的，因爲那是作者提出個人觀點，以尋求閱讀者認同的過程。此與「共創文體」可大幅增加多人的觀點，而非僅局限於作者的個人觀點，也能達成「去中心化」的效果。

2. 通訊方式的工具拓展

   由於現代網路科技的發達與普及，本書內容均來自於網路（LINE）社群的內容彙整而成。所以具有「網路無時間與空間限制」的會談對象，也就是說參與對談討論的社友們，在任何時間地點，只要能連上網際網路，就能進行對談。

3. 共同創作的內容共享

   既然是「多方」探討的內容記錄，其紀錄內容的所有權，當

然是屬於社群所有，將其內容應用於「公益之用」，更能彰顯「內容共享」的核心價值。

其實我個人對於「意識議題」上的核心觀念與《意識結構：重新設定生命源頭，開啓最高自我的終極進化程式》一書中所載的是一樣內涵，差別只在於與大家討論，可由更多觀點與角度切入來思考彙整。在此狀況下，可以促進對於「意識結構的理解架構」與自己原本的內在規則，產生更多的關聯，也能產生更高與更協調穩定的心智複雜度。而「與自己原本的內在規則，產生更多的關聯」就所謂「加強理解能力」，也是建構完善心智功能的可行方案。

在本書內文中，我個人主要以《意識結構：重新設定生命源頭，開啓最高自我的終極進化程式》的基本架構觀來分析與彙整各種議題，其中涉及到較多的觀念，則來自於《一的法則》這部通靈訊息，目前已有網路免費電子版，並由熱情團隊來義務維護與更新、註解。當然推廣《意識結構：重新設定生命源頭，開啓最高自我的終極進化程式》一書的內涵，也是我個人多年來的目標與期望，但是以「多方會談」的方式來進行「議題探討」，或許能從更多角度來讓自己藉此調整一些之前誤謬與偏差的觀念（內在規則），也同樣感謝社友們的熱情參與，共同集思廣益與多方指教。

本書以社友們熱情捐獻的方式（每人樂捐最多以新台幣二千元爲上限），來籌得相關出版費用成本，目的也是實踐「共有共享」的精神。未來意識提升至第四密度（星光層次的意識狀態），亦是以提升至「群體化」的意識狀態爲目標的，這也符合「意識演進」的過程。

〈 Eternity 序 〉

覺得自己與外界格格不入？知道世界變化卻無所適從？來看這本書就對了！你的意識在提升，你的大腦還無法知道意識在想什麼，這時需要的是更深入、有秩序地認識宇宙的祕密，讀過之後，就可以在宇宙中游刃有餘。

〈 小花 序 〉

重新學習認識自己：要發現自己的內在規則十分不容易，從觀察自己的情緒入手，比較直觀容易判斷，學習思考、辨認察覺屬於自己和他人的情緒和想法，大腦想要的，和自己真實想要的，不一定是同樣的東西。

〈 H 小 序 〉

本書邀請所有讀者參與，探究萬物運作的原理、內心運作的規則，想要知道「我是誰？從何而來？意欲何去？」無論過去、現在、未來，你都是我們邀請的對象。

〈 Archi 序 〉

在資訊海量的時代，我們聽見一些「關注自己」的聲音。但當你隨之重新回歸到自己的內心時，你不得不被意識、維度、靈性等名詞搞得暈頭轉向。這本著作將透過脈絡化地梳理、重新認識你的內在規則，讓這條「重返內在」的路變得更加清晰、透明。

〈 HENRY 序 〉

意識結構在科學、人文及生活中都是可以運用的，不神祕的變成神祕的，神祕的也變成不神祕的了。藉由自我覺察及不同意見討論來認識自己，過程不容易卻也覺得非常值得。

〈 實相的愛人 序 〉

一個徹底探究過自己的人，終將會了解內在與外在的實相。

〈 Janis 序 〉

老是對神鬼有疑問、好奇甚至有受到困擾！？來讀讀這本書。當你懂得什麼是「意識結構」，所有事情不再神祕，神鬼也不再神鬼。

〈 Pearl 明珠 序 〉

「意識結構」並不艱深難懂，數理公式、物質科學，僅是 Vidya 用來描述顯隱雙態性及能量原理的工具，目的在於整合科學與靈性。接觸「意識結構」之後，須進入實作階段，不斷在生活中自我察覺、思考運用，進而修改內在規則，方能有所獲得。

而個體的進步，亦猶如涓滴匯入巨流，終將回饋至群體的進化、提昇。翻開這本書的同時，您也參與了群體意識的更新旅程，祝福您！

目錄

意識探索
內在規則的思索與調校

參閱事項

1. 本書中所參考的《意識結構：重新設定生命源頭，開啓最高自我的終極進化程式》一書，是指「遠流出版社 2019/06/27 出版，作者李國榮 Vidya、黃逸美 Amy」，參考網址爲 https://www.books.com.tw/products/0010825388

2. 書中內容提及「頁數」的參照，是指《意識結構：重新設定生命源頭，開啓最高自我的終極進化程式》這本書。

3. 書中有一些內容相關的網址連結，若讀者有興趣可逕自上網查詢。

4. 本書所探討的內容，均來自於「LINE 社群」，社群名稱爲「意識/心靈/靈性」，網址爲：
https://line.me/ti/g2/g2OzCuFovDkC6Oeq7GWatrtr7XTiEpTtI23zFg

第一章　察覺機制

/聯覺妄念/睡眠機制/飲食機制/何謂真實/察覺過程/
/語言模型/慣用語句/能力與性質/意識焦點/

（章節簡述 Vidya）所有無形的、抽象的內涵都包含在「隱態」之中，是無形的「域」，沒有在何時，也沒有在哪裡，沒有在何時，也沒有在何地，更不是在哪個密度、層次、維度、或時空之中。然而「無形」並非是甚麼都沒有的「無」，也不是甚麼都不包含的「空」，而是「虛」也是「幻」的意涵。我們總是需要「以有形描述無形，以顯現形容隱藏」，因為察覺能力的觸動即是「感知能量」，這是察覺的唯一的途徑。「隱態」中包含的亦即是整個意識，除此之外，別無他物。

「抽象化」（abstraction）實際上指的是「察覺能力的拓展」，也就是擴大察覺頻率的範圍。就如我們感官所能察覺的光譜（視覺）、音譜（聽覺）、氣味分子震動頻率（嗅覺、味覺），以及身體所可接受到的能量頻率範圍（觸覺），都只是視覺化、聽覺化、嗅覺化……的「感官化」功能，至於察覺到的景象、聲音、味道、觸感……。感受、感覺、覺受，感受有非常多種，每一種「特性」與「強度」都不盡相同，就「感受強度」來說，當我們「察覺能力」增加時，就能察覺到腦中更多樣化的、細微的頻譜，然後可察覺的感受種類就會增加，一般則稱為「更細緻的感受」。這些「感官化」轉換過的訊號會「連結到」甚麼樣的情緒，接著關連到甚麼想法、思維、觀念，那就稱為「抽象化過程」。

那麼要如何增加「察覺能力」呢？在「心智階段」上來說指的是，放開心胸、思考思辨、解除心結、超越恐懼、探尋人生與生命的意義。

1.1 聯覺妄念

V：談談「聯覺」好了，聯覺與「胡思亂想」有甚麼差異呢？

H：「聯覺」是不同事物的關聯吧？如果只是關聯的話，應該不會有「胡思亂想」時的情緒反應吧？

V：通常「聯覺」的意思是說，五感會相互關聯，比如說看到顏色會有味道，聽到音樂會有顏色，或者聞到熟悉的家鄉味，會產生思鄉情懷……也都算是聯覺。不同察覺類別之間的連鎖效應。

H：這樣說來，很少有不是聯覺的感覺啊……

V：不會啊，通常說「無感」，就大概沒有聯覺發生啊，比如說看到一堆錢無感……這類的。

Sp：聯覺是有一個思緒脈絡順下來的，個人覺得比胡思亂想更有情緒層面在 XD……

V：會不會有時我們的「思緒脈絡」也都是胡思亂想出來的？

Sp：我覺得確實會有耶 XD……

　　靈機一動、神來一筆的想法，如果受自己認可後歸納進去內在規則當中，是不是就是一個新的思考脈絡了？

V：是啊，算是新增一些脈絡了啊！

　　事實上，當我們能夠「思維」的資訊範圍不夠廣泛，就經常會產生「胡思亂想」的結果，因為我們為了要「形成邏輯」，會填充一些所謂「合理推論」的空缺。

Su：看到文字感受到情緒也算是聯覺嗎？

V：是的。

V：呵，你常常看書喔……

R：對耶～

V：我的建議是，或許可以嘗試自己撰寫一些內容，因為僅是讀書（輸入資訊）在「內在規則」的形成上，效果會比較弱，在撰寫的過程中，還兼具彙整資訊以及發現矛盾衝突，進而重整內在規則的過程，使得自己所製作的內在規則，更符合實際運作的規則。也因為這個因素，我個人是比較偏好「各抒己見」的方式進探討，當然引用一些說法，只是協助「自己思考」的材料，並非是按照這些資訊來形成認同的規則。呵，其實這也是「胡思亂想」的由來。

特別說明的是，我並不是反對「看書」啦，只是除了看書，還需要自己彙整的過程，才能進入個人隱態的內在規則，因為每本書或者各種內容的作者，在很多觀念上都會有所出入，這也是正常的狀況。這些觀念的出入，有很多會形成一些矛盾的狀況，若無通過彙整，會使自己的心智功能無法達成一致，也就會產生「解釋不通」的狀況了……當然每個人的狀況不一，大家均可依自己的狀況而定，我也只是建議，大家可參考看看。

其實這也是我個人經驗啦，文章寫著寫著，就會發現自己的內容有些矛盾，然後就需要「重新思考」一遍，看看哪裡的觀念有問題……換句話說，自己嘗試自己思考來解釋一些事情的時候，就會發現自己的思維規則有些「坑」，是自己胡思亂想填上去的，通常自己不容易發現。

因為「心智功能」也會自動幫我們填一些坑，透過自己重新思考一遍都不一定能察覺，更何況從來沒有嘗試自己來解釋

一遍，幾乎是難以察覺，很多狀況是，一輩子都發現不了……其實這也是 AI 有時會胡說八道的情況一樣啦，呵！

所以才會有人說，有人整天想的事情，絕大多數都屬於「妄念」，呵……（不是我說的阿，2500 年前就有人說了啦）。不過「妄念」基本上有兩個意思，一個是剛剛所提的「胡思亂想」，也就是不符合實際運作的規則，另一種是指，我們所有可察覺的訊息皆為「顯化而來」，並非「隱態」的真實存在。（凡所有相皆虛妄），我個人一般說的妄念，指的是胡思亂想這一種的阿。

R：好。謝謝！

H：不是要討論「聯覺」嗎？請問討論到哪裡了？

V：呵，就所謂聯覺聯到思覺時，就容易產生胡思亂想的關聯。

H：那請問一下，為什麼看到顏色會有味道？聽到音樂會有顏色？是大腦裡面自動關聯嗎？

V：因為我們腦神經網路都是連在一起的阿，也就是說，我們諸多的內在規則，事實上已經反映（顯化）在我們生理上的腦神經結構中了，所以我們的內在規則並非「單純的單一可獨立的規則」，都是盤根錯節、相互關聯的「系統」。

　當然關聯都是可以自動形成，但也是可以「人為調整」，也就是我們自主思考時，可以進行關聯連結上的調整。

H：好的。當思覺範圍不夠廣泛且缺乏整合之時，就容易自行腦補，變成胡思亂想嗎？

V：是阿，這是全自動的……當「腦補」的太多，就會容易「失常」了。

He：從去年開始有這種類似的感覺，像是一個人走路時會感覺有黃色、綠色不同顏色之類的光，或一些畫面。某方面我

會感覺開心，因為感覺不只有物質的世界，會比較有意義。

但某方面又覺得這跟認識自己的信念修改好像沒甚麼關係，很容易會沉溺這種感覺，這樣也算是胡思亂想吧。要修改信念好像還是主要是在日常跟人相處生活中比較會做到反省。

V：就「有無意義」這方面來說，有所對頻所產生的感受，就會覺得那件事「有意義」了。

另外「沉溺」於這種聯覺的感受是一種普遍的現象，因為一開始會覺得新奇有趣，這很正常，只是你有察覺只有這種感受，產生不了心智的演進，是很有效的察覺，是持續修改的重要發現。

Yi：有嚴重的聯覺建議去看醫生，說不定是有通感症或其他神經系統的問題。

如果你看一個畫面會聽到聲音，聽一個聲音會感覺到被觸摸，各種感覺沒有分界的連在一起，沒有胡思亂想才奇怪。

V：呵，是如此阿，就算是已經聯覺到「觸覺」的程度，其實也是可以調整的，這有兩種狀況，一是拒絕、二是接受。

通常這種情況大多是以「拒絕」方式來處理，因為這會引起令人不舒服、不悅的感受。拒絕的方式，則是要改變自己的內在規則，然後顯化在腦神經網路中，形成新的腦結構能量場的性質，之後就無法與這類的外在能量共振感應，內在自己產生的聯覺也是相同的方式處理。「改變內在規則」的方式，是在這種感受發生時，告訴自己拒絕這樣的聯覺關聯，重複且多次，最好是能配合「想像其他平靜的身體感受」，

以達成改變規則的效果。

接受的話，其實並不用刻意做甚麼，因為並不會感到不悅，所以發生也無妨。只是須注意的，還是不宜「沉溺」這種感受，因為並無助於自我心智修改的過程。

Yi：這邊為群主舉例我之前看過的通感症報導，有個小朋友從小看到數字就會聯想的一個顏色，本來童言童語說 1 是綠色、2 是黃色，都不是什麼大問題，他一直用這樣的方法認識世界直到大了遇到複雜的計算，他的聯覺給他帶給一定程度的類似閱讀障礙才發現他有通感症的問題。

V：建議是需要給小朋友一個「正向」的解譯，這並非不正常的狀態，但別人未必是如此的感受，也要接受別人不同的感受。

Yi：那想請教你又如何認為有人稱通感症是天生藝術家體質的說法呢？畢竟他們能把各種感官結合在一起。就好像一個情感豐沛的藝術家聽完一首激昂的交響樂，然後慷慨激昂的作畫。

V：因為這類特性的人，以前比較少，所以當他們以自己所察覺到的感受來表達出各種作品時，會以一種異於常人的方式表現，所以才會具有所謂的「藝術價值」，因為讓一般人可以看到事物另外一面的表現，產生不同的感覺。其實是很好的事情，對於大家的察覺能力，也是有催化的效果。

Yi：梵谷美術館有一句話寫「梵谷不是因為有精神病才創作出世界名畫，而是背著病還是畫出世界名畫」，作為一個精神病患者我基本上是反對這句話的。常久的疾病已與主人格不可分割，但早就他經歷的一切，不能說因為有病他才畫的出世界名畫，但絕對無法否定疾病是他的一部分。

V：以前之所以會將這種情況視爲「病症」，主要還是「理解運作原理障礙」所產生的結果，現在所知不同，自然就不會有這樣的狀況了。其實他只是「當時沒有理解腦部結構運作方式」所形成的結果，只要有適當的理解，這並不會產生與社會的隔閡與障礙……

Yi：你的意思是如果梵谷到現代不會被認定有精神病嗎？

V：至少我認爲以現在對這類狀況的理解狀態，不見得會被武斷的判定爲精神障礙阿，至少我不會這麼認爲阿，簡單的說，也算是當時的「時不我予」吧。（參考：https://www.facebook.com/groups/4076303352718603/posts/1709664052515220/）

Yi：沒有冒犯的意思，但作爲一個精神病患者+學藝術的，我個人認爲梵谷當時的所做所爲，比如堅信黃色顏料的能量，吞顏料的等等。只能說他應該會得到一個相對友善的環境，而不至於如此悲涼的自殺失敗是失血過多而死。

V：其實我認爲並沒有甚麼「精神病患」這種事情啊，只是心智功能需要理解與調整的過程，以便適應集體意識的狀態而已。這也不是有甚麼問題。

Yi：我當然也是這麼認爲，但病理學有病理學每個年代的定義，至少從目前醫學手段能給出的解釋就是我有潛在躁鬱症基因，我的後天經歷觸發了它。我很幸運生在一個有較爲有效「控制」手段的時代。我當然也不想認爲我是精神病患，但如果我我不認爲，我拒絕西藥，我就會被抓去關起來。

V：吃藥其實只是「治標」的方法，無法治本……

Yi：我知道，所以有人引薦我來這個群組參與討論謀求新的可能。

V：「治標」當然也有必要性，但行有餘力，還是需要治本。

Yi：我大概看過記事本的文，基本上認為是我早期純憂鬱症的時候過度追求心靈寄託嘗試通靈導致的心智功能異常，然後躁症的過程基本上就是無限聯覺，發神經的狀態，被控制生物電的藥物，鋰鹽強迫壓抑下來。但這不代表我的腦神經迴路不存在那塊 BUG，只要西藥強迫我的腦不走那塊神經迴路。

V：也不是「強迫不走那塊迴路」，只是「整體降低你的察覺能力」……

Yi：很冒昧的，想請教，我該如何治本？

V：其實也不複雜，就「解開心結」。關於「解開心結」的議題，其實我是寫了蠻多的，因為這挺重要的，建議你有空可以多參考與思索。

參考 FB 社團：

https://www.facebook.com/groups/407630352718603/

Yi：醫生給我的說法就是，腦神經有可塑性，如果這塊迴路你走的越多次，他就會越敏捷跟強壯，就更容易發神經。

V：這個說法也是對的，只是副作用是「其他區塊」同樣被降低了。

Yi：是的，所以出院初期我有肢體協調障礙、語言表達障礙。因為我的整個腦都被拖慢了效率。

V：是阿，藥物沒那麼厲害到，可以「定位功能區塊」，都是整體抑制的阿。

Yi：目前病症較爲穩定所以已經減藥了，至少正常生活看不出來有狀況。

V：所以建議你可以嘗試開始解開一些心結了。有個原則也挺簡易的，一旦你發現自己有負面情緒（生氣、不爽、介意、無法接受、悲傷、難受……），背後就一定會有心結存在，而且有時不只一個阿。

Yi：我看到很多人推薦我解開心結，催眠可以嘗試催眠，您認同嗎？

V：「催眠治療」或許可以嘗試，但要看催眠師的狀況。

Yi：爲何我感覺不到我的心結呢？我是不是還其他需要處理的問題。

V：因爲你之前「察覺能力被藥物抑制」了。

Yi：但如果我停止吃藥我就會被強制送醫。

V：減藥就可以了阿，只要你還保持了可「自主思考」的狀態，就可以了。

Yi：好的，了解，謝謝群主。

V：別客氣。

H：請問：1. 嘗試「通靈」發有哪些風險？

V：過度詮釋現有訊息，導致內在規則不當的關聯過多。

H：2. 發生「無限聯覺」的原因是？

V：當「內在規則不當的關聯過多」，會在腦神經網路形成過多「死結」（dead lock），致使執行過程無法終結。關於死結，可參考：
https://www.facebook.com/groups/407630352718603/posts/742730685875233/

J：無限聯覺，也蠻像將整個接受到的訊號波都糊在一起，無法透過小我的載體去清晰分辨感受與體驗，進而修復內在秩序。

V：通常無法解譯的訊息，我們會將之做「忽略」（丟掉 drop）的處理。

H：「系統障礙」是一般人都會發生的嗎？嚴重到一定程度，才會被西醫定義為「精神疾病」嗎？對你來說，沒有所謂的「精神疾病」，都只是「系統障礙」嗎？

V：是阿，通常大家或多或少都會有輕度的系統障礙啦。這些都只是一些「障礙」而已，修復即可。

R：大家都閱讀〈心結——如何解除心結？〉一文會很有幫助的。

V：其實只要「知道心結是怎麼一回事」，或多或少都有助益，當我們開始發現自己的心結時，這些所知就會開始被執行，產生反應效果，不過也是要看個人的意識狀態而定了。

R：可以為我對「看個人的意識狀態而定」說明嗎？我非常想知道。

V：意思是說，當我們察覺到心結所在的規則時，能否修改，要看當時自己的意願與能量狀態，若無意願，或者沒有足夠的心智能量，兩者缺一，便無法施行有效的「解除心結」程序了。

J：補一下前面提到的：

「一開始出生時生理功能尚未發展成熟時，是比較無序的（但也有基本的秩序），隨著生理的逐漸發展，會逐漸產生更多秩序（先天業力規則+後天事件的解讀）。」

太陽系的行星都是清晰「不同階段」的意識水平，而這也是我們集體的心智背景（業力模組/先天）。若我們在太陽系電磁場域（幻方），無法清晰的分辨不同階段的「意識的能力」，就直接接受更多更高的意識頻率（像通靈），就會像是一堆沒有接通的電池，無序的放一起，無法正常通電之外（無法運作），甚至還會不小心漏電（波頻異常接收）。

V：其實特徵差太多的訊息，是收不到的阿，因為無法共振啦。電池的描述是有點像，但這太過簡化，無法描述「特徵」的狀態，比較容易誤解，建議試著往「結構特徵」的方向來思索。

J：在細化一點，就是行星集體下化身，目的也是為了糾正太陽系系統的業力（規則運作力），並創造一個新的集體現實（演化），而縮放到每一個化身個體時，就會讓每個人有機會清晰的接收到訊號的實際體驗（顯化）。

V：這描述我認同。

R：請問：要如何能有足夠的心智能量。我知道只有自己為自己的付出才能。但我想知道要如何做？

V：這主要有兩個部分，一、開源：身體運作機制需要以「正常運作」為基礎，才能產生足夠的心智能量。二、節流：盡量減少「胡思亂想/妄念」所消耗的心智能量，才能在有需要時啟動「自主思考」的程序。

R：一和二都是日常的工夫，但這兩個部分都需要以察覺為開始進行嗎？我實在是很想知道去實踐的具體方式。

Yi：1. 可以先從中醫著手，中醫講氣血、臟器的平衡，把脈就知道你那邊需要加強，先把身體穩固好。2. 可以從佛法講斷念開始，斷念是停止你的思緒無論好壞可能的延伸。

V：這是很好的建議。

V：是阿，當然都要以「自我察覺」爲基礎，所以才會不斷強調這一點。在「開源」的部分，當我們可以「自我察覺」時，就能注意自己身體的反應，採取一些「生理措施」來維持身體正常運作。比如說，察覺自己哪裡不舒服的原因，可能是熬夜或者在哪件事上過度消耗體力，又或者吃了甚麼東西所導致……。

在「節流」部分，主要是觀察自己的各種意念，是否眞的需要去擔心或困惱，通常都是對事情無法解決、或對未來狀況的擔憂，又或者是會產生負面情緒的事件……，當自己無法解決時的理解產生，也就是知道發生原因無法操之在我，那麼就可以停止再去想那些事情了。

1.2　睡眠機制

H：那要如何知道自己的能量夠不夠用呢？

Z：想睡覺的時候。

H：想睡覺是因爲「疲累」？還是因爲「無聊」？如何分辨？

Z：無聊會想睡？沒有這種經驗。

H：好羨慕。

V：這個問題挺不錯的阿，事實上我們一般狀況下，身體上的能量也不少，可以持續運作挺久的阿，不然還可以「持續補充」就行了，爲何一直要睡覺做啥？（有人就覺得睡覺是浪費時間阿，呵），那「累了」到底是啥米意思呢？「無聊」又是什麼意思呢？爲何無聊會想睡覺呢？

V：（題外話，我認爲只要真的搞懂吃飯與睡覺這兩件事，其實差不多可以開悟了）

H：有位講師每次聽我報告都會打瞌睡，想問他是因睡眠不足？還是因爲我的報告太無聊？哈～

L：是因爲載體不行了。

Le：是可以睡覺的聲音。

V：呵，不對頻會無感阿，那無感時「腦神經元結構」在做甚麼呢？

R：我想知道。

V：呵，就發生在每個人身上阿，你覺得「他們」在做甚麼呢？

R：他們在玩，在自己和自己玩。

V：「他們」可不可能是正在休息，沒有在活動？

Z：缺氧中？因為不對頻是一種更大的耗能？

V：「太平靜」似乎也會令人想睡喔？呵！

H：「無感」的話，耳朵還是會持續接收訊息吧？但是大腦裡沒有「對應」的結構可以解讀？只能進入「待機/休息」狀態嗎？

R：不可能在休息，心智繼續活動著啊！

V：哈，是阿，無可解讀處理的資訊阿，只能停止活動了阿！

V：當我們躺在床上要睡覺時，「腦神經元網路結構」他們在做甚麼？

Z：整理清洗資料。

V：準備待機，只維持最基本的生理運作，待機一段時間後，才會自動啟動一些「背景作業程序」，也就是我們經常說的「清除資料、整理連結、重組記憶資料……」，所以若無法進入待機睡眠狀況，這些「背景作業程序」無法執行，腦部就會產生許多雜訊，然後我們就會查覺到「很累」的頻譜了。

R：原來如此。

V：是不是要等到他們「比較平靜」之後才能睡著呢？

H：如果心裡有罣礙的話，會需要平靜一下？至少決定一下明天再想？先睡再說。

R：肯定是不停止的繼續做著什麼。

V：背景作業好像沒有那麼早開始吧，這樣會不會失眠？

R：持續繼續做的那個部分和睡眠無關的。

V：其實這就是失眠的原因阿，腦部只是需要維持最低度的生理運作阿！

R：那睡的很好的時候，腦神經在做什麼？

V：睡得很好有兩種情況，一種是平常對於腦部活動的察覺就比較少，所以很好睡，比較不會受到腦部活動的影響，另一種是內心本來就平靜的人，腦部不會產生太多活動，這樣也很好睡。當然這都是在身體運作正常的狀況下，身體運作異常的狀況，也會使得腦部無法停止活動，失眠或淺眠很容易發生的阿。

R：那我想問睡不好的人很多，吃安眠藥的人很多，睡不好的原因是腦部？

V：身體+腦部，都有關聯阿，身體與腦部的狀態，來自個人的意識狀態阿！

H：請問一下，我的經驗是當大腦開始待機之後，緊接著會有「沒頭沒尾」的夢境。請問這個夢境也是大腦的運作嗎？

V：是阿，是那些「背景作業程序」正在執行時，我們的意識焦點移回腦部所產生的頻譜察覺。所以其實我們需要「睡覺」是因為要執行這些「背景作業程序」，以及身體需要代謝雜物、毒素，還有充電，維持最基本生理運作時，效率最高。

H：所以「疲累感」的來源是「背景作業程序」無法執行？那再請問「無聊、平靜」而想睡覺，表示「無聊、平靜」會讓我們切換意識焦點嗎？

V：是阿，因為腦神經活動度很低，導致腦部的能量場（電磁場）改變，所以意識個體就難以介接，我們稱為「睡著了」阿。

H：如果內心很平靜，但是察覺很敏銳，就不算是「腦神經活動度很低」了吧？

V：是阿，也算是低度活動阿，只是要看有沒有低過意識個體介接的臨界值，太低同樣會睡著，只是通常察覺敏銳的人，臨界值會比一般狀況更低阿。

Z：請問個體介接臨界值是？

V：是指能量場的一個範圍，我們意識個體可以介接載體（身體腦部），是需要腦部能量場在一個特定範圍之內，不然沒有條件可以介接完成阿！

Z：但不明白所謂察覺敏銳，能量場就低的意思？

V：因為察覺比較敏銳，所以腦部能量場活動太大量的話，會令人覺得「頭腦爆炸」阿，所以能量活動一定要低一點啊，不然會很嚴重阿。

Z：好的好的，注意爆炸。

V：那為何夢境會產生「惡夢」呢？

Z：惡夢是無法解開的心結日積月累下的雜訊過多，導致不合理複雜的多層次及意像的呈現？

V：是如此啦……

V：所謂心結呢，就是當腦部啟動「背景作業程序」時，被掃描執行到時，就會產生很多畫面聲音情節，然後本來就有連結到負面情緒產生的區塊，就產生這些惡夢的劇情了。

R：哇！厲害。

V：說一件更特別的事情，其實「美夢」跟噩夢產生的過程都是一樣的阿！

R：那我想起我的夢不是美夢也不是惡夢很多是讓我醒來以後「原來如此」的恍然大悟的夢。

V：呵，其實這種夢的產生過程，也是一樣。

V：那若是睡了很久也睡不飽，睡起來還是覺得蠻疲累的，是甚麼狀況呢？

Z：我有比較過有一種睡眠型態的身體修復狀況較好，就是感覺像睡一秒的睡眠，這跟睡很久睡不飽完全相反，但不知為何？

V：因為腦部與身體清理修復的效能很好啊，所以在「背景作業程序」運作期間，腦部能量場一直都很穩定，意識介接的狀態一直沒有起落，維持平穩，所以在此期間，並無察覺任何訊息。

Z：完全沒有時間感。

V：沒有察覺，就沒有時間感，很正常啦！

Z：那這概念是不是也可以延伸的醒來的生活，這沒有時間感常常被引用在「心流」解釋裡～

V：據我所知「心流的察覺狀態」也並非是「無時間感」，只是察覺焦點並不在「變化」之上，所以比較沒有察覺時間感而已，換句話說，只是「刻意忽略」所產生的效果，但其實多少還有些時間感啦。值得一提的是，保持「心流的察覺狀態」事實上並無助於我們調整「心智結構（內在規則）」，所以體驗一下是可以，但也只是體驗一下啦。

V：那如果在是睡眠時，一直跟你講一條規則，是不是就能「有效植入」了？

H：這就讓人好奇是能「植入」到什麼地步了？有時候會突然想起某個詞，可能是隨意看到的廣告，但即使想起它，也沒怎樣，還是不會去買啊。

V：所以「植入」也是有條件的阿！

L：這個條件是指自己當下也有意圖嗎？

V：要與原有規則產生關聯，不然植不進去。

R：那有沒有一種可能是「在沒有關聯的情況下植入呢」？

V：就算強行植入，不與其他規則產生關聯，會很快被清除了阿

L：好像是耶！謝謝版兒。

R：可是，我記得王財貴教授的讀經推廣，在孩子睡覺的時候放經典給孩子聽，這樣是植入嗎？

V：算阿，這是因為小朋友白天清醒時，已經產生了一些規則，所以睡覺時播放這些聲音，會可以與那些已經有的規則，產生關聯，然後植入成功率，就比較高了。當然我個人是相當不建議，做這種事情啦。

R：大人是不是比小孩很不容易被植入？

V：其實不會阿，反而會更容易，呵！

R：所以睡前在耳邊一直講是會植入的嗎？我知道了，因為大人的規則很多，很容易相應嗎？

V：是阿，因為大人的內在規則更多，植入的規則，很容易與原有的內在規則，產生關聯阿，只是大人也比較容易做到自我察覺與審查，可以將不要的去除。

Z：在道家裡經常提到的神滿不思睡，應該就是之前提及的正電充滿的狀態？所以是真的可以不睡覺嗎？那那樣的身體型態是不是也改變了呢？

V：就身體運作方式來看，是有可能「不用睡覺」的阿，因為以「充能＋背景作業程序」來看，這兩項作業其實也不一定要在「睡覺」的時候才能執行。

　　1. 充能，其實在使用中也能充能，就像手機一樣阿，如果我們在使用載體的各種功能時，都是高效＋低耗能的狀態，那麼使用中照樣能夠同時充能，這並不互相違背。

　　　　　　　　　　　第一章　察覺機制

2. 背景作業程序，這程序也沒有規定非得要在睡覺時進行，同樣的，如果載體的使用都是高效+低耗能的狀態，那麼同時執行這些背景作業程序，依然沒有任何限制阿。

也就是說「高效+低耗能的狀態」是一種「遇到任何事情，都能快速處理無礙」的能力，這須具備「高度理智」的意識狀態，也就是說「意識層次」需到達一定的高密度，才有可能產生這種效應，我認為第四密度可能還不見得可以達成如此狀態。

其實「不用吃飯」也是同樣的原理啦。

Z：但這樣的話，生理層的結構是否也需要變化來因應呢？例如腸胃消化系統就不需要了啊？

V：還是看需求阿，有時飲食也不見得只是「充能」的作用，有時也只是「獲得其他感受」的需求阿，比如說品嘗美食、或是社交聯誼……，若完全沒有使用到這些生理組織的需求，當然就會逐漸消失了。就像有一類小灰人，是不需要消化器官的阿。

1.3 飲食機制

飲食的意識層次效應表

	物質層次(M)	生理層次(B)	心智層次(T)	星光層次(S)
1	獲得食材	由M5所得+生理訊息	由B5所得+心智訊息	由T5所得+星光訊息
2	加工處理	五感程序輸入資料	心智程序輸入資料	星光程序輸入資料
3	運送銷售	所得訊息轉碼	所得資料解譯	所得資料解譯
4	攝取食物	產生察覺	產生想法	產生靈感
5	消化吸收	生理感受	心智領悟	靈感昇華
6	後續處理	零碎的念頭片段	零碎的領悟片段	零碎的昇華片段

V：其實這也是所謂的「煉金術」。

H：這張表看起來是意識個體自己內部的事情，其實在能量轉化和提升同時，此意識個體也會跟外界同時發生作用（如：人與人之間的互動交流），對吧？

V：是阿，這是意識個體本身，各層次的能量轉化效應，也就是一般精簡的說「煉精化氣，煉氣化神、煉神還虛」的意涵。也就是說「飲食」對我們來說，是的一種主要的「能量輸入」管道，然後在我們物質、生理、心智、甚至星光的層次中與跨層次上運作，獲得「各層次能夠運作的能量」。所以每一層次所最後煉出的能量（生化反應），來提供往上一層

次的運作能量。

H：請問在「獲得食材」的部分，各層次分別有＋生物、思惟、靈魂訊息，意思是除了下一層提煉上來的材料之外，還有這一層本身的材料？

V：其實每一層的基本四種材料（地水火風性質的能量），都是下一層次煉化而來的，身體載具是非常精密的化學工廠啦。
（其實太乙金華宗旨，說得也是這件事啦，只不過不專指飲食這件事，而是指所有能量輸入）。

H：喔對，有「地水火風」，想起來了。所以無論是哪一層的地水火風不調，都難以再提煉上去？

V：是阿，至少不能太混亂，不然是不會產生更上層的能量的阿。這也是為何至少要保持「生理運作」正常的原因啦，不然「煉氣化神」這一步就卡住了。這裡所謂的「神」是指「心智能量」。

H：為什麼有些修行者（不分宗派），主張修行過程不應陰陽和合（古希臘人認為收斂性欲可以讓人更強壯）？而有些修行者則認為需要陰陽和合（男女雙修可以怎樣我不知道）？

V：呵，其實都對，也都不對，若只考慮某種狀況才會有這種「甚麼狀況都要這樣才行」的說法，因為每個人的各層次狀態都不盡相同，所以這需要「視情況而定」。
若過度消耗生理能量，會難以產生或煉化出很少的心智能量，此時便不宜繼續消耗能生理能量。若生理能量運作正常，輸入較多外界能量，也會有各自助益的效果，能煉化出更多的能量，以便產生更多高質量的心智能量……諸如此類的各種狀況。所以單就一種描述很難適合所有的人，通常容易陷入更多的偏見與誤解了。心智能量少，就無法啟動思考

了阿，事實上這也是很多人「排斥思考」的根本因素，而心智層次（結構）運作不順暢，更談不上能理解甚麼更高層次（密度）的訊息了。

這或許聽起來，會讓人不太舒服，但其實「事實便是如此」啦，運作方式就是如此，也沒有辦法，只能接受與面對，然後順應，進一步看能不能操作了……

H：就算「不缺乏能量」，也「不排斥思考」，但是整天「胡思亂想」，你也拿他沒辦法。我年輕時的候就這樣，因為沒有個什麼東西可以「依循」，才會跑去讀書。結果讀了半天也只學到一堆概念，一堆思想體系，沒能解決什麼問題。

V：呵，這是很好的自我察覺過程啦。

H：有些人很重視養生和健康，按理說生理層次應該運作順暢，但脾氣不太好，所以身體也不太理想。這是心智層次的心結，影響到生理層次的運作對吧？

V：是阿，由於心智規則阻礙與干擾了生理能量的運作，而通常心智規則難以運作時，對於生理運作的理解，偏差也是居多。這形成了負面循環了。

H：上個世紀有人發明一套設備，透過「傅立葉轉化」的技術，將人體的癌細胞轉化掉，臨床實驗裡，每一個受試者都成功。但發明人因為不接受財團的技術轉讓，所有研究成果離奇消失，相關人員也被自殺。

V：是如此啦，負向意圖的影響強度很高阿……（這介紹影片最近有看到，想一下是在哪裡，呵）

H：請問：如果那套設備現今存在，按照你的說法，身上癌細胞被轉化掉了，但心結若是不處理，癌細胞一樣會再發生對嗎？

V：是的，相同內在規則的系統，運作的結果都相同。

H：影片中接軌「道佛」兩家的地方，我覺得有點粗糙，「整合」真的不是一件容易的事啦。

https://www.youtube.com/watch?v=0jIyCz0yZRc

V：是這影片阿，所以我看到最後並沒有推薦給大家，雖然其中描述治療癌症這段，也挺值得參考一下的。

Z：請問意志力算是心智能量的一種嗎？

V：「意志力」通常是指一種「意圖/動機」，而這種堅持的意圖動機，可以驅動心智、生理的能量運作，只不過若缺乏實際的能量，僅有意志力也是難以實際運作以達成目標的阿。

Z：是的，難怪很多人很努力很努力的非常有意志力往目標邁進，但很多英年早逝～

V：是阿，載體也是有所限制的阿，過度意志力去操作載體，事實上只是一種「強迫控制欲」，在強迫控制自己的載體運作，超過載體的負載，就會停機了阿。就算是機器人，過度使用也是會倒的啦。

Z：是的是的～所以各方面平衡機制很重要，免得經常顧此失彼，而感覺那個感覺不只是心理也包含了對身體機能各方面的感覺，才可以做全面更細緻的評估，這樣提高離目標能更精準的接近。

V：是阿，算是開始有點複雜度的操作能力了阿。

V：所以要探討「意識」的議題，生理層次上的理解，也是必要的啦。

H：如果天生身體就不好呢？有機會改善嗎？

V：我看起來，絕大多數都是有機會改善的，只有極少數可能比較沒有機會。

H：極少數比較沒有機會的原因是？生理層次損壞得比較嚴重？不容易修復？

V：是阿，不過說無法修復，也只是以現在的醫學觀念技術來說啦。

H：哈～以煉金術來說沒什麼不能修復的吧？啊？

V：呵，是阿……

1.4 何謂真實

V：那還是談談「真實」吧，你「覺得」真實是甚麼？你「認為」真實又是甚麼呢？（參考：駭客任務何謂真實：https://www.youtube.com/watch?v=_-EgjXfVyc0）

R：隱態，才是真實嗎？

V：這當然是啦，只不過「隱態」我們感覺不到。

R：所有的顯化的，意謂是從隱態中所投射出，在物質世界中的一切？

V：「投射」我現在稱為「顯化」，顯化的意涵比較精準。這能量的世界顯然是顯化而來的，不過「真實」仍然可以在顯化中所反饋的感覺中，獲得一些意涵阿。

V：那要如何詮釋「感覺很真實」這件事呢？

A：亂猜：這個真實的感覺來自你的感官與你的建立的規則相呼應，因此你的大腦認為這個感覺是可以被解釋的，就進而有「真實」的感覺。
反面來看，當我們覺得「不真實」，是因為大腦接收到的刺激與我們自身的規則無法相應，我們自然會出現「這也太不真實/荒謬」了吧？

V：是的，挺好的解譯。所以若我們重複多次這些「認為不真實的」訊息，也就是「無高度相關之內在規則」的訊息，我們的心智功能就會自動調整「相關程度較高的內在規則」來配合解譯這些「認為不真實的訊息」，也就是說這是「完全自

動化調整」的過程，除非我們「自我察覺」來重新審查這些相關的內在規則，否則便會「順應外界訊息」一步步變成適應訊息，所形成的內在結構特性。

簡單的說，爲何催眠訊息有效，是因爲心智功能本就具備「完全自動化調整」的機制，才會產生效果阿。所以其實這個「自我察覺調校」的工程也挺龐大的，需要從我們的每一個感官察覺來逐漸調整阿。

Ｈ：看起來好像是「沒有重新審查」，就容易「自我催眠」？

Ｖ：也不是「容易」，是「就是」啦，呵。

Ａ：這是不是就跟，我們初次學習或操作到一些「什麼鬼？？？」的知識時產生的感覺會隨著我們不斷加深與強化與這個知識的接觸而有所改變？

Ｖ：是阿，所以才會說，有時「專業是催眠最深的訓練」。

Ｈ：好像再難聽的歌，聽久了也會「習慣＋接受」？

Ｖ：哈，是如此啦，我們心智自動調整的功能太強了阿！

Ｖ：有時地獄住久了，可能也會覺得還不錯啦，呵。

Ｖ：換句話說，我們可以把「感覺」當作是「眞實的」，但也不能把「全部的感覺」都當作是「眞實的」，因爲我們需要「理解」這些感覺未必全都是「符合實際運作規則」而產生的阿。

Ｈ：那你會說「大部分的感覺」都是「不眞實」的嗎？

Ｖ：也不一定，那要看「自己的內在規則」與「實際運作的規則」差異有多少，差異越多，則「眞實感覺」會越少阿……

Ｈ：有人覺得只要念百萬遍「阿彌陀經」就能往生西方淨土，人家感覺就很「眞實」啊？還有人修禪定，就覺得自己臨終之時可以觀想佛國，不會淪落三惡道，感覺也很「眞實」啊？

V：「感覺很眞實」但也不一定是眞實的啦，呵。

H：我反問：「佛教不是說沒有一個『我』在那邊往生嗎？」對方回答說：「是沒有一個固定的『我』，只是『心意識』而已。」那還是有一個「心意識」在那邊往生西方，或淪落三惡道啊。而且因爲感覺如此「眞實」，就算我反問，對方也不覺得哪裡怪怪的啊。

V：因爲人家就覺得有一個「不管變得怎麼樣，都有一個我」。

V：所以就來定義一下「眞實」的意思，所謂「眞實程度 R」指的是「自己的內在規則 M」與「實際運作的規則 F」之間的差異量（D）而言，眞實程度與兩者的乘積成正比，與兩者差異量的平方成反比：$R=F*M/|M-F|^2$

R：可以再更更仔細的說明，好嗎？謝謝。

V：意思是說，「自己的內在規則」與「實際運作的規則」差異有多少，差異越多，則感覺的「眞實程度」會越少。相反的，若兩者差異越小，則感覺的眞實程度會越高。

H：所以分母的 M-F 越小，R 的數值越高，感覺的眞實程度就越高？

V：是阿。

R：所以是內在規則愈少愈自由，沒有內在的規則，就完全的自由了？不被框架限制了，所以會感覺到更自由，是內在的自由？

H：「內在規則」不等同於「框架」喔，「內在規則」可以又多又複雜，但是運作得很順暢，那是心智的「高效」表現喔。

R：我要表達的是：愈接近眞實，不被框架限制了，所以會感覺到更自由，是內在的自由嗎？

H：只要是「感覺」，都是「內在」的。不是嗎？

V：「越接近眞實」我們一般會形容成越接近「天人合一」，換句話說，在心智上，我們每一個意念、每一種觀念、每一條內在規則，都是符合實際運作的，那麼我們內在的感受，就不會有「衝突、矛盾、不和諧、違和……」這些類似阻礙的感受出現。通常我們會覺得「不自由」是因爲我們的「妄念」所致（這之前所提到的部分），也就是有太多「不符合實際運作的規則」在內在中執行。一旦這些不符實際的規則調整成符合實際規則，那麼無論是否是物理類別的觀念想法，都不會出現不自由的感覺了。簡單的說，我們所認爲的內在規則「合於天地、同塵與光」吧，你就自由了……

R：是，人是可以在每個當下感受自己的自由。但在事實上，人是無法眞正的自由。當我們死亡，我們的物質身體，還依然需要其他人協助處理。

A：內在的自由與外在的自由有什麼差別嗎？經濟能力允許自己上山下海，這算是外在自由的一種例子嗎？

R：你的提問：也讓我再次思考：自由是什麼？還有每個人所認爲的自由是什麼？

A：你所指涉的自由需要有個前提，至少我個人認爲「自由」都需要滿足某個前提。也就是自由之所以爲自由，是因爲個體意識到自己永遠處在不可自由的邊界裡。舉個政治上的例子，言論自由之所以自由，是因爲群體建立個某個準則，使我們必須在這個規則下自由。如同你說的，我們永遠無法逃離肉身這個物理實體。

但這裡我覺得那是因爲你站在肉體的本位去定義了自由，因此你說：「我們永遠無法有眞正的自由」。但我的想法是，只要你更改你對自由的*定義*，那麼只要邏輯自洽的情況

下，我們只能說：「我對你的想法抱持懷疑，但我無法否定你。」

所以事情又回到根本，你是基於什麼規則去定義，你是否同意你的規則接近現實運作的規則（合乎天道）。

Z：關於自由，一直想到漢尼拔先生在牢獄中的怡然自得，當人們問他，你在這樣一坪大，床與衛生設備如此近的距離，床板也沒舖著床墊，跟你以往總是住豪宅的環境完全不同，供應的食物也是味如嚼蠟，為何還能看起來相當優雅的待在這牢籠裡，他回答到，因為我有喜歡看的書和一扇窗，每天我望向窗外，便是最喜歡的草原景色，便感到我是幸福的。這裡面有好多信息量。

V：呵，有哪些蘊含的訊息呢？

H：我覺得「人無法真正的自由」這個想法也是一種「框架」。很多人讀莊子的〈逍遙遊〉，覺得只是一種「精神上」的逍遙自在而已，不是真正的逍遙自在。但我覺得莊子的說法，就是真正的逍遙自在，為什麼呢？因為他的想法裡沒有「框架」啦。

R：我不知道莊子的想法是否有框架？但莊子這本書本裡，確實曾經讓我有所領會，尤其是在我養護孩子的期間，當領悟了以後，就鬆動了我的某些來自無意識的焦慮，當然後來也更深層次的了解自己為什麼的焦慮，了解了以後，也是經過一段時間慢慢消融這個部分，解除了對外的嚴厲要求。但習慣性的焦慮的自我要求的部分，則是經歷過一段歲年才更看見自己的模式。也不是只有閱讀莊子就能辦到，或是閱讀其他書本就有幫助。心智當然需要閱讀與學習，但還有動態的察覺及持續的清理並為自己解開大大小小的心結的意願及願

意。莊子書本裡談到了很多的很細膩，有一些也是我經過了很多的體驗後才回來有所領會。漸次的或是一個比較深的領悟。我在 17 歲對李白的「將進酒」產生第一個深感。第二個深感的觸動，則是「莊子」。

R：你的提問：也讓我再次思考：自由是什麼？還有每個人所認為的自由是什麼？

V：呵，也不是「自己認為」自不自由的問題，「自由」其實是有自然萬物設定的標準的阿。

H：請問是什麼標準？

V：物質規則、生理規則，這是我們目前無法更改的運作規則，而「心智規則」需架構在物質與生理規則之上，所以這是心智運作的基礎規則。

V：「有序」與「自由」似乎是兩個反義詞，而「無序」與「自由」好像是兩個同義詞，但其實剛好相反，「有序」與「自由」才是同義詞，而「無序」與「自由」則是反義詞阿。

原因其實也很簡單，無序的事情是無法運作的，就算有些作用，也無法產生任何功能。換句話說，無序並不會讓感受變得正向，反而是負面感受的來源。所以事實上我們都偏好有序的事情，無論我們怎麼調整內在規則，也不論我們接不接受或知不知道，「內在規則」在本質上就是「有序的」，所有的「內在驅動」都是趨向「有序的」方向進行的阿。

我們只能在有序中產生自由，因為無序的狀態下，產生不了「選項」，所以也無「選項」可以選擇。也可參考「湧現」（這之前也談到過）：https://zh.wikipedia.org/zh-tw/涌現與 http://vidyaharmony.blogspot.com/2012/01/blog-post_8125.html。

H：你這說法怎麼讓我覺得，「有序」這件事情，沒用點心是察覺不到的？比方說：社會群體當中默默地進行著什麼秩序，但身為個體未必能察覺？

V：是阿，這需要心智的整合功能，也就是把過往經歷、所知的事情，彙整起來，才能逐漸產生一個「事件運作規則」的理解。我們其實或多或少均有這樣的整合能力，只不過所牽涉的範圍還需要再擴大一些。

1.5 察覺過程

V：可以聊聊所謂「察覺到的過程」是如何的阿，從接收訊息，到生理反應、傳輸、匯集、解碼、解譯……的這些過程阿。

（1+1）：「通靈/通訊/理解對方」，是基於這個在問的呀。

V：呵，好的。其實我們腦中出現（顯化）的那些影像、形象、味道、聲音、圖案、文字、體感……（各類多媒體訊息），事實上並不見得能產生甚麼效益，只有能夠「解譯、詮釋、領悟」到一些「實際運作的規則原理」才會產生「意識提升」的作用，但若我們總是只有察覺這些「多媒體訊息」，就要注意自己是否太過偏好這類訊息，換句話說，沒有更接近真實運作的訊息「內容」，只是一種迷幻藥而已阿。所以這些「多媒體訊息」只是一種媒介催化，更重要的是，我們能領會甚麼原理阿。至於「通靈/通訊/理解」的運作方式，有興趣也可以探討得更詳細一點啊（這之前其實也談過啦）。

H：請問人體的「通訊設備」，包括哪些呢？

V：這挺多的，凡是可以接收訊息的，都算是阿，包括每個細胞、細胞中的 DNA、還有各種腺體，各種生理組織、器官……

H：社長先前說過，人體脈輪是一種通訊設備，那請問天外飛來的靈感，是如何通過脈輪，進入「我的察覺範圍」呢？

V：一種「升頻/降頻」之後的共振作用阿。

（1+1）：如果，通訊/通靈與解譯/理解的對象是「人」，那如何不「扭曲/失真」？

V：這有兩個條件，1. 傳輸過程，能量損耗低於可辨識的臨界值，2. 相同或極為相似的內在規則。

通訊，基本上是這樣，就至少兩個可發送與傳送訊號的能量體，然後互相收送訊號，這樣就能稱為「雙向通訊」了。若只是單邊傳送訊號+另一邊接收訊號，就稱為「單向通訊」了，通靈其實也是如此阿。

H：那請問你認為《一的法則》通訊記錄也符合這兩個條件嗎？

V：符合，但在降頻與解譯時，有機會失真扭曲。這種通訊，應屬於「DNA 奈米天線」的方式在通訊阿。

H：再請問：該通訊雙方有哪些「內在規則」是相同或極為相似的呢？

V：主要是生理層次上「DNA 特性」符合共振特徵，然後通靈管道（通靈者）自己「降頻」到心智層次，顯化所接收到的訊息。

H：插題一下，記得講占星術的時候也說過，DNA 可以接收到星座能量場的頻率？那是「升頻」？（抱歉，用詞可能有些不準確）

V：因為 DNA 的結構體很小，所以是可以共振（接收）「高頻訊號」，但腦神經元網路的結構體比較大，所以要轉換成比較低頻的訊號，這樣腦部才能啟動解譯的機制阿。

H：既然經過「降頻」，為何能不扭曲訊息？和通靈者本身的「心智」或「意識狀態」有關嗎？

Jan：有機會扭曲。

V：哈，是阿，多少在降頻與解譯時，會有所扭曲阿。降頻的失真，和通靈者本身的生理狀態（生理規則）有關；解譯的失真，和通靈者本身的「心智」（心智規則）有關。

H：原來生理和心智層次都會影響吶。

V：是如此阿。

H：一的法則通訊過程中，Ra 會察覺到通靈者的生理狀態是否適合通訊，也是這個考量嗎？

V：是阿，像這種高密度訊息通訊，與通靈者本身的機制，都是高度相關的，所以也需要一些嘗試的過程。這在他們通訊團體的描述中，也是有提到這個嘗試的過程阿。

H：還是擔心通靈者的身體過度使用？

V：這其實也是需要考量的，因為人體不像是一般我們常用的那種通訊設備，且這種共振幾乎是全身的作用，非常消耗能量的阿。

H：如果和 DNA 有關，那就不是想通什麼就通什麼吧？生理規則不是可以輕易修改的啊。所以是否有其他的通訊方式，不是以 DNA 奈米天線為主的呢？又如果有更方便的通訊方式，為何 Ra 不用？該不會是因為頻率太高沒什麼選擇？

V：是阿，不是想與什麼對象通訊，就能通訊的阿。此外因為我們的解譯能力比較弱，所以為了盡量避免失真，只好採用了這種方式吧！用其他方式，失真或許會更大吧。

R：我們要如何能調高我們的頻率？有什麼是我們能去踐行的？察覺、改變內在規則，除外無法嗎？

V：心智功能是這樣調整的阿，不論什麼方法，有效的方式，都是包含這種效果的阿，不然就沒有效果阿。

R：和隱態合一？

V：不用跟隱態合一阿，我們本就是隱態阿。

Z：那我們趕快充實理工科目的知識，早日期待接上線。

Sf：其實也不一定要從化學結構面去理解，我從編繩上去看結構也是滿有趣的，從簡單單一的結構，組合在一起會呈現完全不同的立體構造，搭配不同的色彩，呈現出來的感覺有柔和有剛硬，一樣的結構卻不同的感覺。玩 3D 繪圖建模也很有趣，就像小朋友玩樂高。

V：是阿，本來這世界就充滿結構的阿。

Z：引用《意識結構：重新設定生命源頭，開啓最高自我的終極進化程式》p.277：「基因」（DNA）在形成時，會產生專屬自己的一套「基因頻譜」，該「基因頻譜」若與當時的「星光頻譜」具有相當的「相容性」，那麼此「基因」就可以經由母親身體內部的「升頻作用」將低頻的星光頻譜轉爲高頻的基因頻譜，並使用基因本身的「奈米天線」獲得星光頻譜以建構人體（身心靈複合體）。

想請問這句話的運作過程是如何進行的呢？

V：好的，訊號通過共振效應，經由 DNA 結構收到訊息，通過 DNA 本身的程式性質轉換，（階段一）然後在生理能量場中合成各種性質的能量型態（地水火風），（階段二）進一步與母體本身的能量合成，而後導入子體中，由於需經過至少兩階段的能量頻率的合成，這個過程稱爲「降頻」過程。所以在降頻的過程中，若母體本身能量型態與星光能量（天地之氣），與當時輸入的星光能量差異較大，妊娠初期便會產生害喜，生理不適（母子均同），在合成能量導入子體時也容易產生不適，在妊娠後期，由於子體的成長，不適可能更爲加劇。

妊娠後期，絕大多數的子體，其第三密度心智層次的意識個體介接都已經到位（入靈），此時母體受到子體的心智性質影響就會更爲明顯了。當然母子在心智層次的能量上，也會多有影響。

H：請問這個「能量差異」，導致的「生理不適」，是中醫處理的範圍嗎？又如果「能量差異」太大，可能導致流產嗎？民間信仰當中，流產會有嬰靈，在意識結構中，有這回事嗎？

V：是阿，頻譜若是干擾得太多，流產的風險很高，這頻譜指的是多層次的總和。

嬰靈現象與中陰身是同一現象，是指能量體尚未完全解構，尚有不完整意識個體介接的狀態。

H：入靈之後母子之間的「心智層次」能量影響，是彼此互相的嗎？通常母子的「心智結構」或「意識狀態」會差異很大嗎？能有多大呢？

V：是母子的意識個體直接的影響，其差異可以很大，不過以機率分配來說差異很大的機率是偏低的，因爲通常都是差異不大的，這樣有利於生產與幼年的成長過程，才更有機會催化家族業力（那組內在規則）的變遷。

Z：咦，那無法順利懷胎生產就沒有機會還催化這組內在規則，表示這個介接還是有機率上的錯誤產生，那人爲的終止妊娠要計算在那個部分呢？

V：也並非錯誤，介接的選擇也是需要強烈催化的配置比例，這也是一種催化成功率的決策方式，但考量系統的穩定性與催化效果，所以這比例是偏低的，不然系統數量會非常不穩定。

人爲終止妊娠的部分，則純粹是心智規則上的運作結果。

Z：書上寫的是「升頻作用」耶，難怪我一頓混沌。

V：呵，這裡有些複雜阿，在接收前的傳輸訊號時，是有一些載波合成傳送，星光訊號主要來自於恆星光譜，需要升頻才能與 DNA 共振，所以是接收後升頻，之後再降頻。總之就是傳來傳去，升頻降頻，然後轉到我們能接收使用的那種能量啦，呵！

V：所以這裡由於是側重描述占星術的通訊部分，所以是低頻轉高頻的升頻過程，這裡是比較屬於母體內部處理訊號轉換的過程，屬於煉金術的部分了。

事實上，赫爾密斯（Hermes）將神祕學劃分成三個領域，煉金術、通神術、占星術，也使我的意識架構上，有了更有序清楚的結構化理解，也更容易對照整合我們現今混亂的知識領域阿！

其實屬於通神術運作的通訊原理說到底，也只是訊息的承載頻率轉換來轉換去，目標在於傳送不失真。屬於煉金術的心智訊息處理，則雷同於計算機的資訊處理方式，以及生理運作的處理方式，生理運作事實上也是種訊息轉換規則。而屬於占星術的天體運行，則是物質層次的訊息能量產生規則，其也能承載多層次訊息，應用於廣大範圍的通訊方式。大概是這樣啦！

值得一提的是，塔羅我會歸類於煉金術之中，因為其所表達的意涵，是屬於自身內在規則的轉變演進過程，也就是內部訊息處理規則的調整過程。

1.6 語言模型

V：來談談「文字」怎麼產生「感覺」的阿，這聊過了嗎？或者
　　說是「符碼如何產生感覺」的這件事。

H：記得你曾經說過「訊息都是中性的」？

V：是阿，不過「內在規則」的處理之後，就會產生正負極性的
　　感受差異。當然包含生理、心智的規則，有些我們容易改
　　變，有些則不太容易。

H：「訊息」是否包括「文字」和「符碼」？

V：以分類來說，可以包括文字、圖形、影像、聲音、氣味，都
　　可以統稱為「符碼」。

H：而對「文字/符碼」產生正面或負面的感覺，則是另一回事
　　嗎？是這樣嗎？

V：是的，感覺/感受是我們自己產生的。

H：既然感受都是「自己產生的」，為何社長要規定發言不允許
　　「人身攻擊和謾罵」？罵一罵剛好可以察覺到自己的「內在
　　規則」，順便「修改」一下不是挺好？還是說你也在「挑
　　選」適合的社員？

V：呵，這有實際的考量，因為對於「人身攻擊」的文字，絕大
　　多數都會落入「情緒規則區塊」的反應，一旦「情緒規則區
　　塊」有強烈活動的頻譜產生，我們的察覺焦點，很難移回
　　「思維規則區塊」來進行活動，因為情緒能量是很大量且高
　　強度的，這也是為何人們在「情緒狀態」下很難恢復理性的

原因（最近很多社會事件是這樣發生的）。而我們就僅是網路上的交流，事實上是無法處理這種情緒狀態，只能在「思維規則活動」時，產生效應。所以在實際上無法處理的狀態下，只能避免發生了。

V：（先聚焦在文字好了）對於「文字」的理解與感受，具體上來說就是使用一種「對照表」的方式來進行「關聯」的過程，比如說「母文字（第一種學習的文字）」與「非母文字」的差異。

H：學習外語時就有不同的方式：

1. 看到英文「cat」，先翻譯成中文「貓」，再對照到「貓的畫面」。

V：文字「cat」-->文字「貓」-->影像「貓」。經過兩次對照表的轉譯。

2. 看到英文「cat」，直接對照到「貓的畫面」。請問你是在講這些過程嗎？

V：文字「cat」-->影像「貓」。只經過一次對照表的轉譯。

V：而 AI 的專長在於新增與修改「對照表」的能力。「ChatGPT，全稱聊天生成預訓練轉換器（英語：Chat Generative Pre-trained Transformer），是 OpenAI 開發的人工智慧聊天機器人程式，於 2022 年 11 月推出。該程式使用基於 GPT-3.5、GPT-4 架構的大型語言模型並以強化學習訓練。（出處：維基百科）」所以 AI 叫做「語言模型」阿。所以我們欲學習「語文」要學習 AI 建立「對照表」的方式阿。

H：請問 AI 的專長和人類一樣嗎？只是 AI 沒有感覺/感受？

V：其實是一樣的阿，因爲「對照表」的新增修改刪除方式，就是我們腦部實際「關聯操作」的方式阿，不論是任何一種知識學科。是的，AI 是沒有感覺的啦。

H：再請問：

　　1. 「對照表」至少是兩套符碼的對照？如：英文對照中文？

V：是的，沒有兩套（含以上）便無法產生「對照」的效果。

　　2. 所謂「新增」是指新增符碼，如多背英文單字？

V：這是新增「既有對照表」中的資料，稱爲「新增對照表中的資料」。

　　3. 還是新增多套符碼，如除了英文再加上日文？

V：是的，我指的是增加一個「以前沒有的對照表」，稱爲「新增對照表」。

H：學習意識結構，就是「新增對照表」對吧？跨領域研究也是對吧？

V：是阿，學習任何一個領域，都是一樣的內在關聯與規則的過程阿。

V：那我們有沒有可能、有沒有辦法，把 AI 建立的「語言模型」直接下載到我們腦中來使用呢？（像電影直接下載程式那樣，不用耗時費力，學好多年）

H：我猜外星人可以喔，不然怎麼通訊？

V：很有可能吧，那如何「達成」這種效果呢？（呵，這是大家的希望吧）

H：可是人腦又不是電腦，怎麼可能像電腦那樣下載就能用？比方說法文好了，有些音還要捲舌（不是前後捲，是左右向中捲）連舌頭怎麼動都要控制啊。

Z：比較好奇的是，人類爲何要用學習的方式，而不是可以直接下載呢？也是有要幫助身體演進功能的設計嗎？因爲生理層進化速度比較慢。

V：其實也不用，現在身體的功能就可以了，每個人的「業力」都是下載來的啊。精確地說，應該是「介接」，不過以「下載」來理解也很相近了。我舉個例子好了，有人會說些沒有人可以聽懂的、所謂的「天語」，就是下載來的啊。

H：剛才本來想問這個，怕被說是怪力亂神。

V：哈，只要你可以「合理的解釋」，就不算是怪力亂神了阿。

H：我遇過使用「天語」的人，但他沒辦法跟我解釋爲何他能使用，所以想問你。

V：原理其實很簡單阿，因爲他下載（介接）了，那個天語的「語言模型」了阿。

Z：依據群主之前所提就是軟硬體搭配得宜就可以下載了？

V：是如此阿（理論上）。我倒是有個辦法（理論上），不過這目前以我們的技術，是無法達成的阿。可以分成幾個「功能區塊」來實行阿，然後每一區塊用特定頻譜來作用。

H：那不同頻譜的區塊，就可以服務於不同套的對照表了？是這個意思嗎？

V：意思是說，我們腦部功能有不同區塊，AI 的語言模型只適合思維功能這區塊，其他區塊（比如情緒區塊、感官區塊、生理運動區塊……）這都需要再度連結到下載後的新思維功能區塊，才能表達與應用。

所以理論上，下載（介接）的方式是這樣的，首先，先取得人腦部思維功能區塊的頻譜 F1（非常精確的頻譜），然後以此頻譜 F1 轉換成 AI 神經網路，以便製作一個 AI 語言模

型（N），接著使用其他知識（K）輸入 N，也就是開始訓練 N，當 N 學習 K 完成後，再轉換成人腦的頻譜（F2），然後以頻譜 F2 共振人腦的思維功能區塊，就完成 K 在人腦思維功能區塊的下載，然後新的思維功能區塊就會介接到隱態意識中的對應規則了。

然後其他需要連結到「思維功能區塊」的區塊，比如說語音功能區塊（可以講出語言來），如法炮製訓練原來人腦的語言功能區塊，所不同的是同時輸入「K 的語音資訊」在語音功能區塊與思維功能區塊，使兩個區塊產生連結。

H：如果是這樣的話，講天語的人會知道自己在講甚麼對吧？

V：若只有下載「語音功能區塊」，就會完全不理解自己說的話，是甚麼意思啊。所以無法解讀的天語，並無任何實際效果阿（沒甚麼用的意思啊）。若想真的對人類有些幫助，應該會選用一些「人類常用的語言模型」才會產生效果阿。若是真心幫忙的話啦……

若是技術再高超一點的話，就可以將人腦的整個頻譜讀取，然後轉換且製作成一個特定的 AI，然後將新知識 K，以及各種表達方式一次輸入 AI，訓練完成後，再共振下載到人腦之中……呵……（是不是有人希望趕快實現了阿）。

H：對，這樣就可以跟各種不同語言的使用者對象交往，婚不婚配就沒差了。

V：所以能力不同，群體的運作方式就會不同阿。

不過不論技術再高超，都有一個前提條件，就是「意識層次」要與其知識技能匹配，不然也都是無用的阿，都只是「曇花一現」啦。這就類似玩家等級不夠高，無法解鎖更強大的技能或裝備阿。

Z：這需要巨大的能源嗎？

V：不用阿。

Z：記得有一部影片提及外星飛船是可以意識操控的，這包含在群主的意指之內嗎？當然我知道群主是在說時空觀念。

V：包含啦！

Z：所以他也是偏向於共振的應用嗎？

V：呵，不是「偏向」阿，是「就是」阿。

Le：講天語很多都要配一個翻譯（俗稱桌頭），這又是為什麼？分工比較輕鬆嗎？

Jan：當桌頭的可能意識相較擴展！？

V：我想這是一個重要考量阿，找解譯能力好的，來翻譯阿。不過我還是比較傾向，能使用人類語言模型的傳訊，否則失真的更嚴重阿。

Z：比方解籤詩者？

V：類似功能阿。

Z：那《一的法則》是傳譯者本身稍微具備理工學識及載體的相容性，所以不需要桌頭？

V：是阿，據我所知是如此阿，低失真的選擇阿。

（1+1）：這樣心智鍊金都被 AI 玩去了那人類玩什麼？靈性？

V：AI 再怎麼強也都在物質上阿，我們只要意識提升，都能為我們所用阿。

1.7 意識焦點

H：我知道你不太會關注股市走向和經濟循環，不過我看你經常在觀察「群體」，請問你都如何觀察？觀察哪些重點呢？

V：呵，若是換個「相反的」角度觀察，可藉由這類「群體事件」來理解分析目前「群體心智」的狀態，那麼其關注的內容，就有更多層次的解譯詮釋了阿。

H：你是指「極性平衡」？

V：這是指兩個不同的思維路徑，一是以「經濟活動的變異-->經濟趨勢、股匯市各種金融趨勢-->如何投資獲利……」這種思維途徑，另一則是以「經濟活動的變異-->經濟趨勢、股匯市各種金融趨勢-->群體屬性選擇-->群體內在規則差異」……這樣啊。

V：比如說我們現在媒體整天播送的「選舉議題」，可藉由分析各種政治選擇的內在規則與屬性，來解譯出目前台灣群體的心智狀態啦。

H：Ra 說我們的社會複合體有點「負面導向」耶，哈，請問和你的觀察雷同嗎？會不會不方便說？

V：不指名道姓都很方便說說啦，依我的觀察，也不只是「有點」而已，而是「很多」啦。

Z：其實，我用在此學習到造物法則，去看股市各產業資料很有幫助耶。

V：用「意識的角度」看甚麼都很有幫助阿，洞悉程度較高啦。

H：如何幫助呢？

Z：就了解像是晶片如何製造及技術上的精進，也可以從產品的發展了解到目前群體意識需求及還缺乏什麼的落點。

V：呵，最好是也可以思索到「哪種內在規則的運作與變化」，會有更多重的解譯啦。

Z：當然也可以從身體設計解譯起。

V：再多一點可以分析到「意識焦點的差異」就會有更豐富的內涵了。

H：請問「意識焦點」至少有哪些類別？「利己/利他」算是一種最粗略的類別劃分嗎？

V：「利己/利他」的比例是一個很好的判斷「意識焦點」的準則，因為意識焦點會表現在「利己/利他」的直接反應上。至於其他性質的描述（像是憂鬱、畏懼、平和、積極、勇氣、和諧……），則有個人不同的屬性差異，而且大多是模糊不清的描述，所以並非很好的區別方式啦。

H：請問：《一的法則》內容當中，提到的「能量中心群」，各能量中心所發生的阻塞，是和「個體意識狀態」有關嗎？和「心結」有關？還是都有關？

V：這脈輪的能量驅動來自於隱態的顯化（中醫稱先天之氣），所以也是有「意識個體」本身程式（內在規則）在套裝上的差異，而第三密度個體（包含人）以第三密度心智規則為可以操作的部分，其載體本身具有第一（物質）與第二（生理）密度的運作機能，所以各脈輪則兼具第一、二、三密度的能量場合成。由於物質與生理運作規則，本身屬於載體的遺傳繼承，會自行運作，故我們第三密度意識個體所謂的

「脈輪阻塞」絕大多數來自於「第三密度心智功能」所產生的阻礙，這部分當然是「心結」所造成的結果。

Z：像是這個，我有聽懂：

https://www.youtube.com/watch?v=AgnsJaplhQA

V：想不到你已經進入科技領域了喔。

H：其實他把複雜的東西，用極簡化的方式來講，我很好奇你懂到什麼地步？因為我覺得在簡化的過程當中，很多東西已經失真了……（我沒聽懂）我個人對於簡化過的東西特別敏感，比方說佛法為了推廣，很多情況下會被簡化，從而失真。通常我會懷疑讀者學習了簡化的內容，以為自己學會了的佛法，但事實上真的是這樣嗎？

V：是真的阿，真的失真了。

H：我沒有惡意，只是有點較真。

V：其實當我們知道有「失真」時，其前提是「我了解相對比較不失真的是甚麼」阿。

H：也是啦，不然也是照單全收了。

V：是阿，不過這都是需要慢慢更詳細、更複雜的理解過程阿，就像學數學也沒辦法第一次就開始學微積分啦。從完全不知道在說甚麼，到已經知道再說甚麼時，也是邁進了一大步了阿。

Z：不都是意識顯化嗎？

V：那問你個問題，雖然加了一個晶片，可以修正訊號的失真，但這有甚麼缺點呢？

Z：應該是封測問題。

V：不是阿。

H：我倒是沒看到他如何處理自己提出來的另一個問題：對於干擾訊號變得敏感？

V：其實影片中沒有提到啦。

H：所以請問是什麼缺點？很好奇耶。

V：這個影片最後有提到（訊號通過晶片的延遲時間 latency、delay），這會拖慢整個主機板的效能阿，所以還需要系統效能評估啦。

其實這跟我們的心智運作方式差不多，當我們加了越多過濾、檢測、校正……功能時，心智整體的運作效能會降低阿，也就增加「內耗」，但其功能是否具有「必要性」，就需要一些「折衷」了啦。

Z：嗯嗯，在細節上還是做通道裡時間上接收訊息有落差的調整？

V：是阿，同步也是需要耗時的機制阿。

Z：嗯嗯，這時間上的這又讓我想到了硬體的限制，就像人體接收訊息時的調頻。

V：呵，是阿，運作基礎是差不多的阿。

E：我們現在在認識意識結構的過程是為了更了解細節，這不就是在過濾、檢測、校正……，可是現在又說這樣會使心智整體運作效能降低，好像矛盾了啊？

V：呵，這個察覺很好啊，這就是我提說需要「折衷」的原因了阿，為了使「整體系統效能」提升，也可以選取一些「有效功能」，雖然為此會付出一些能量消耗，但整體評估之後，功能有所提升，是值得消耗一些能量來增加這個功能的阿。

但這種外加功能都有階段性，像影片這個晶片修正失真的增加功能，也是在目前主機板材料效果提升的成本太高之下，

所做的折衷選擇阿，若主機板電路材料成本可以解決，就不需要這種修正訊號的晶片了阿。

這種因狀況而「折衷」的選擇，便屬「極性和諧」的操作了阿。

事實上，若我們的目標是「意識提升」，那麼多消耗一些能量來增加「自我察覺」的功能，也是一種選擇，認為這個代價是值得的阿。至於要怎麼選擇，消耗多少能量是否值得，其實就與我們想達成的「目標」是否最高優先權有關了阿。所以若是增加一些「無效」或「效果很差」的功能的話，就會顯得「不值得」的吧，因為目標達成的效率很低阿。像是消耗了很多時間精神在無法改善「內在規則」的事情上，效果就會很低，甚至毫無效果啦……舉個例子，一樣是「冥想」，冥想世界和平，與專注加強察覺思維的活動，效果就會差很多了阿。

第二章　心智理解

（章節簡述 Vidya）其實我們生活中所有的事情都是這樣的，只要我們「繼續往下想」，總能找到一個屬於自己的「理解」，因爲心智理解的過程與本質，也就只是「繼續往下想」這件事。那麼甚麼是「繼續往下想」呢？這也不複雜，是一件「找尋原因」的過程，也就是詢問「爲什麼」的過程。這個「屬於自己的理解」至關重要，因爲這個理解的結果會顯化在你的腦神經網路結構上，然後製作各類頻譜，形成你的感受，而「感受的集合」便是你的「人生」了。所以這是屬於你自己的人生，你需要親自實現這個「找尋原因」的過程。

那麼如何「繼續往下想」呢？首先，你需要的是可以「專心想一件事」的能力，也就是「專心」的能力。「專注」是一種「注意力焦點集中」的能力。之所以說這一種能力，主要是由於「腦部能量場」會隨外界能量而變化，而我們可以使用「專心」來調控自己的「腦部能量場」，才能驅動相關的思維功能。若你發現自己經常無法專心地做一件事（任何事），那麼就可以來練習「專心」這件事，以獲得專心這項能力。要練習專心其實也不用特意到甚麼地方、想方設法的使用甚麼複雜的方法，生活中的每個時刻都是可以練習的。比如說，你專心走面前的路、吃眼前的飯、聽眼前的人說話、看面前這部影片、做眼前的工作……。

有了「專心的能力」，我們就能開始來找尋生活中所發生各種事情的原因。比如說你想了解「股市」究竟是怎麼運作的，那就可以從對於股市的基本方式開始思索。大家都知道股票是一個「買賣股票」的平台，股票是公司的持有權，買了某公司的股票，就是把自己的現金拿去給該公司使用，一個公司會生產各種產品或提供服務來獲利賺錢，然後該公司賺了錢就

會分給持有股票的人（股東），這樣你就能賺到錢，當公司越能獲利，大家對這家公司的獲利「期望」越高，所以就會有人出更多的錢來買該公司的股票，這樣股票的價格（股價）就會開始上漲，相對的，若獲利「期望」越低，股價就會開始下降，也就是說股市是一個以期望來交換（買賣）股票的運作模式。那麼大家對該公司的「期望」是怎麼來的？這跟該公司的生產能力、經營能力、市場需求……都有關係。那具備生產能力的原因是甚麼？來自於員工的「期望」。經營公司的能力哪裡來的？來自於主導者的「期望」。市場需求的原因是甚麼？來自於大眾的「期望」。那為什麼會產生「期望」？……。此外，有沒有可能有些人，會不管公司的實際獲利來製造公司賺錢的假象，來欺騙投資人藉此賺錢呢？他們的「期望」又是甚麼？當然還有很多其他相關的現象，都是可以來「找尋原因」的題材。又比如說，教育為什麼現在是這樣運作？政治運作的原因為何？為什麼有人富有，有人貧困？為什麼司法無法獲得大家的支持？為什麼有無差別刑事案件？為什麼房屋這麼貴？為什麼氣候改變？……如果我們能夠「專心」的去思考這些事情的原因，這樣才能對於「生活」或者說「人生」有一些了解，構建一套屬於自己的「詮釋系統」來解釋這個世界運作的原理。

　　但如果你覺得「找尋原因」很沒有意思，當然也不用急著去思索這些事情，等到我們有一天發生了「無法接受的事」，你的內心自然會驅動你去思索事情發生的原因，因為這正是我們都需要完成的能力。

2.1 設定議題

V：關於「設定議題」這件事，其實還是有一些內容可以聊聊。
事實上，「設定議題」至少有兩個角度可以思考：

1. 察覺深度（意識純粹度），意思是說，我們可由那個「設定的議題」便顯現出，自己的關注焦點在甚麼頻率範圍，也就是意識焦點處在甚麼心智階段，換句話說，我們在得知一個現象之後，所關注的、對齊的頻率為何。

2. 詮釋能力，當我們可以使用更多層次階段與角度來解譯一個現象時，我們就具備了更多角度的詮釋能力。

所以我們就同一現象（如同一影片），就能先列出自己可以想到「議題」（2. 詮釋能力），然後就可選擇自己認為最重要的與最想關注的焦點（1. 察覺深度），來當作討論的議題。值得一提的是「設定議題」其實需要比「探討議題」更複雜縝密的心智能力。

Z：意思是群主原本有別的議題要討論嗎？

V：其實我原本要討論的議題，比較有興趣的有兩個，一個是「議題設定」，另一個則是現在討論的「無限迴圈」，我一般都稱為「死結」（dead-lock）。另外其實還有幾個議題，像是輪迴模型、顯化能量定位、經濟制度、人際關係、心智結構、中斷操作……還有一些占星（時空）變異、演進階段、夢境規則（剛剛提到）、座標錯置（其實也有關阿）……

H：不太明白為什麼要加上「無限」二字，是它會自己增生出許多同樣是在迴圈之內的路徑嗎？

V：因為若沒有「終止條件」發生，這個程序會一直這樣執行下去啊。這經常發生阿，像是在夢裡一直被追、一直打電話打不通、一直考試考不完……

P：昨天才夢見要付錢，拿出來竟然不是新台幣，剛剛才去提款機領出來的錢，怎麼就變成古代的紙鈔了……

V：看來最近資金壓力很大喔。其實「焦慮」本身就內涵很多「無限迴圈」的性質阿。

H：所以會有種「永無止盡、沒完沒了」的感覺？

V：是如此阿。

TR：個人稍提一點拙見。「封閉的迴圈」：如物理理現象所說的平衡，如龍樹菩薩中觀論的空——輪迴。

V：個人認為龍樹所描述的「中觀」，指的是「位於隱態與顯態之間」而能觀察的意思，也就是觀察顯化與隱化的角度來解譯萬物的運作意義，並非專指我們一般所知的「輪迴」這件事，而是指所有一切的運作。（當然亦可包含輪迴）。

TR：「打破迴圈」：如物理現象界淨值，所得的零值並非什麼都沒有，而是動態平衡的淨值，又另如一般所說的空，其實並非什麼都沒有，而是因緣和合的結果。以上酌請考、批評，謝謝。

V：這我個人是贊同的。

SF（小花花）：要有足夠大的力道，可以幫助脫離迴圈，或夠一針見血，夠讓圈內人痛到，反思自己目前的行為模式。

像是工作賺取生活的金錢，但工作又帶了身心

上的痛苦，又痛苦又脫離不了，除非有一筆足
夠大的金額，能讓自己離開目前的工作；或者
是身體再也承受不了，不得不停下腳步修身養
息。

V：是的，所以「終止迴圈」需要外界催化刺激，但有沒有效
果，就也要看當事人的意識狀態了……一般常見的「大病」
算是一種很強的催化劑了……不過現在目前的狀況看起來，
催化成功的比例還是相當偏低的阿。

Z：請問這種外來強力終止條件產生的背景是不是還是源自於某
些對此條件有聚焦規則的人群，就是對此較有感覺的人，比
方有的人是經由財務危機來打破過度執著於金錢之類的內在
規則？有的太執著於感情就一直遭受情感的破碎，甚至連太
注重親情也是這樣的狀況，似乎就是要心智複合體去了解並
達到任何事極端都會失衡也影響著整個環境～

V：是的，每個人的各種情況都是在催化「自己的心智規則調整
能力」的增加，達成「增加資訊複雜度的處理能力、調整相
關內在規則的和諧並行、提高系統承受變異的穩定度」……
簡單的說，「宇宙只會幫助你演進」啦……

Z：那這樣理智與情感比例，群主認為多少是趨近於有智慧呢？

V：「智慧」多少要看有多少（理智＝理性＋感性）而定，也並
不單純只是理性與感性的比例分配，換句話說，理性與感性
的細緻複雜度都要到達一定的水平，才能產生比較高度的智
慧。
　若純以比例來說，理性：感性＝1：0.618 理性較高的黃金比
例，對於群體化的演進過程來說，或許是比較恰當的吧。

V：當然「視覺化」也是個好議題阿。

H：一直畫圖突然要寫文字說明，覺得腦袋有點轉不過來。

V：呵，這就是「視覺化」與「文字化」的功能區塊上的差異了。「文字化」是立體結構轉換成線性結構的功能，相對的，「視覺化」是線性結構轉換成立體結構的功能，這中間還需要一個中介過程「平面化」功能。

H：你是指：「文字」屬於「線性結構」？

V：是的，我們是一個字一個字的串列阿……一個字只有前後兩條連結線。

H：「視覺」屬於「立體結構」？

V：是阿，一個端點有多重關聯結構，比如說一個端點有三條（多條）連線連結到另外三個（多個）端點……

H：兩者之間的轉換，需要先做成「平面」當作中介？

V：所謂「平面」也只是連結多寡的描述，是漸進的意思，其實是用「連線數量」來表示，會更精準一些……，這裡的概念是「碎形維度」，並非是「物理維度」的概念阿。

H：那請問「線性、平面、立體」結構，是我們大腦裡本來就有的東西嗎？

V：也不能說「本來就有」，是逐漸連結建構起來的結構。

H：如果大腦裡沒有這些東西，那就無法解讀這些東西嗎？

V：是的，除非「新增或修改連結結構」。

V：所以「文字串列式的描述」可以排列組合成一個更複雜（更多連結）的結構網，不過需要將整個多重連結結構，解析出各種串列，才有辦法「表示成文字、語句、文章、章節、結構」……所以需要解析再重組的過程。

所以使用文字來表達，越細緻複雜的「結構」，需要更多的篇幅來描述「其中的各種串列」，而「視覺化」成圖形時，

則要將很多串列式的描述，彙整放到圖形中，也就是「分析」與「歸納」的差異，這是兩種相反的邏輯運作過程，所以容易「轉不過來」阿。

簡單的說，「文字化」是分析並表達的過程，「視覺化」則是歸納並表達的過程。若要「同時執行」兩種功能，也是可以，那就需要熟悉這兩種過程，與足夠的能量供給了。

H：我個人透過文字來「學習和理解」的經驗比較多，所以對我來說，文字的組合可以是「立體的結構」，只是看起來是「線性的」。無論哪一種表達，複雜度還是表現在「結構」上對吧？

V：是的，「讀文」與「寫文」不同，以上所提的「文字化」指的是「寫文」，而藉由「讀文」來理解，也就是將文章中的諸多串列裡所描述的規則「彙整成結構」的過程，剛好相反。

H：原來如此，所以多寫文字可以訓練「分析」，多畫圖可以訓練「歸納」？

V：是如此啦。所以「讀文」完成，然後「寫文」（寫心得），就完成了對於一條或一組、一套內在結構的思維理解的過程了。最好心得再加上「圖表」，就會更完整這個思維理解的過程了。

這也是我個人強烈建議，閱讀或經歷產生心得或領悟時，需要書寫與圖表的描述，這些在諸多內在規則中，分析與歸納的運作過程，是完全無法用多少閱讀與經驗，就可以取代的，因為那對於內在運作上來說，完全是不同的事情。

簡單的說，表面上差不多，內部運作天差地別了。

R：有圖表與沒有圖表的差距？我想起以前閱讀日文時，除了自己整理的筆記，再加上自己畫的能理解的註記。這個也算是寫文+圖的另一種形式嗎？

V：註記與圖表有些差異，因為註記是屬於補充解釋，與「彙整成一個結構」，是有挺大的差異阿。

R：所以閱讀不一定是會對內在規則的運作產生變化的，是嗎？

V：也是會，但只有一半的效果。

R：那我真心的想問：閱讀了「意識結構」，會對內在規則產生變化嗎？

V：增加一些內在規則，但強度較弱。

R：那請問：如果是非常強烈的想要閱讀及了解一本書，會為內在規則帶來改變嗎？

V：若是強烈希望理解其中內容，新增的內在規則會稍微強固一些，但強度仍然不夠形成較穩固的結構，所以容易產生一些偏差。

R：潛移默化是有可能的嗎？

V：穩固的「潛移默化」，其實包含了分析與歸納的完整過程，才會產生。

2.2 輕鬆聊知識

V：來聊輕鬆一點的話題好了（哈，這算是輕鬆嗎？），僅就知識來說，自己比較了解的「知識」是哪一類別體系的？（並不見得是在學的類別），又甚麼領域是完全陌生，或者只有很少的概念的？又或者說所謂的知識，全都還給老師了？呵。（說說也都無妨，反正匿名社群也沒有人認識你的啦）自認為的就行了，不需要那些甚麼認證的事情阿。

V：我個人是自認計算機領域與意識領域比較熟悉，其他領域是多少略知一二吧。

H：我熟悉「哲學」和「社會學」，相關文史哲都涉獵。對於「電子、電機」完全陌生，羨慕懂得操作「機械」的人。我被「意識結構」這套論述吸引，是因為無法完美整合自己研究過的東西。

V：那現在狀況如何？

H：你做的圖給我很大的啟發，在我所熟悉的領域當中，其實經常遇到「形而上的偏誤」，也就是離開了形而下的「生理和物質基礎」，淪為「空談」。

另外你所提供的「群體意識」，也讓我能將哲學和社會學放在適合的位置，不相扞格：哲學看似個體思惟，其實來自群體演化；社會學看似群體動態遷流，其實也微觀到個體意識狀態。

所以我目前會比較需要補足形而下的部分，尤其是自己特別

不熟悉的「物質層次-生理層次」。

V：所以思維整合的過程，也是需要很高的成本（時間、能量），整合的結果，促使「群體」更加「群體化」啦，呵。以意識結構來重新解釋各種知識領域，就不會受限於「學科分類」這件事情了啦。

H：我也明白為何學界很多東西整合不起來：哲學的「二元論」，或者社會學的「群體/個體」必然矛盾。或者是因為前提預設根本偏差，或者是因為心智層次有點混淆。所以隨便他們想怎麼說，我也不像以前那麼介意了。

V：呵，因為已經理解並觀察到，每個人確實是存在心智階段的差異阿。

Z：我似乎是醫學，占星文史哲學，意識各大約 5.6 成，機械物理相關為 1 吧～烹飪相關為 8。

V：呵，跨度也不小喔。

Z：所以腿劈的很開，烹飪也是因為人還是需要飲食嘛，所以對食物的挑選和烹飪方式，營養素差異對身體健康的異同程度影響還不小，是有興趣的，到現在是烹飪方式越簡單越好，食材新鮮最重要，所以很多飲食項目也剔除掉了。回歸到簡單原始耶～只是在想到底是複雜是進化還是回歸簡單才是呢？

V：心智變複雜，作法變簡單了阿，呵。外表看似簡單，內心的過程很複雜啦。

Z：對耶，是經過好幾年的重新對食材，營養，身體機能（醫學）的研究才形成現在的揀擇，吃的對真不容易。

V：飲食其實使很複雜，意識層次的跨度很大，之前也討論過這個議題啦。

Z：因為太喜歡研究身體如何健康，現在發生被「如何呼吸」困擾著的階段中，在各家不管宗教或文哲學中都有提到呼吸的隱含象徵及實際幫助身心安定的呈現不在少數，人總要呼吸嘛。

V：呵，現在對呼吸的種種說法，其實是有些矯枉過正了阿。

Z：願聞其詳。

V：一般會說「刻意調整呼吸的節奏」，然後意識就能提升了，其實沒那麼神奇啦，呼吸節奏其實只是一個「結果」，一個可以反映出意識狀態的結果阿，呼吸在生理上，是提供與氣體能量作用的方式，也是生理能量昇華轉化為心智能量的一個重要的觸發方式，故空氣品質不良則會使能量轉化受阻，效率降低。然而不論能量多麼充足，心智結構的調整，仍然還是須經由內在規則的調整而達成的啦。簡單的說，刻意調整呼吸的節奏，意識就能提升，那並不是意識的運作方式阿……

Z：下午有思考到底要如何呼吸，因為幾天的實驗，讓我更在意呼吸這件事後，變得不知如何呼吸了，也影響到睡眠了，想想還是自然就好，免得感覺到一直沒好好呼吸的感覺焦慮。

V：呵，是阿，意識提升才是這些「效果現象」的發生原因，調整「結果」無助於改變原因啦……所以刻意調整呼吸，是無效的啦。

WIS（紫藤）：我熟悉唱歌，能藉由聆聽而分析歌者的意念與個性。最近才加入這個 line 群，還在潛水中～

A：我猜紫藤可以透過樂音產生「聯覺」吧。

R：我熟悉人性人情，曾經專注唯識，一直愛好文學音樂。

2.3 內容辨識

Z：引用網文：「專注放大自己的美，說來容易，但還眞難。因為人最怕陌生的人，可能常常是自己。希臘哲學家才會說，認識自己，你才能認識人生。一個人要看見自己的美，得虛心自我洞察。」

V：過度放大，反而會阻礙發展啦。

H：引用網文：「學習淨土法門的人，要有兩個觀念：第一、罪惡感要深、要重；第二、無常觀要深、要重。這才是道機深厚勇猛的人。有罪惡感，深感自己罪業深重，曠劫以來常沒常流轉，無有出離之緣。我們是罪業罪業又罪業的眾生。有無常觀：『我今夜可能是最後一晚上，一息不來將歸何處？』在這種急迫的情況下，你沒有辦法，你一定會『哎呀！有這麼好的法門，我就南無阿彌陀佛。』從此心得大安慰。」求意識解構解析？

V：意識結構解析：罪惡感越重，錢捐得越多。無常感越重，心結越多，思維能力越低，越容易捐錢。結論，都是爲了錢啦，呵。

事實上所有的過度與不及的解譯，都是會產生心結執著，且阻礙思維能力的因素，因爲這會形成內在規則與腦神經網路的死結（dead lock，這之前討論過），思維的效率降低、內耗嚴重。

H：「思惟能力降低」是不是因為「反正什麼事情都是無常」的，所以也不必再思考下去了？

V：是阿，所以就一直跟魚一樣，活在當下了。

Ha（哈瓦娜）：活在當下意味著要充分珍惜眼前所擁有的所體驗到的，並且不浪費任何一分一秒的時間，進一步地說，應該努力瞭解自然運作的原理，並將其運用於生活中，在這樣的意義上活在當下不僅是對當下的珍惜，還是對未來的規劃。

H：引用網文：「If you are depressed, you are living in the past. If you are anxious, you are living in the future. If you are at peace, you are living in the present.」怎麼看怎麼不對勁。

V：呵，好的。以心智功能為主的第三密度來說，覺與思，須得並重，才能有所進展，只可惜，過度強調「活在當下」，則缺乏了調整心智內在結構的能力，換句話說，現在的過度強調，形成了另一種逃避現實的藉口了。

V：https://youtu.be/4RyYyaIIPZM。其實我們的偏見還挺多的，說嚴重一點，教科書上的內容誤謬，超越我們想像的多的多阿。

Z：如果以人類意識層次發展來說，可能是好的，因為在得到強大能力之後，利他比例也跟著急速降低。

V：獲得強大力量，就又陷入利己意圖上升，這就不是所謂的演進了阿，並非真實的內在規則改變阿。

Z：所以才讓人類先團團轉，先改內在規則再得能力，咦，這跟上次討論先意識提升就得神通一樣耶。

V：呵，本來即是如此運作的啦，逆著來的，都是短暫的，很快會消失啦。

Z：在道家丹道修煉，有一句順為人，逆為仙，當時以為是要反著身體機制運作才能成仙，後來好似又延伸到說要逆著這個世界規則運作，著實很玄乎吖？

St（星）：我覺得這是說，一帆風順的人生最後依舊是一般人的境界，如果要想非同凡響就須經歷別人無法承受的逆境。

Z：其實他們煉體時也是一樣的感受過程，所以才會有所謂「走火入魔」之說。

V：呵，其實也無所謂逆不逆境，就只是修改操作內在規則而已啦，感受上，比較痛苦就稱為逆境了阿。

Z：我大拇指撞到桌腳時也痛到要暈過去，但內心只想一直罵，沒有任何意識提升。

V：呵，慣性規則執行，當然結果都一樣啦。

2.4 角色定位

V：來談談「角色定位」這件事好了，「角色」的認定其實在人際關係的運作上，其實很關鍵，大家對「角色」這詞會有甚麼想法呢？

我說個效果好了，如果我們對於「角色認定」的數量越多，也就是劃分得越細密，那麼我們對於各種人事的接受程度就會升高。

比如說，若把「母親」這個角色的認定，又劃分爲十個種類（不顧小孩型、自我享樂型、含辛茹苦型、相夫教子型、中規中矩型、缺乏溫暖型……），那麼你就會更爲容易，爲自己的母親、或者自己身爲母親找到一個適合的「定位」，那麼我們就比較容易接受自己的母親了……

H：我覺得「角色」是「社會角色扮演」，我看主管們爲了扮演「主管」這個角色，頗費心力。

日前主管要我去參加阿含教育活動，因爲要給誰面子。我問「爲什麼要參加？有什麼用？每次去都只能講好話，不能講實話，是在做人情嗎？阿含不是教無我嗎？做什麼人情？」過幾天主管改口說：「我們不做人情了，憑實力做好事情就可以，不勉強參加。」這位主管是開始「劃分角色種類」了嗎？

V：呵，是阿，對於「部屬」也能劃分出很多角色，像是「無法配合型」。

V：換句話說，只要自己對於任何一種關係人，都具備可以找到對號入座「社會關聯中的角色定位」，那麼就不會產生「不安全感」，因為你們之間的任何互動，都不會超出你的「該角色規則範圍」，因為你內在規則可涵蓋的角色很廣大，足以涵蓋你所能接觸到的所有人。這樣你就能「接受」所有人，至於接受之後要「認同或反對」都是可以的（接受不等於認同），至少他的行為反應，均未超出你的預期。但若他的行為反應，超出你對此角色的預期規則範圍，那麼你也可以再找到另一個適合他的角色，甚至產生一個新的角色定位，也都是可以的。

H：如果內心沒有負面情緒，就算把主管定位為「能力不足以任事，但可當做招牌的主管」也是可以的嗎？

V：哈，有何不可呢。當你把這種情況的詮釋，關連到類似「熊讚」的角色時，你就開始感覺到他也挺「可愛」的啦，呵。

Z：這樣算不算是強行連結？

V：呵，事實上我們經常這麼做啦，經常會將兩件幾乎不太相關的事情連結起來啦。

Z：好像是耶。

Z：真的不會出現嗤之以鼻的想法而產生任何情緒嗎？因為執行過程不太可能這樣斷除這兩者關係。

H：關聯的負面情緒，是可以透過「解除心結」來斷除的啊。如果會對他人感到「嗤之以鼻」的話，我會先檢查自己內心是什麼規則啦……

Z：我是想如果重置內在規則時用了負面的詞語那麼連帶產生的感受被污染的機率就變高了（cony smile），像是司法裡有毒樹理論，不是針對你哦。

V：會越改越糟啦。

H：那就要看如何定義「負面詞語」了。我不覺得「能力不足以任事」是負面的，只是陳述事實而已。社長幫我們定義一下何謂「負面詞語」？

V：該詞彙所連結的腦神經功能區塊，也與負面情緒功能區塊有較強的連結，並會產生負面感受的振動頻譜。

V：引用「每年必看母親節影片」。你會覺得他媽媽說的是「負面詞句」嗎？

Le：在這個前後文裡面也不能算正面詞語、頂多未連結負面情緒。

H：完全不是啊～高雄來的同事，說他的媽媽平常交談都念「五字經」或「七字經」，我們說要聽，同事說「最好不要」。

Z：我之前看過有人說那是發語詞無義，就是一種打招呼方式。

V：呵，所以詞彙都是在「情境」中來進行解譯其內涵的阿，有時氛圍所占的意涵比例，可能比詞彙本身的意思還來得更重啦！呵。

　　當我們透過詞彙語言表達時，意圖動機會顯化對應的能量場性質，產生所謂的氛圍、氣氛，當然這是每個人自動產生的，所以當一群人聚集時，這能量場是混合而成的，此時的言語對話，則只是整個能量場屬於心智能量的一部分。

H：想請教一個問題。爲什麼同樣一個「爸爸」，面對子女 A 時候很理智，可是面對子女 B，卻不太理智？同樣的，同一個「主管」，面對部屬 A 和部屬 B，也會有不同的理智程度。怎麼會這樣？這是因爲不同人的能量場，有不同的交互作用嗎？

V：要以能量場作用來解譯也是可以，因為能量場涵蓋了物質、生理、心智各層次的內在規則之顯化作用，也能表示內在規則之間的作用。

因為就算是對於「子女」或「部屬」的角色，每個人在這些角色中，還是有更為細部的劃分，也就是以上所提的同一角色的分類中的不同型態，這也因為每個人能量場上的差異所致，也是一種正常狀況。

至於是否「理智」，這與個人內在規則的狀態有關了。無法對於所有人都相同的理智狀態，則視需要自我察覺與調整的部分了。

2.5 意義探索

V：有興趣的來回覆一下：

1. 你人生最大的願望是甚麼？
2. 人生經歷生老病死、成長凋零，經歷這些事要做甚麼？
3. 有人天生條件好，有人條件差，你認為這樣公平嗎？
4. 這個社會是靠甚麼來運行的？
5. 你相信命理算命這種事情嗎？
6. 通靈這種事是真的嗎？
7. 當你體驗了人生不少事情之後，你覺得你的內心有改變甚麼嗎？
8. 怎麼樣算是成功的人生呢？

J 靜：

1. 目前的願望是：以後能無病無痛的在睡夢中死亡。
2. 就是「人生之旅」～經驗各種經歷，深刻的體驗並記憶各種感受，形成自己的人生故事。
3. 很不公平；但只能無奈的接受～上天就是這樣啊！
4. 各種組織、法規、制度在運作。
5. 可以參考，但不要迷信。因為變數很多。
6. 有些人是真的能通靈～就是訊息的接收與傳送。但有時也會有誤差啦。
7. 「察覺」到自己的想法（內在規則）不斷的在改變中。
8. 我認為：成功的人生是「自己認定～自己說了算」。但

我還做不到這種境界。

以上～文筆粗淺，沒什麼大道理；但深刻的思考後，眞誠的回答。

因爲版主的這些提問，我也很有興趣知道別人的想法；只好自己先「按鈴搶答」啦～抛磚引玉（反正大家也不認識我）

H：

1. 你人生最大的願望是甚麼？<--經常心想事成，如：不想參加的應酬，因故取消。

2. 人生經歷生老病死、成長凋零，經歷這些事要做甚麼？<--獲得深刻的領悟，沒有最深刻，只有更深刻。

3. 有人天生條件好，有人條件差，你認爲這樣公平嗎？<--公平，因爲我剛好天生條件不錯。

4. 這個社會是靠甚麼來運行的？<--眞誠與信任。

5. 你相信命理算命這種事情嗎？<--相信，因爲命理師需要工作。

6. 通靈這種事是眞的嗎？<--「通靈」是眞的，通什麼就不一定了。

7. 當你體驗了人生不少事情之後，你覺得你的內心有改變甚麼嗎？<--比年輕時更愛玩，也更會玩，因爲擔心害怕的事情變少了。

8. 怎麼樣算是成功的人生呢？<--內心有所改變，就是成功。

（1+1）：

1. 你人生最大的願望是甚麼？
   好死好超生。

2. 人生經歷生老病死、成長凋零，經歷這些事要做甚麼？
   獲得感受形成資源以利意識修行煉金。

3. 有人天生條件好，有人條件差，你認為這樣公平嗎？
   條件環境與投生時的意圖意識匹配相應，剛好而已。不公平的比較是後天。

4. 這個社會是靠甚麼來運行的？
   個體內在規則向外延展形成的外部規則，具有相當普同性或所謂的共識。一個社會是如何與如何運作恰恰反映出個人及群體內在規則/意識。

5. 你相信命理算命這種事情嗎？
   參看 3，所以，時空環境結構與天體能量活動或多或少會與個體（或集體）「同步」。由大推知小，由已知推未知，都是合理可行的。

6. 通靈這種事是真的嗎？
   自然現象，一點也不靈異。「人為」的通靈就大部分在心理「加工過」容易顯得「扭曲/失真/偏謬」了。

7. 當你體驗了人生不少事情之後，你覺得你的內心有改變甚麼嗎？
   內在煉得什麼的關鍵在個人「煉金技藝」。獲得一些意識煉金技術～

8. 怎麼樣算是成功的人生呢？
   可以更完全自主選擇的生命/人生。
   可能過一陣子回答的又不完全一樣了～哈哈～

V：呵，挺好的阿。

（1+1）：那你覺我還可以意識更聚焦在哪裡？

V：3. 有人天生條件好，有人條件差，你認爲這樣公平嗎？

條件環境與投生時的意圖意識匹配相應，剛好而已。不公平的比較是後天。

　　>>>這基本我是認同的，只是或許可以更細緻的描述一下。

V：其實我的看法也挺簡單的啦

1. 你人生最大的願望是甚麼？

　　>>>意識演進。

2. 人生經歷生老病死、成長凋零，經歷這些事要做甚麼？

　　>>>意識演進。

3. 有人天生條件好，有人條件差，你認爲這樣公平嗎？

　　>>以意識演進來說，是公平的。

4. 這個社會是靠甚麼來運行的？

　　>>>內在規則。

5. 你相信命理算命這種事情嗎？

　　>>>相信，因爲占星術是可以實證的。

6. 通靈這種事是眞的嗎？

　　>>>眞的，是通訊機制。

7. 當你體驗了人生不少事情之後，你覺得你的內心有改變甚麼嗎？

　　>>>內在規則。

8. 怎麼樣算是成功的人生呢？

　　>>>改變內在規則，意識演進。

R：我想知道第5：你相信命理算命這種事情嗎？

　　>>>相信，因爲占星術是可以實證的。

　　請問：是如何實證？

V：呵，從四季節氣的感受上，就可以「實證」了阿。能量場變化阿，除了占星術，不然能是甚麼原因呢？

V：4. 這個社會是靠甚麼來運行的？<--眞誠與信任。
　>>>那如果不是會怎麼樣呢？呵

H：哈～我想連「社會」都沒辦法形成，更遑論是「運作」了。並不是說要百分之百的「眞誠和信任」，但至少有個最低程度吧？比方說我們如果對「鈔票」無法信任，經濟就沒辦法運作了啊～即使是詐騙集團，也會怕黑吃黑，收到假鈔吧？換句話說，連詐騙集團也要信任「鈔票」才行啊……哈～

V：所以歷代皇朝替換的眞實原因，最後都是「經濟崩潰」阿。

P：4. 這個社會是靠什麼來運行的？經濟。

V：那經濟運作是靠甚麼來支持的呢？

P：所謂信任，在經濟運作的底層，其實是「擔保」，就是要有相對的抵押品。
　貨幣能夠流通，那是眾人相信發行鈔票的「組織」有足夠的資源能力（例如國家資產、黃金儲備、部落酋長的財產……）。若一個統治實體，沒有信用，眾人認爲它是掏空的、沒有實質的擔保品，那它發行的貨幣也會崩潰。

Z：咦，要擔保才能借款是否跟信任相反呢？是不是哪裡怪怪的？我常常覺得有法律有契約是因爲不信任耶。

P：那種信任，都是有條件的。法律就是在規範一個最低的運作規則。

Z：那更早在法律未出現之前，不知道社會是則運作的？還是因爲未形成社會沒有複雜的人際關係，所以不需要法律？所以人的意識發展是因爲相互間的接觸多了變得越不信任了嗎？（越想問題越多）

V：一般來說，第三密度發展初期，都是尋求個人生存，並無任何「信任」而言，所以群體化尚未開始，而我認為人類並未經歷這個階段，直接跳到群體化過程中發展。

P：原始社會、部落社會，是酋長、長老統治。（酋長分配資源，長老以年齡會所方式傳承、分級晉升……細分也有許多型態）農業社會，是村長、鄉紳掌控（傳說中的「吃人的禮教」的時期）西方中古世紀，政教合一，地方教會勢力就很龐大。或許沒有整體適用的法律，但仍有小型組織各自的運作規則。（只是不見得有明確寫下來，可能是方便上下其手……啊，不是！是方便與時俱進）

V：呵，是如此啦，其實一般生物學都同意「達爾文演化論」的觀點，來推知人類的演化過程，不過近來也有很多不同的觀點出現，我個人並不認同「達爾文演化論」的觀點，因為人類考古上發現很多非智人的證據（挖到骨頭），要往前推論到兩百萬年前出現「類人類」，但演進到心智思維能力，其實並非就兩百萬年可以達成的，是非常漫長的過程。第三密度周期少說也要 75 萬年，才是自然演化的過程，況且人類大規模毀滅了好幾次了，時間上怎麼可能來得及。

而以現今已發現古文明的蹤跡來說（好幾個），也都才幾萬年的時間，明顯而合理的推論是，人類目前的意識階段，並非自然演化而來的啊。

H：是否有哪些動物，剛好處於第三密度初期？

V：只能獨居的哺乳類動物，不具備任何群體特性的物種。不過全無群體性的第三密度物種，在地球上幾乎是不存在的阿，或多或少都有一些群體的性質阿。

Z：請問這意識演進的所需時間是以何種單位計算較爲合理呢？
是與行星運作的頻率相關嗎？

V：是阿，至少是與星系的能量場變化同步的時間阿，如果還沒
發展出星際文明的話，只能跟著行星的週期了。值得一提的
是，第四密度到第五密度至少需要三千萬年的周期（一的法
則 RA 是這麼說啦，我也不知眞假），不過以第四密度的難
度推估，這也是合理的周期。以三千萬年（地球年）來說，
若不進入星際文明，恐怕也只有毀滅一途了。（大家當成講
故事，姑且聽聽啦，離我們還太遙遠啦，呵。我很推薦的通
靈訊息「一的法則」，電子版免費下載，值得花時間來好好
閱讀）。

Z：可否請問群主推薦原因是因爲比較接近天人合一法則嗎？

V：顯化能量與隱化內在的貫通內涵，連結科學與靈性的銜接橋
梁，且充滿群體化的傳訊意圖。我個人對「一的法則」內涵
的評價，是所有意識心靈題材中最高的阿。只不過內容其實
也是挺艱深的啦。不過如果可以理解「意識結構」的話，
「一的法則」應該不算艱難啦……

Z：應該是可以搭配在一起消化，效果更好啦。

V：當然「巴夏傳訊」也是我個人推薦度很高的內容，我看起來
「巴夏」與「RA」的內涵來說，應是同屬一脈的阿。
https://zenkarsha.github.io/bashar/#gsc.tab=0

Z：他們是同一密度的意思嗎？

V：不同密度，相似的發展過程。

Z：請問可以再詳細說明這句話的細節嗎？

V：好的。以意識架構的觀點來看，RA 與巴夏所描述的內涵盡
管看似不同，在意義上都是以意識層次階段的角度切入的。

其所採用的語言詞彙，都是兼具科學與意識的精準度，這顯示了他們兩個群體都具有時空科技與正面極性的意識狀態。對於人類意識（第三密度）的演進也同樣具有熱誠與關心，且導向正面極性發展，所以依整個性質來說，是屬於類同的高密度群體。

V：巴夏自己的描述是「第五密度」接近第六密度群體，而 RA 也自己表示是「第六密度」群體，不過在我們來看，都是「高密度群體」啦。

Le：我們大約 3.5 左右？5.5 和 6，會不會太高了點？

V：呵，所以 5.5 與 6，我們看起來是一樣的啦。我們平均大概只有 3.2 差不多。這就像一百億跟一兆，對我們來說其實差不多啦，呵。

Le：在我看來有不小差異啦～他們 5-6，我們 3.2，在理解他們的訊息上容易嗎？

V：呵，當然不太容易啦……只能盡量啦。

H：如果把數學公式 $R=F*M/|M-F|^2$，畫成圖案，這樣畫對不對？

V：呵，在數學上是有點問題阿，不過理解大概的意思。

H：另外想到幾個問題，可能有點莫明其妙……

　　1. 「規則」這種東西如何「量化」？很多研究身心靈的人都覺得身心靈這種東西，怎麼可能「量化」？一位朋友看過 FB 社團的文章之後，他的解讀是：「意識結構」嘗試以「科學的方式來解釋身心靈」，請問真的是這樣嗎？

V：其實也不是阿，「科學方式」只是讓大家覺得比較「合理」一些，可以銜接物質層次阿，我也可以只談些「玄學」的領

域阿,但對大家沒有幫助阿,那些已經太多了阿。

P:數學、物理、化學、生物……科學,是描述「意識結構」的一種方式,是用來解釋的工具。學習科技,也是爲了格物致知、格物窮理,所窮之理,當是「意識結構」。

2. 「F*M」的乘法到底是什麼意思?「乘法」這個規則在這裡表達什麼意涵?「平方」這個規則又是什麼意涵?這些從小就學習的東西,我好像不清楚它們是在幹嘛?

V:「乘積」可以將兩個同性質的「物件」之間的差異放大,同時也保有兩者的特性,「平方」的話是放大兩者差異的意思。這種方法在「萬有引力公式、庫倫定律」都是這種運算方式阿。

2.6　療癒碎形

V：一般說聽某些音頻的音樂、或是使用光譜、精油味道、水晶
　　礦石等，可以調整（療癒）心靈的一些創傷或改變意識狀
　　態。在實際體驗上，效果是確實可發生的。這樣的方式之所
　　可以調整（療癒）有效的原因是因為接收了一些特定的頻
　　率，不過這些頻率的分佈其實相當的分散，僅就音頻與光頻
　　的頻段就有 10^{13}，如此大的差距。所以有一些疑義是，
　　1. 為何接收頻率可以具有效果？
　　2. 為何差距如此大的頻率，會有相同的效果？
　　3. 在星際頻率上，都是更為低頻（10^{-3} 以下），為何還能
　　　　產生作用？（也是占星疑義）

H：記得你先前討論過「頻譜」和「形狀」？問題似乎不在於
　　「頻率的差距」，而在於「頻譜」和「形狀」？至於外面的
　　訊息和生理的結構，是吸收？還是共振？我倒是忘記了。

V：或許可以從「特徵」的角度來思考看看。

V：打個比方說，有兩台相同的電風扇，一個一分鐘轉一圈，我
　　每一分鐘拍一張相片，另一個一小時轉一圈，我每個小時拍
　　一張照片，都各拍 60 張照片，這樣這兩組照片，是不是無
　　法分清楚，是哪一個電風扇的照片？

H：應該可以從照片的模糊程度，看出哪一個轉得快？哪一個轉
　　得慢吧？

V：那如果照片快門的時間是，百分之一秒的話，可以分得出來嗎？

H：莫法度。這個例子是在說，不同頻率的東西，有它相同的地方？我想到的是「碎形」圖裡的三角型，重點不在於大小，而是形狀，也就是內在的結構？

V：是阿，內在的結構，決定頻譜的特性。

V：呵，這其實是在指「碎形」這件事啊。換句話說，因為「碎形」的原理運作方式，使得不同頻帶可以產生相同的效果阿。

H：還有一個叫做「盒子維度」的東西，是碎形的舉例嗎？

V：是「碎形維度」的定義阿。

V：「碎形」的核心概念是「複雜度」，這也是「意識狀態」的定義。

H：請問了解「碎形」對於自己的「意識狀態」有什麼用？

V：呵，很有用阿，就能了解「意識發展階段過程」這件事，了解了這件事，我們就能對於每個人的思想行為獲得一個「可以接受且合理」的解譯，一旦我們對於自己與所有人事物，有更多的「合理」，那麼就可以提高「理智程度」，換句話說，也就是提升自己的意識狀態了。免費就能提升，再划算不過了阿。

H：請問「理智程度」越高，是否「情緒與思維」的同步就越高？也就越「優雅」？

V：這倒也未必，「情緒與思維」的同步程度高，提高理智程度只是「比較容易」，但未必是直接絕對的關聯啦，也是「比較容易」表現出優雅、從容不迫的樣子啦……也是有低理智程度，情緒思維高同步的狀況。

Z：能在當下有限條件中，清楚知道自己可以如何調整內在規則達到無論如何的舒適優雅，這很神啊～一般人應該就是心思情緒已狂亂如風中柳絮無處安放～

V：呵，其實犯罪者也是可以達成「心安理得」，就看他自己的內在規則了。其實「負面實體」也是種意識發展的途徑，不過這在「群體化」的過程中，就會失敗了。

H：那要如何讓「內在規則」成為「優雅」的呢？

V：其實只是需要心智功能的兩大區塊，「情緒與思維」的同步就可以達成「優雅」的性質了。

2.7 何謂極性

H：不如來談談「極性」和「極化」吧？順便統合道家的「太極」（其實根源是易經），以及物理層次的「極性」概念。習慣「跨領域思考」，有助於理解意識結構啊？

V：呵，好的。「極性」是指分化或群化的結果。「極化」是指分化或群化的過程。

H：請問：「分化/群化」是指？兩者有何不同？

V：分化是指一個切成多個，群化剛好相反，多個抱團成一群。

H：「分化/群化」是意識結構系統在做的事嗎？

V：是的，都是可以操作的功能範圍。我們時常在心智結構上，做這樣的操作阿。

H：請問可以舉例嗎？

V：比如說，分析、歸納、推論……呵。

H：先前談到「極性/極化」，是從物理層次談（顯化＋極化），今天是從心智層次談，請問兩者是一致的嗎？如何一致呢？

V：是一致的，在心智層次上，意圖極化（內在選擇）之後所產生的能量，就會顯化在我們腦部的處理迴路之中，然後就會開始構建與調整腦神經元的結構，處理完會再獲得一些結果，通常都是一些感受，也包含情緒部分與思維部分的訊息。

A：你之所以看得到 A，是因爲 A 與其他事物都不一樣，A 並沒有被藏進隱態的世界裡。這個「不一樣」就是我所指的差異。

V：A 是顯化的結果，但極化必有「意圖+規則」的過程啦。所以有相對的隱態內在規則啦。

H：心智層的顯化，和物質層的顯化，各層次是一致的，都是兩儀四象、地水火風、柏拉圖立方體……等，這也是昨天談到的「同一性」對嗎？

V：是阿，「同一性質」的意思。

A：因爲是核心規則阿。

V：是的，顯化最初的規則。事實上，不論是甚麼神祕學、密契、祕法、煉金術、占星術、通神術、塔羅、玄學、陰陽五行、瑜珈、神聖幾何學……。各式各樣的有關身心靈的內容，都只是在描述「顯化+隱化」所包含的那些事情而已啊。所以不論你問我甚麼，只要我曾經關連到架構上，我都略知一二的原因，是如此啦。

H：難怪市面上看不出有統整的跡象，因爲沒看到「顯化+隱化」的意涵，只覺得各說各話？

V：所以才會說「沒甚麼內容」阿。

H：請問「跨領域」的定義？

V：所謂「知識領域」是人爲所劃分出來的，所以「跨領域」也是人爲可以定義的。若以知識領域來說，最常見的則是「學科類別」的區分方式，依此界線來說，跨領域則是「不同學科類別」的意思，比如說最近常提到的物理、化學、計算機、數學、文字語言、社會學、經濟學……都是跨領域的學科阿。

H：爲什麼煉金術需要「跨領域」研究？

V：因爲煉金術的範圍是「所有一切」的運作規則與操作方式，所以若以目前人爲劃分的學科分類來說，才有了「跨領域」這種事情發生。

H：和我一起研究華嚴的同事，學習佛法，也學習瑜珈，請問這算是「跨領域」嗎？

V：呵，人爲劃分是都可以用各種「性質」來區分出來的，所以這要看個人是使用哪種性質的角度來劃分這些內容阿。

H：他說瑜珈最高到梵天，佛法則出三界，我目前還看不出來有「統整」的跡象。

V：實際上的運作方式就只有一套，然後都只是「各自表述」的結果。統合、統整、整合需要過程，要看每個人的意識狀態如何了阿。

Xu：版內各位前輩大大，其實在意識層面上還有一個無人能及的層面，試問有誰想過？

V：談點「有人能及」的層面，比較「實際」一點啊。

Z：我之前在看道教資訊時，常常被元神，識神，丹田，等等一堆名詞弄得相當混亂，所以一直毫無所得，有好多似乎又是跟中醫和佛教經典有交雜，所以其實覺得收穫甚少，一直混亂中，想跨真不容易。

V：其實不會啦，只要你有個「理解架構」，然後把這些東西，在架構上收納整齊，就會覺得新增或取用都毫不費力了啦。

Fa：交給 AI 吧？

V：哈，這個都交給 AI，自己就沒有事情做了。

Fa：因爲記性差，想利用它幫我彌補這方面。

V：其實記性差，也是因為心智系統沒有「架構」的緣故阿，呵。跟你說個祕密，其實我在討論議題時，是很少去查資料的阿。

Fa：這概念是類似肌肉記憶的建構那樣嗎？

V：是阿，也類似反射動作，不過在「心智層次功能」上來說，因為我們「讀取資訊」其實是用「內在規則」去索引的阿，沒有內在規則的清楚「定位」，是無法搜尋到任何相關資訊的阿，而「定位」需要一個背景架構阿。所以一般都會形容說「內化後才是你的，也不會忘記。」其實指的是「內在規則」＋「歸定位」這兩件事，並不是「資料記憶」這件事啊。

Z：可否將這個概念幫助釐清呢？

A：給你一個例子，圖書館。

V：圖書館是個好例子阿，也就是說，沒有按照分類方式，沒有加上「索書碼」的書籍，其實是找不到的，當然也找不到「書籍內容（記憶資訊）」阿。

V：事實上，我們能長久記憶的資訊，都是可以與內在規則有所連結的，沒有連結的資訊很快就會混亂且消失的阿。我們能夠使用的「內在規則」，也都是在「心智架構」上，有所關聯的規則阿，不然就會變成「無根規則」（之前所提）了阿。

Z：請問定位點是意圖嗎？

V：不是阿，規則在甚麼層次之中阿。所以才需要一個「意識層次」啦。

V：所以要「加強記憶力」其實也不難，只要將想記住的資訊，加以分類，理解（連結）其中規則，在理解（連結）架構，

就很難忘記了啦。

這也是心智層次上的「極化操作」，只是這個極化不只是兩極化，而是「多極化」啦。「多極化」的結果就會成為一個「架構」，加上一些規則關聯，就成為「結構」了。事實上，「多極化」的運作原理，也是「脈輪」顯化的觀念阿。

Z：請問這個分類要如何開始呢？

V：比如說，你要如何開始收納家中的物品呢？

Z：我應該先區分空間配置定義，書房、臥房之類？

V：是阿，這就是家中的「架構」了阿，所以家中的「架構」是依照甚麼「性質」來區分的？

Z：生活習性嗎？

V：也是可以，就是「使用方便性」來區分的阿。所以你所有生活物品的「定位」，需要按這個「劃分架構的性質」來配置阿。這樣你下次想要甚麼物品，也是按照這個性質來開始思考，東西就不會「找不到」了，也就是讀取到資訊了。所以我們之所以知道明明家中有那個東西，那就是找不到的原因是甚麼？

Z：所以像我每天要做飯，所以烹飪知識就在廚房時拿取，但很多時候聊天也會用到耶，可是完全沒有去提取的感覺啊？

V：就像我們去問植物專家，這是甚麼植物，他可以很快地回答你，因為他對植物的分類架構與關連都非常理解了阿，所以很快能在記憶資料中找到資料。

Z：可以請問步驟要怎麼做可以清楚呢？

V：一樣阿，首先你需要一個可以劃分烹飪相關知識的「性質」，當成架構區分的原則阿。而大架構下的小架構，小架構下的子架構，就是依照「性質中的小性質、小性質中的子

性質」來區分的，這樣就不會搞混了，也是我們常說的「有序化、秩序化」的一種非常普遍的「架構模型」啦。呵，其實這就是所謂的「資料結構」啦。

2.8　占星記憶

——跨領域思考實作：行星殼層＋記憶力

行星殼層

R：占星裡，行星之間的相位，是一種能量的顯現嗎？

V：是的，這是當然。

R：關於相位，書本第 328 頁：

　　1. 太陽磁引場的九殼能量，地球所在殼層（第三殼層），是
　　　什麼？

太陽磁引場殼層

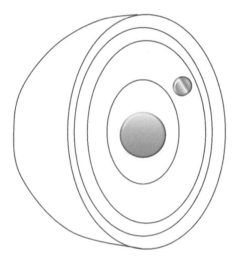

V：殼層就像是這樣，立體的球形……這是太陽系實際的能量狀態阿。

   2. 行星所在的太陽殼層對於地球殼層的影響效應，太陽磁引場的九殼能量，均會通過第三殼層，使第三殼層產生變異。

V：以「殼層」的模型來思考，像是一層層的洋蔥阿，這樣比較能理解啦，能量由中心往外發散，因極性作用，故有能階的狀態，形成「殼層」的能量分布狀態，這與原子中的電子雲模型是一樣的原理。

R：冥王星的距離最遠，通常停留在一個星座及宮位的時間，相較於其他行星更久。爲什麼在星象裡的詮釋是：破及立的力道卻是最大的？

V：因爲第九殼層（冥王星所在）在該時期的特定能量，持續通過第三殼層（地球所在）的時間持續最長阿。

R：我最近閱讀意識結構，得到的認知是：磁力影響著所有。

V：也不是「磁力影響著所有」，而是「所有的力都是電磁力」阿，這有基本觀念上的差異，可以思考看看。

R：請問：磁力的強弱會受距離遠近的影響嗎？

V：一定會的啦，物理能量是如此運作的阿。無論任何事情上都會，只是強弱、性質上的差異而已。

Ja：你講的遠近，應該是分兩種：

   1. （相對於太陽系中的電磁場）「行星，離太陽恆星的遠近」就是殼層的遠近，例如冥王最遠，水星最近。以地球角度，水星的影響（近行星），應該是相對引力大，斥力小；冥王星（遠行星），應該是斥力大，引力小。

2. 另一種是指某一個殼層中的相對的遠近。例如冥王星軌
   道，蠻橢圓，有近日點與遠日點的作用，近日點就引力
   大，磁力小；遠日點就引力小，磁力大。

然後這張表，老師應該是想要表述，我們投胎在第三密度
（地球），在太陽系裡所感知的有限時空範圍的感官變異
質。

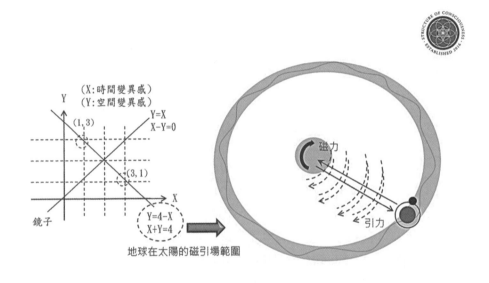

地球在太陽的磁引場範圍

V：是阿，其實原則很簡單，若以行星的來看，則只與太陽+月
　　球的電磁能量場效應有關（因為月球靠地球太近了，所以對
　　地球的效應比較大），其他行星本身的能量場，對地球的影
　　響微乎其微，可以忽略的。

R：第一到第九殼層：指的是九大行星各自的殼層嗎？

V：是的。

記憶力

Z：請問群主最近發現身邊有好多人都有非常年輕而記憶衰退的現象，我知道在除了物質層的影響，像是食物，睡眠，情緒等等以外，其中是不是也包含仰賴電子設備的比例增加也有關係呢？

V：還記得之前所提「資訊記憶與讀取」的運作方式嗎？

W：我覺得活在當下記憶力都會不好，因為我就是這樣。

V：是阿，這影響也挺大的阿。

A：我覺得不是電子設備，而是大腦獲取資訊的方式跟手段跟幾百年前的不一樣。像是這幾年流行的 short video 我覺得我們從某個時候開始，被教導要記得「快一點」而忘了「慢一點」。所有資訊不斷被壓縮、精簡、碎片化。所以我們可以用一天的時間吸收古人一年才吸收得了的資訊量，副作用是什麼倒顯而易見。

V：消化不良、胃酸過多、胃腸不適、脹氣腹瀉、胃食道逆流……？

Z：就是都流失嗎？沒時間思考內化？遺忘也會帶來的生理反饋？

H：但是社長列的這些都是腸胃問題，跟大腦記憶的關係是？「情緒」和腸胃的連結我還能理解，但「記憶」跟腸胃？

R：腸道，是另外一個大腦。腸神經系統。

H：好的，但仍無法解釋為何記憶問題的副作用是腸胃問題？

V：呵，其中的關聯是這樣的，主要是因為「能量供給」的影響，意思是說，當我們時常產生情緒，由於腸胃的能量性質，對於緊張情緒的頻率，產生較大的共振效應，其實每一

種情緒能量都有其對應的生理組織器官，所以負面（無序）的能量，才會引起生理的諸多負面效應，這些無序能量形成時，則需要消耗原本各生理的運作能量，若消耗過多，就會產生生理運作能量上的阻礙，之後就會損害生理組織了。

事實上，不僅是腸胃，這些負面效應，在整個生理能量運作上，都是產生「連鎖效應」，因為生理能量運作的方式，就是一個循環、轉化、昇華的過程阿。所以當我們生理能量耗損嚴重，能夠「昇華」為「心智能量」的能量就會很有限，導致「腦神經網路」運作的能量有限，腦部的整個運作效率就會下降，那麼需要「連結規則」的資訊，就無法產生連結（關聯），記憶力當然就會下降。但也不僅如此，思維活動也會下降（不想思考事情，一思考就頭暈想睡、精神無法集中……），等諸多腦部運作狀況，會接連發生阿……

所以其實生理運作比較不順暢的狀況下，心智功能比較難以增進，因為「能量供給」的條件會下降，導致心智沒有更多的能量來進行察覺與修改的相關作業了。

Z：腦場軸的由來應該也是延續腦幹而下的脊椎神經連結臟腑以致全身，所以要有連鎖反應也不是難事，有時記憶的錯置也會使當事人陷入狂躁憂鬱各種情緒也應避免不了進而為生理層產生各種影響，這也可以連接到7脈輪運作機制。

V：呵，也是阿，反正身體都是連在一起的阿，並不存在無任何關聯的生理狀況阿。

跨領域思考實作

V：既然「行星殼層」與「記憶力」兩件事分別談，不如大家來「內在規則」關聯一下，思索一下這兩件事有什麼關聯呢？（實作一下跨領域思考阿，呵）如果「心智能量」還足夠的話，就拿來消耗一下，跨領域思考是很消耗心智能量的啦。跨度越大，能量消耗越多。

H：「行星殼層」這件事是講太陽系裡不同殼層之間，會相互影響。「記憶力」這件事則是講心智和生理層次之間，會相互影響。所以兩件事的關聯在於「層次或子密度」之間的「滲透作用」？

V：是的，這兩者均具有「滲透作用」。

Z：目前想到的是，記憶力與能量和有序有關，那麼太陽系各行星排列其實因他的殼層能量是有序的，只要沒有重大失序事件，就能彼此產生源源不絕的能量繼續運轉下去？

V：「有序能量」也是關聯之一。

V：或許我得問得再聚焦一點，「行星殼層」的變動會影響我們的「記憶力」嗎？或者說，我們的「記憶力」的變動會影響「行星殼層」的能量嗎？

Ja：Google：在 DRAM 中，每個記憶單元由一個電容和一個開關電路組成，主要的作用原理是利用電容內儲存電荷的多寡，來代表一個二進位位元（bit）是 1 還是 0。那竟然與電荷有關，就一定與行星殼層有關了啊？

V：一切作用都是電磁力阿，那這個影響有甚麼「過程」嗎？

Ja：得先理解電腦或硬碟，如何處理「記憶」這件事，大概就能理解過程如何去運作？

V：電腦的「資訊記憶」方式比較簡易，利用電容的不同電位解譯爲 1/0 的意義，只是「電量」上的差異，電量與電子本身的振動頻率成正比，換句話說，電子本身的振動越大，所含的電量越高，所以當「行星殼層」在不同位置（相對於太陽與星座）的能量大小改變時，電量也會有所改變，影響到一些記憶的資訊，有時強化，有時減弱，一般占星時序會說，會加強哪些情緒，冒出哪些心理障礙之類的說法。

人腦神經元的生理組織，當然比電容器來得複雜與敏銳很多，所以不僅只是「電量」上的差異，還有「性質」上的不同，所以會形成不同占星時序，各個行星的相對位置與排列組合，所形成的各種能量場變化「特性」上的差異，對於整個「心智結構」中的某些特性區塊，產生不同而複雜的效應。

H：「行星殼層」的變動會影響我們的「記憶力」嗎？<--這個可以，「行星殼層」決定地球的能量場是怎樣，而地球能量場決定我們（身心靈複合體，包括記憶力）的能量場是怎樣（原理和風水、占星術一樣）。

V：這是物質層次的行星殼層能量，經由我們的載體接收後，經由載體內部的頻率轉換與訊號處理，影響到我們心智層次的功能表現（包括記憶力）。

H：我們的「記憶力」的變動會影響「行星殼層」的能量嗎？<--這個我不確定，可能條件更多一些。如果我們（身心靈複合體）的思惟極度混淆，第三密度負能量太多，滲透到第一密度，就會發生影響。

V：這是剛好相反的途徑，經由我們心智的狀態（包括記憶力）的內部的頻率轉換與訊號處理，產生出物質層次的頻率能

量，影響到行星殼層的能量。

H：我想起來，我們的基因有「奈米級天線」？可以升頻、降頻，以轉換訊息？

V：是的，可以調整的頻率範圍很廣阿。

Z：那現在呈現出來的各密度與行星殼層間各有的失序感互相影響非常明顯（好多記憶力退化的中輕年人，地震，暴雨，詐騙……等等），不過也是有加入地球進入銀河系快速運轉區域的原因是嗎？

V：是阿，地球上的所有事情都與太陽系本身能量場的變化有關阿，因爲我們的載體是可以收送這種能量的阿。

Ja：太陽系的太陽，相對於銀河中心，應該也可以用殼層來思考，密度更高的平衡運作。

V：銀河系相對於太陽系來說，複雜了很多，太陽系相對是簡單的運作模式了，不過以大結構來說，這「環形能量場」與「殼層結構」是相同的。

Ja：所以月球是被設計用來讓人類豐富體驗（感官變異）很合理的。

V：功能還挺多的啦。

Ja：感受的變異：28 天（月球繞地球轉）1 天（地球自轉），陰陽消長變化，都是易經卦爻電磁場的作用，幻化極性中相對的體驗。

V：是阿，不過月球公轉地球一圈，記得平均是 29.7 天的樣子。

Ja：嗯，細節的話沒錯。

Z：請問群主，這兩段話不太明白：「各個行星的相對位置與排列組合，所形成的各種能量場變化「特性」上的差異，對於整個「心智結構」中的某些特性區塊，產生不同而複雜的效

應。」「若以行星的來看，則只與太陽+月球的電磁能量場效應有關（因為月球靠地球太近了，所以對地球的效應比較大），其他行星本身的能量場，對地球的影響微乎其微，可以忽略的。」為何一個似乎說是行星都有影響，一個卻說只有月球有影響呢？

V：是說，因為月球離地球很近，所以其電磁能量場對地球影響比較大，其他的行星很遠，像是水星、金星、火星、木星、土星……他們的電磁能量場，對地球的影響微乎其微阿。

H：一個是太陽系中各行星的位置排列（如風水格局），另一個是因為距離相近所形成的引力和斥力，前者引力斥力小到可以忽略，因為太遠。

V：是如此啦。

Z：嗯嗯，月球的部分能明白，那這段是在說明只有在入胎投生時才有的影響嗎？

V：不僅是意識個體介接時（投生）有影響，若有對應內在規則特性的人，都會受到影響阿。

V：電腦的「資訊記憶」方式比較簡易，利用電容的不同電位解譯為 1/0 的意義，只是「電量」上的差異，電量與電子本身的振動頻率成正比，換句話說，電子本身的振動越大，所含的電量越高，所以當「行星殼層」在不同位置（相對於太陽與星座）的能量大小改變時，電量也會有所改變，影響到一些記憶的資訊，有時強化，有時減弱，一般占星時序會說，會加強哪些情緒，冒出那些心理障礙之類的說法。

人腦神經元的生理組織，當然比電容器來得複雜與敏銳很多，所以不僅只是「電量」上的差異，還有「性質」上的不同，所以會形成不同占星時序，各個行星的相對位置與排列

組合，所形成的各種能量場變化「特性」上的差異，對於整個「心智結構」中的某些特性區塊，產生不同而複雜的效應。

H：這段對我來說有點複雜，需要整理才能記得，幫我看看筆記這樣做是否 OK？

1. 電子振動頻率越高，電量越大；頻率越低，電量越小。

2. 「行星殼層」能量改變，電量也會改變，或大或小。

3. 電量改變，將影響記憶和情緒，或強或弱。

4. 「人腦神經元」比「電容器」更加複雜，不只是電量上有大有小、有強有弱；更有「性質」上的不同。

5. 「性質」的差異來自「行星的相對位置與排列」，所形成的能量場特性差異，對應心智結構中不同的特性區塊，從而產生複雜的效應。

V：1. 電子振動頻率越高，電量越大；頻率越低，電量越小。
>>>這個需要再清楚一點，是因為外界能量增加，所以電子振動頻率才會增加，同時電量增加。若外界能量降低，會使電子振動頻率下降，同時電量降低。換句話說，電量改變，並非是因為頻率上升或下降的原因，電量與頻率，都只是結果阿，這點需要釐清啦。其他的 OK。

H：因為電子有它的內在規則，不是自己亂變的？

V：嗯，是說原子中的電子具有其穩定的內在規則，但與環境作用之後，其表現會不相同，所以其內在規則不變，但現象結果有所差異。

Z：外在環境因素影響，是不是像外力熱加壓之類呢？就是人常遇到的壓力之說？

V：是阿，比如說水加熱會煮沸（現象表現改變），但水分子本身的內在規則並無改變。

P：是外加熱能，使水分子劇烈震動，最後逸脫束縛，變成水蒸氣。

2.9 何謂需求

V：開個新議題，來談談「需求」這件事好了。那先說說，你認為「需求」是什麼意思呢？（需求的定義為何？）

（1+1）：想到心理學的「馬思洛需求層次理論」，「因為需要而去追求」。參考 https://zh.wikipedia.org/zh-tw/需求层次理论。

V：為何會有這些需求？比如說，為何會有最基本（底層）的「生理需求」呢？

Z：是一種誤會嗎？

V：哈，過度解讀與過度簡化，也算是誤會啦。

（1+1）：想到 V 大的意識層次圖。

V：呵，說好了要解釋萬物的啦。

V：後來又加了一個「超越需求」。

（1+1）：覺得這層次像是「群體化過程」，為通往第四密度的意識修煉。

H：嗯，沒聽過這個，你覺得是為什麼？超越「個體化」了嗎？

V：是超越「個體化」的現象阿，有些人觸及了一些「星光訊息」，然後加上去的阿，這其實也表示馬兄（馬洛斯）對於星光層尚未觸及或太過模糊阿。

Z：我現在的意識是感受到需求是波動性的，也是會隨階段性不同調整，前提都是一種滿足性，有的滿足了基本才要求其他不同層面，有的要求很低的基本需求，因為有其他更重要目

標，也因為不同個體與群體需求差異而有互相協助合作的情形產生。

（1+1）：要不給個提示或方向大家來思考看看？

H：或許可以先考慮一下人類是「身心靈複合體」，至少有物質層次、生理層次、心智層次、星光層次。以及我們先前談過，各層次之間的相互關聯。

V：與「載體」的性質有關嗎？

（1+1）：原本想說答案會不會就在生物演化的進程裡？你這樣提示好像又指向另一個方向？

V：「載體」的範圍不僅是演化啦，況且生物進化論也未必是我們的事實啦。

（1+1）：剛想著想著忽然覺巴豆夭，我聽到生理本能在呼喚：食物食物～～於是我忽然有了這樣的頓悟——人沒吃東西會死掉欸！所以，生理需求是維持生命的基本需求。這樣的答案可以嗎？我也覺得上面那個答案好像未對到頻？

V：也是阿，這是「載體」運作中，對你發出的通知阿。

H：我是覺得持續有在「思考」，無論你找到的答案是什麼，都是在「對頻」啦。

V：是阿，持續思索，可以調整妳腦部的能量場頻譜阿。

H：生理需求是維持生命的基本需求。<--對啊。雖然我們是第三密度的實體，透過介接方式，而能使用生理這個載體，不當使用搞到壞掉的話，就沒辦法介接了。所以底層會是生理層次的需求，當然它的 range 很大，有些人的生理欲望極低，如原始部落只需要靠山吃山、靠海吃海，有得吃能繁衍後代即可。

V：所以其實我們所謂的「需求」，是否與自己能察覺甚麼「通知訊息」有關呢？

（1+1）：這裡是不是不能開玩笑？

V：哈，也可以啊，但需要寓教於樂，有些內容才好啦，不然一直沒甚麼內容的開玩笑，那就變成笑話版了阿。

（1+1）：不小心撿到這張圖。

意識隱態結構	程式群	內容	程式分佈
	星光層程式群	靈通 靈感 直觀	宗教哲學　超個人心理學
	心智層程式群	推論 歸納 分析 情境 回憶 情緒 感官	社會學　心理學　能量醫學(中醫)
	生物層程式群	生物能量 生物系統 器官 組織 多細胞 單細胞 細胞器	物質醫學(西醫)　生物學　生物化學
	物質層程式群	蛋白質 高分子 複合物 化合物 分子 原子 量子	化學　物理學

V：看這張圖，有出現甚麼「觀念」呢？呵。

Z：在星光層出現需求，我個人是有疑問的。還是說這個需求是可來自群體而傳訊給個體來傳達的意涵呢？

V：是來自於「群體」的訊息阿，而能解譯的個體，才有傳達出來這件事啊，換句話說，「能解譯群體訊息的個體」，已經觸及或產生星光層的意識焦點了阿。

Z：常常個體的一切真的是被群體需求推動著。

V：滲透驅動阿。

H：再請問一下，「群體」的訊息，又是如何產生的呢？

V：如果自己的群體沒有產生，那就來自於更高密度的群體訊息。如果自己的群體已經產生，當然也可以顯化在自己群體的接收範圍之中。兩者來源均可以接收到。比如說，地球上第三密度群體的訊息（人與某些哺乳類動物），也可以影響（滲透）到第二密度群體之中。換句話說，密度間的互相滲透，是以「密度」為單位來影響的，並非是指哪個特定的物種或族群。

稍微介紹一下「密度」的意思，可能有些新社友或沒有參考到「一的法則」訊息的朋友，沒有聽過這種分類方式。以「密度」來描述「意識層次」是來自於「一的法則」（35年前的一份通靈訊息，來自於第六密度的 RA 群體所傳達），因為各類物種（包括礦物）均會產生（顯化）特定頻率（複合體產生頻譜），故以顯化的「能量密度」來對各類物種進行區分。其所傳達的「密度」共分為 1～7 密度，第8 密度未可知，地球人類目前處於第三密度（心智層次）往第四密度（星光層次）的過渡階段。大概是這樣。有興趣可參考：

https://www.facebook.com/groups/407630352718603/posts/408069342674704/

「意識層次」可參考：

H：那請問 Ra 說他們可以收到地球上第三密度實體的「呼求」，也是你說的「滲透」的方式嗎？

V：是的，「滲透」是指他們於內在中產生的「顯化訊息」，比較像是所謂「量子糾纏」方式。當然透過「訊號傳遞」也有可能，他們在地球的能量場中，接收與解譯心智方面的訊息。

E：地球上第三密度群體的訊息（人與某些哺乳類動物），也可以影響（滲透）到第二密度群體之中。<--是否是指人類改變生態環境，導致生態動植物棲息、繁衍等方式的改變？

V：當然這部分也有影響，我這裡所指是在第二密度動植物（第三密度動物也會）直接顯化在他們察覺範圍內的驅動訊息上之滲透作用。

（1+1）：前提是要看懂圖在講什麼，才知道它「隱藏」什麼「觀念」。

V：那你看到了甚麼呢？

V：其實上張圖，是這張圖簡化而來的啊。

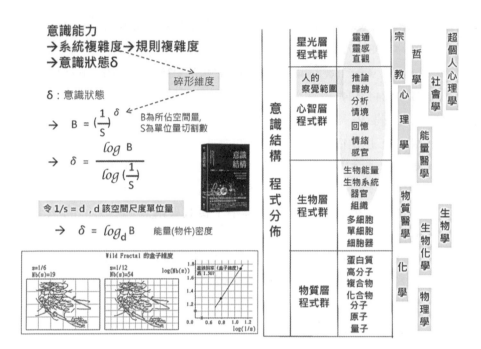

意識能力
→系統複雜度→規則複雜度
→意識狀態δ

碎形維度

δ：意識狀態

$$B = \left(\frac{1}{S}\right)^{\delta}$$
B為所佔空間量，
S為單位量切割數

$$\delta = \frac{\log B}{\log \left(\frac{1}{S}\right)}$$

令 1/s = d，d 該空間尺度單位量

$$\delta = \log_d B$$ 能量(物件)密度

Wild Fractal 的盒子維度

意識結構 程式分佈

	星光層 程式群	靈通 靈感 直觀
	人的 察覺範圍 心智層 程式群	推論 歸納 分析 情境 回憶 情緒 感官
	生物層 程式群	生物能量 生物系統 器官 組織 多細胞 單細胞 細胞器
	物質層 程式群	蛋白質 高分子 複合物 化合物 分子 原子 量子

宗教心理學 哲學 社會學 超個人心理學

能量醫學

物質醫學 生物化學 生物學

化學 物理學

V：看到這些知識領域都需要有所「理解的連結」，才能形成一個涵蓋更多層次的「理解架構」？

H：是，否則各種學科放在一起會給人感覺支離破碎。我們是否有「統整的需求」？

V：是的，只有經過統整、整合、彙整，心智功能才會產生適當的複雜度與穩定度阿。

H：所以察覺到什麼樣的「通知」，表示我們目前需要的就是什麼？

V：基本上是如此，不過也需要「理智判斷」一下，是否每個通知，都需要處理阿，有時只是「告訴你情況」，不代表要立

即採取對應解決的行動阿。比如說，「肚子餓」的生理訊息通知，只是告訴我們「肝醣消耗了不少」，並不能簡單解譯成「我身體沒能量了」，沒能量的話，生理運作可能會有異常，但「消耗肝醣」並不等於「沒能量」，我們身體隨便一抓都是過多的能量（脂肪），不是嗎？

又或者說，我們內心一直出現某些欲念（通知訊息），我們可以運用理智的能力，來想出一個在「適當的時機」下，既可以滿足又不傷害他人的方法來嘗試實踐，也就是還是需要具備「意圖與理智兼具的調和能力」阿。

Z：我之前還覺得自己學習太過分散，無一專一，一事無成。

V：呵，現在正是你可以專心「統整」的時候了阿。

H：最近很多「性騷擾」案件，學生在十年後揭露被教授性騷擾，針對這種「欲念」，你覺得如何處理比較好？

V：心理狀況的處理方式都是一樣啦，挖出問題當然也是好現象，只不過需要進一步「探究原因，修改內在規則」。這也是一樣啦，若只是拿來政治操作，其實我們無法有所進展，只是原地打轉，且徒增利己的意圖比例，只能變成無效的催化了。

當然每個人或多或少，都會有些內在規則需要「調整」啦，只是我們有沒有、知不知道、願不願意去做「後續處理」（探究原因，修改內在規則），這也是我們介接到此的目的與意義啦。達成目標即可啦，過程中也無所謂對錯，因為認定對錯與我們其實沒甚麼關聯阿。

H：你的意思是說，同一事件當中，每一位當事人都有機會「探究原因，修改內在規則」，而非檢討對錯？可我們的社會是要檢討對錯，才叫做「後續處理」，跟你說的不一樣耶？

V：哈，是這種狀況阿，所以只能盡量將「後續處理」的認定規則（判定對錯），調整為「處理內在規則」的認定啦。

Z：這樣很容易盡釋前嫌喔。

H：又想到一個問題，如果過了多年之後，好不容易鼓勵勇氣，非要舉報當初性騷擾的加害人不可，這難道不是為了滿足自己的某種「需求」？勇氣得來不易耶？

V：也是可以啦，未嘗不可阿，這也是解除心結的一種方法，至於說「傷害他人」那倒也未必，這就要看當事人對於所謂「傷害」的內在詮釋了。

P：這也是不讓加害者，之後有機會再去加害別人，算是利己也利他的行為。

V：是阿，如果有人毫無自覺自己有問題，那麼外界「制止」的方式，會是一個很好的催化機會啊。

H：我是想問，這是一種「需求」嗎？對個體和群體來說？

P：我認為是。當然也可能有受害者，不認為有必要再提起，這端看個人的選擇了。

V：是一種需求阿，若有「心結」就會有產生「解開心結」的意圖來觸動這個需求。其實揭不揭露，都只是當事人的需求，我個人沒有支持或反對，任何個人的支持或反對，也都不是重點啦。

V：關於「光速」這裡有個參考影片，可以參考看看：
https://www.youtube.com/watch?v=FTNEhlq1px0

H：所以我說連科學都是社會學，靠的是「社會共識」嘛，哈哈。只是這個共識在於「服從權威」？不然也沒有其他辦法可以測量光速啊？

V：其實不論甚麼知識領域，「科學」也都或多或少需要參一腳，不然任何知識都關聯不到「物質層次」，少了物質層次的基礎，恐怕連個「標準」都形成不了，就變成了各說各話的事情了，現代「哲學」則是一個例子了阿，以前的心理學，也是這樣「胡思亂想」出來的啦。

2.10　何謂幸福

V：談軟性的一點的議題阿，幸福是甚麼呢？
https://www.youtube.com/watch?v=agO3IzV_SWA

Z：覺得在意識認知不同的狀況下，對同一字詞的覺察理解定義真的有很大差異，若是較趨向物質層面的滿足就難免離心靈層面較遠些，當然相反亦如是，若想平衡就需要察覺及調頻轉變，因為太失衡應該就不太可能有幸福感，所以對我而言幸福是一種內在平靜，而這需要不斷的增強察覺能力去除雜訊幫助提升內在規則運作的純粹度。

H：為什麼偏向物質就離心靈較遠？偏向心靈就離物質較遠？兩者是矛盾的嗎？有沒有同時是物質，又是心靈的呢？

V：我看起來，這所謂的「偏向物質」指的是偏好「獲得物質層次＋生理層次」所產生的感受，而「偏向心靈」則是指偏好「獲得心智層次＋星光層次」所產生的感受。

H：好的，那請問個體會因為「偏好」而「失衡」嗎？「偏好」本身看起來不像是個問題，除非像過度偏食那樣？

V：通常有些偏好或喜好、傾向都是正常的啦，這是個人內在規則結構所產生的特性，也並沒有甚麼問題。但是「過度偏好」就會產生一些狀況，也就是說，問題只在程度上的差異而已。比如說，追求金錢當然可以，但為了金錢，不惜任何手段，那問題就發生了阿。

H：我覺得「幸福」大概是「心想事成」吧？希望事情能按照自己內心的期望去發展或實現，這也是人之常情吧？只是經常「事與願違」，哈。但之前分享過學習心得，我發現「解除心結」則容易「心想事成」，不知道其他人是否有同樣的體會？

V：這話怎麼說？

H：因為「解除心結」之後，內心不再充滿許多「和實際情況落差太大」的期待，能夠察覺到自己的期望，是否符合實際運作？是否合理可行？是否可以操作？是否能準確預測？如此調整自己的「期望」，自然就很容易「心想事成」了。

V：是啦，思維的邏輯、模式、規則，比較會符合實際運作方式，也就是不會產生太多妄想、空想，也就是自己的願望會更符合實際了。

TR：https://youtu.be/U6nKiR9i5ZU

V：我看這影片對於「心流」與「幸福感」的關聯描述是，「可達成的目標＋專注達成目標的過程中所產生的心流＝產生幸福感」，這個定義我個人認為已經是挺好的解譯了。不過這僅止於「心智層次」的需求而言，若要全面性的描述，就無法忽略物質、生理與心靈（星光層次）上的需求了，換句話說，我對於「幸福感」的定義可能會嚴苛一點啦。

所謂的「幸福感是指自己所具備多重層次的各種需求，在這需求的實作中的「過程與結果」，其所產生的感受總和。」當然這對任何人說，其實都是一個很高的標準，也並不容易達成。就算我們對於每個層次的需求標準都不算高，但要「面面俱到」，也是相當不容易啦，簡單的說，「心想事情」（達成各層次所需），難度是很高很高的啦。

至於說，硬要分成「幸福」與「幸福感」，我認為需要更精準一點的說明，因為所謂的「幸福」既不是屬於「意圖動機」，也不屬於「感受型態」，更不屬於「內在規則」，是個很模糊籠統的詞彙，若要給定較為明確的定義，則需要將其從頭至尾的過程描述，比如說「幸福是指自己所具備多重層次的各種需求意圖，在這需求的實作中，調整內在規則過程與產生外在變化結果，其中所產生的意圖、調整與感受總和。」

H：社長的定義，標準很高啊，哈～

V：其實也不是硬要採取一個高標準啦，是若要與其他詞彙區分的話，像是成就感、愉悅感、存在感、平靜感、充實感……大概只有這個定義比較適合啦！

H：以第三密度到第四密度來說，我想是最低門檻吧？因為有（跨層次+內在規則增修+顯化操作）了啊。

V：是阿，都是朝向第四密度群體化的基本性質來發展啦！

Fa：經歷過去曾經過著 10 年左右的緊繃日子，讓自己現在有時悠閒的時候會時不時出現幸福感。

V：我認為這是好的阿，不過這也表示了一些狀態阿。

Fa：請問群主說的那些狀況是什麼呢？

V：幸福喔，依我的定義，這都是一部分的過程，所以都是好的阿。每個層次的感受均需具備，所以我樂觀其成，也都祝福阿。

V：那就談談「父愛」吧。

H：我覺得詩裡的「父愛」，有個特點是「尊重子女的自由意志」。這種「不過分干涉」的意圖，在我來看正是「愛」的表現，但我不認為大多數的父母能夠做到。因為「干涉到什

麼地步」才算合理？超過就不合理？其中的分寸是難以控制的。

V：那要怎麼樣才算「適切的干涉」呢？

H：我個人的經驗，無論是帶未成年小孩，或者已成年助理，都是先讓他們「自由發展」，觀察他們的發展狀況，才決定是否需要干涉、干涉多少。有些人喜歡獨立作業，有些人喜歡跟隨規範，通常觀其言行，可略知一二。但我的觀察也可能偏誤，有時候我自己也有情緒，就比較不客觀，判斷錯誤罵錯人，事後向他們道歉。如果我能保持理智地觀察，必要時提出建議，無論對象是小孩或成人，他們都能接受。當然也有些人沒把我放在眼裡，我就連建議都不會提出，不對頻無法對話。

「沒把我放在眼裡」是因為他們「太在乎自己的想法」，認定自己的想法是正確的、不可動搖的，無論那些想法是否偏離事實。我經常覺得身邊的親人朋友，只相信自己的想法，沒想過自己的想法可能有問題，可能跟實情是有所出入的。所以就會產生種種「硬拗」的狀況，無法理解他人的複雜性，輕易地將他人判定為好或壞，聰明或者愚笨；然後輕易地崇拜一個人，或輕視一個人。這些都是缺乏理智的現象。這時候我講話就會比較大聲……

V：這與輔助者（父母師長同儕）自身的「內在規則標準的涵蓋範圍」有沒有甚麼關聯？

H：抱歉，我沒看懂這個問題。請問是指？

V：嗯，舉個例子來說，若父母師長本身的思維觀念僵固、狹隘（內在規則認同的涵蓋的範圍小），那是無法成為「適性輔導者」了，因為期輔導的對象（兒女晚輩）其內在規則百百

種，一遇到不在自己認為「對的事情」的範圍內，就很容易產生各種正負面情緒，就難以冷靜觀察，提出對於輔助對象一些可行達成的建議途徑方法了。

H：好的。我以為隨著時代進步，年輕人比較不會像我一樣，遇到許多觀念僵固的長輩，但我發現週遭的已經成為長輩的同輩們，雖然看起來比較開放，比方說接受同性戀，對子女的教育相對多元，但也只比上一代開放一些些而已。

　　我想問題不在於對什麼事情開放，而在於你所說的「內在規則涵蓋範圍」，以及「內心的期望」。超過他們可理解的範圍，他們的心智系統就會「無法處理」、「無法容忍」，再不然自己氣得半死，再不然強烈干涉子女或晚輩的行為（其實也沒用）。有時候我會想，他們的子女或晚輩，可能和我一樣，「需要」學習去面對這樣的長輩吧？如果可以學會和這些長輩相處，搞不好以後會和我一樣聰明伶俐、人見人愛，天然狗腿，獲得長輩的信賴。

V：不論引導者與被引導者，長輩或晚輩，其實都是相互拓展的催化機會啦！

Z：請問「干涉」是否有在物理上的實務連結呢？跟退相干有關嗎？

V：當然每種「顯化」都會產生能量效應，「內在規則」的變化也不例外。不過由於腦神經元的連結狀態，屬於自發性生物電能的建構與解構的效應，而量子糾纏與退相干的效應，都來自於載體外部或遠距的顯化觸動，並非「自發性」而選擇的意圖顯化效應。也就是說，退相干效應，並非是腦神經元連結結構變化的主導原因，只能說是一項影響因素而已，就像接收外界訊息，並不一定會對自己的內在規則產生影響。

E：「干涉」是否指的是個人不接受他人意見的自我認定？干涉
　這行為涉及雙方權力（能量）大小的對抗，如果被干涉者接
　受干涉者的論點，則無「干涉」這件事，反之則成立。若果
　如此，干涉這個行為其實也沒有一個所謂合理化的評定標準
　才是。

V：這要分層次來說比較清楚啦，或者可以用物質、生理、心智
　的不同層次，來描述所謂的「干涉」是指什麼阿。

2.11　業之因果──內在平衡+業力因果

V：談談「報復、報仇」這件事如何？

Lia：不甘心？掌控權？證明自己的價值？

V：你認為是哪一種呢？還是三者皆有？

Lia：內在應該有安全的議題！

V：不安全感？

Lia：證明我是強大，他人不能傷害我！報仇當下心理可能還有一點興奮跟愉快感！

V：呵，為何報了仇，會這麼愉快呢？

Lia：我成功了！我做到了！那個愉悅感只有一小段時間，過了就會有一種沒落感，會有一種「然後呢」？

H：我認為「報復、報仇」這件事，和「渴望」公平、正義、對等有關。古代有「殺人者被殺」，現代有「理應付出代價」的刑罰觀念，都是個體和群體追求公平、正義、對等的表現。所以我會看成是「追求對等的內在規則」。感覺不對等，似是一種「極化」？越是極化，就越是渴望對等，於是在報復、報仇過程當中，就會有愉快的感受？內心規則獲得滿足？我自己看小說、動畫，都會期待惡人受到制裁，那也是一種「報復、報仇」的快感。至於痛快之後又是什麼？精彩的故事總會有新的元素或領悟加入其中，因為讀者也厭倦「冤冤相報」的循環了。

V：其實我們群體追求「公平正義」的需求，是源自於深層的「內在平衡規則」，這套平衡規則，會顯現在所有人事物的解譯準則之中，所以是處處可見的現象。不論任何事情，這個規則總是在群體的內在規則之中，占有很高的比例。這也是「群體化過程」中，心智功能演進方向，所定義的策略。

至於如何實行才能算是「公平正義」，則有很多的「分歧觀念」，比如說法律的量刑內容中，或者社會道德譴責的趨向，都比比皆是阿。

H：不明白為什麼是個「策略」？是因為群體需要內在平衡才能穩定嗎？

V：策略是「平衡才會感到舒適」，所以當我們感受到不舒適的時候，就會產生亟欲平衡的意圖與動力了。

H：印度社會對於情投意合，卻只是沒結婚的男女非常不友善，我很納悶。（一定要結婚才能懷孕，否則男女都要被抓起來打，社會控制程度很高嗎？）

V：就有點神經兮兮的阿，呵。其實這跟整天爭權奪利，就覺得自己很厲害、很有成就感，「神經兮兮」的狀況也差不多，只是方式不同而已啊，呵。

這也跟每天恭恭敬敬的拿了一本書，甚至膜拜一些照片、雕像、書本，然後整天要按照那本書寫的內容來生活，還覺得自己高人一等，看不起別人……也是「神經兮兮」的現象阿，呵。

V：為何報了仇，會這麼愉快呢？

Jo：一種期待被滿足的感覺。

V：滿足甚麼內在需求？

Jo：價值完成。

V：甚麼價值呢？

Jo：任何價值、任何最微細的渴望/期待/衝動/表達，都渴望被完成、被滿足。有了渴望，就不是平衡狀態了，它就有了一個方向、驅力。

V：這些「渴望/期待/衝動/表達」的價值是甚麼呢？

Jo：這些「渴望/期待/衝動/表達」的價值是將意圖偏好的方向性顯露出來。

V：意識演進的方向？

Jo：意圖的方向。意圖朝向目的結果，這樣就形成了一種方向性。

V：是如此阿，我們要怎麼決定「心智結構」的性質與表現，就是看看大家有哪些意圖，總合起來，就是「我們這個群體」的演進方向了。

Jo：這也是上面提到的「極化」，相似的概念。

V：是阿，極性的選擇，演進的方向阿。

Le：那是不是不用報也會復，有點天道輪迴的感覺。

V：這也是一種「平衡的內在規則」的選擇阿。

V：所以「有仇有怨」要不要報？

H：我是一定會的，但先自我察覺，看看自己有什麼問題。然後精準計算，要報到什麼地步，不多也不少，連對方都覺得合理是最好的……

V：「精準的計算」這挺理智的阿。

H：我想如果夠精準的話，就不會陷入「冤冤相報」的循環了？

V：是阿，雙方都接受，冤冤相報的極性作用就停止了阿，但需要是「各自的內在規則」都能接受的狀況，不是強迫接受，或無奈接受，那都沒有用阿。就像黑社會大老出來喬兩方恩

怨，勉強言和，到最後還不是火拼一場，呵。

H：該火拼就讓他火拼吧？表面虛偽的和平，維持不了多久的啊？

V：這也是一個解決方案啦，不過有沒有效果，還是在雙方的內在意義的詮釋了。不然還不是火拼了又火拼，也是沒甚麼效果。

就像第一次世界大戰打了好幾年結束了，結果又弄個要逼死戰敗國（德國）的制裁（幾乎難以償還的賠款），結果搞得德國受不了，又打起來（第二次世界大戰）……這就是沒有雙方極性平衡的結果，還是過不了那個階段阿。不過後來有改變了模式（美蘇冷戰），但還是繼續打……

所以仇當然要報啦，但是需要依據雙方（或多方）的意識狀態來衡量（精準計算）需要多少代價，才能取得雙方多方的「內在平衡」，不然就會繼續「冤冤相報」，完成不了這個階段阿。

簡單的說，「不報復」可能受害方會失衡，「報復太過」可能加害方也會失衡……所以「適可而止」才是高難度與更細微的「察覺+解譯」的能力阿。

V：如果你在想一個簡單的抉擇的話，那我建議的思索方向是，不同心智階段是否需要有不同的選擇，才算是「適性」的選擇？

H：如果該心智階段目前需要的是那樣，則讓他適性，對他才是好的？否則他會卡住？

V：是阿，這就像不應該「勉強廢除死刑」阿，這會使社會更混亂而已，因為「極性」無法調和阿。歐洲各國有時常常會給台灣「廢死」的壓力，我想他們需要我來解釋一下，你們與

我們的群體心智階段，有所差異阿，逼我們對大家沒有好處阿。

V：另外，話說「以德報怨」當然也算是高尚的情操啦，不過以人的群體來說，無法一概適用，因為每個人的「心智階段」多少都有差異，勉強大家都來「以德報怨」，並不能使「冤冤相報」結束，而只是助長內在壓抑的延續罷了阿。

Z：很像是許多交易的起源，賭博也是雙方說好彼此可以付出的代價進而同意執行賭博的行為，也像是商業行為說好條件就可以進行互相交易，等等。

V：是阿，可以持續性實行的事情，通常都具有這種極性和諧的特性阿，持續運作越久，和諧性就越高阿。

Lia：這可能要講到因果關係＋循環了吧！

V：呵，也是可以啦。其實「因果」也不複雜，只要往個體與群體的「內在規則」去思索，或許可以有新的解譯方式吧。

H：如果要針對兩方的報復行為來談「因果」的話，也許評估兩方的意識狀態，更能合理地解釋，因為「模糊的因果」對我來說沒有任何說服力，說了等於沒說。很多佛教徒把自己人生的不幸，歸於「因果/業力」，在我來看是很不理智的作為。有時候誰惹我不高興，我也會在腦中浮現「他真是我的冤親債主」這種念頭，不如說「他是來幫助我發現並修改內在規則」來得更有意義。

V：這個解譯挺好的阿，有解析到比較精準的原因阿。

V：不如說說「業力」是如何成為「因果關聯」的阿。

H：業力：業的力量。善業有生樂果的力量，惡業有生惡果的力量。（佛學辭典）

The power of karma to produce good and evil fruit.（漢英佛學辭典）

V：呵，感覺好像甚麼都沒說。

H：對，但是看起來很合理，爲什麼呢？因爲很洗腦。

V：哈，如果是「農業」就很合理啦。

H：種瓜得瓜、種豆得豆？很合理。但種善業得樂果、種惡業得苦果？到底是怎麼來的？

V：因爲從「無根規則」經過千年的催化，變成「有根規則」了，而且強度還挺高的，呵。

H：原來如此。

V：因爲兩個規則有所連結了，也就是適用同一條內在規則了。

H：感覺好像在騙三歲小孩？

V：其實這兩條規則也是有些許關聯存在，只是將其「等同」，那就差遠了阿。

Z：是蠻符合大多數人的意識層次的吖。

V：呵，別這麼說啦，總是「常態分佈」會比較多采多姿阿。

H：請問一下「常態分佈」的狀況，是意識結構的系統來決定的嗎？

V：我認爲是如此的阿，這是整個意識系統的內定的一條運作規則。

H：小朋友會把看起來很像的東西，等同起來？表示心智的發展尚未成熟？

V：是如此啦。心智功能的「複雜度」還不足阿，所以會用「簡單規則」來匹配「較爲複雜的規則」，但這其實並沒有甚麼問題，因爲規則的複雜化，本就是「發展過程」啦。

H：我小時候以爲貓、狗、老鼠，是同一家族，和家人一樣。長大發現是不同種類的動物，心裡還覺得不可思議，怎麼會這樣？

V：大概是以「有沒有毛」的規則爲標準來劃分的吧，呵。

P：都是哺乳類動物，當時的你，也具備了初步的分類能力啦！

V：哈，自我有記憶以來，似乎沒有要去將他們分類的想法，但我似乎知道本來他們就是不同類啦。

H：那請問意識結構如何解釋「業力」的「因果關聯」？

V：若由「內在規則」的角度切入的話，一種「業力」是由「一組內在規則的集合」所構成，而這組內在規則，可以介接到一個意識個體（比如說一個人），或者一個意識群體（比如說一個種族），而由整體意識結構所產生的「意圖」，經過這組內在規則的能量顯化，產生各種現象的排列組合，稱爲「因果關聯」，也就是會形成包含人事物各種事件。在群體與群體之間，也同樣會產生各種「因果關聯」。

所以，所有的、我們已知的「因果關聯」，都源自於各式各樣的「內在規則集合」，所顯化而構成的互動作用。

H：那你覺得其中有所謂「善惡」可言嗎？我猜你大概會說都是意識演進的過程？

V：呵，you got it……

S：因爲「所有的、我們已知的『因果關聯』，都源自於各式各樣的『內在規則集合』，所顯化而構成的互動作用。」所以才會有人說不同的宗教信仰之間不能干涉彼此？

V：呵，這只是一種「不切實際的思維邏輯」阿（一般稱爲妄想啦），因爲再怎麼「切割」也難以切割，能量的作用是最基本的運作規則，非任何「人爲」可以拒絕的阿。

S：原來如此，只是自己騙自己啊。

V：呵，有些事情不是「我們想怎麼樣，就能怎麼樣」的阿。

H：能量的作用是最基本的運作規則，非任何「人為」可以拒絕的阿。<--請問這裡是指「內在規則集合」所產生的引力和斥力嗎？怎麼看起來人類活動和物理法則一樣？

V：呵，人的心智功能，是在物質與生理的基本運作規則上，所建構起來的阿，所以心智功能的要符合物質與生理的規則的阿。

第三章 解除心結

（章節簡述 Vidya）我們內心、心理上的很多狀況，其實都是因為有諸多「心結」所造成的，而「心結」形成的原因只有一個，就所謂「內外不符」，只是不符合的狀況有程度上的差異，有的完全不符合，有的是符合程度不足。

「內外不符」指的是「內在規則」與「外在現實」上的差異所形成的，或說「你無法接受外在現實」，也可以說是「內在的衝突與矛盾」。另外，雖然你的「內在規則」與「外在現實」是符合的（至少是相近的），但你無法接受這個現實，也就是你對於這個現實，未達成這條規則所認定的標準。一般可稱為對於某件事情所產生結果的「執著」。

當我們遇上心理無法排解的情緒時，其實自己的這些情緒便告知了自己，有「心結」存在於內心當中。如何了解是甚麼心結呢？首先需要識別心結是違反了那些內在規則。比如說，你對於所謂「家人」有一套標準，家人應該要互相扶持、經濟應該要共用、應該要無條件幫助你、並且應該要給你自由，或者應該要提供一個溫暖的環境、不能打罵、心意互通⋯⋯然後若是你有家人並非如此，他或許總是跟你斤斤計較，想要控制你，不給你自由，或者整天吵架、或整天嘮叨⋯⋯此時你就會對家人產生了心結。因為這些「外在現實」跟你的「內心規則」並不相符，而且差異很大，也就是發生了「內外不符」的狀況。那如果說你的家人大致上有符合你的這些規則要求，但是相互扶持的很少，經濟支援的也不多，雖然不會打罵，但是關懷不夠暖心⋯⋯也就是沒有違反你的內在規則，但卻達不到你的「認定標準」，也就是「不合格」的意思，那麼這種狀況下，你也同樣會產生心結，只是比完全不符合狀況的心結弱一點。而你之所以會因為這些心結產生痛苦的原因，則是因為

你企圖去改變「外在現實」，也就是想改變你的家人，而不是去修改自己的「內在規則」，因為事實上你有能力可以修改自己的內在規則，但你很難去改變你的家人，所以每每發生的事實，都會一直讓你產生負面的情緒能量，獲得痛苦的感覺。

那如何解除心結呢？首先需要了解自己有哪些內在規則與現實並不符合，然後調整修改這些內在規則與現實的差距變小，差距越小，你就會越輕鬆自在、內心平靜。若內在規則已經符合現實，那麼就可以找出有哪些規則的要求標準有不符合你的認定標準，然後還是需要調整認定的標準直到符合事實為止。這樣的調整過程也是所謂「接受過程」的內心操作方式。換句話說，我們心智的基本特性是無法「無緣無故」去接受一件與自己（心智上）的內在規則有所違反或不及的事情，這就是為何常常會有人問「為何是我？」的原因。當然這種內在規則的調整過程也是在實踐「認識自己」的這件事，那麼經過你的自我察覺與自我分析有哪些內在規則產生障礙，也是一種「愛自己」的實際行動，因為把自己的內在規則調整成符合現實的狀況，這會使自己的人生由混亂歸於秩序。

當然我們可以堅持我們自己的內在規則與認定標準，不過並不一定要產生心結，在沒有心結的狀況下，你就可以冷靜地採取任何行動來改變外在現況，這也就是「愛自己」之後的「做自己」，這與不認識自己的那種愛自己、做自己是完全不同的內在意涵。

3.1 何謂思考

H：請問是如何定義「思考」？「思考」這件事情，是個人期發展的各個階段都會發生？還是得在特定的階段才會發生？

V：現在 AI 可以問答各種議題，算不算是一種「思考」的活動呢？

H：一位朋友說他想引導另一朋友思考，但我估計明顯以自我為中心的人，需要的是撞牆，不是被引導？

V：思考也是可以「引導」，就看如何問問題啦……不過自我為中心的人，通常也是需要吃些苦，才會開始思考一些事情啦……

R：「思考」與薛丁鄂的貓裡面，「觀察」導致波函數的坍縮，即「思考」與「觀察」，這兩者之間，是否有異曲同工的關聯還是什麼的？直白的說，思考有否可能直接等同觀察（或者反過來）？

V：我認為這是「兩回事」吧。

R：什麼是真正的思考？觀察呢？有真正客觀的觀察嗎？

V：「客觀」也可以有好幾種定義啦，可以說「大家認為的」，也可以說「物質現實」……看要哪一種阿。

R：那意謂著絕對的客觀是只有如同隱態的狀態嗎？

V：所謂「客觀」的「觀」，是指觀察，還是觀念？

R：我提問的是「觀察」。

V：那麼「察覺到」算不算是「思考」？

R：不是阿。

V：是阿，那觀察算不算是思考呢？

R：不是阿。

V：現在 AI 可以問答各種議題，算不算是一種「思考」的活動呢？先來參考看看 AI 自己怎麼回答好了。

From HotLINE ChatGPT：AI 能夠進行問答，但其本質並不是像人類一樣進行思考的活動。AI 所做的是基於其設計的程式碼和規則進行推理和論斷，而非真正的思考。此外，AI 目前也只能處理有限範圍和預測性強的問題，對於複雜和不確定的情況，其表現還有待提升。

From ViviChat：AI 的問答能力是基於大量的訓練資料和演算法來實現的，它沒有像人類那樣的思考能力，在回答問題時只是根據預先定義好的規則和模型來進行處理，並不會真正地產生思考。然而，AI 可以根據過去的經驗和資料進行推理和預測，產生出一些答案和結果，這種能力對於某些特定場景下的應用非常有用。因此，AI 算是一種基於資料的分析和處理技術，而非真正的「思考」活動。

H：「根據預先定義好的規則和模型來進行處理」<--這像是引用數學公式來做運算，並且得出結果而已。如果這樣不算是「思考」的話，那麼所謂思考，將觸及「定義規則」與「建構模型」？這是比單純的「運算」還更高階的事情了？

V：「定義規則」與「建構模型」，AI 其實也可以阿，所以也不能算是思考吧。我認為呢，「思考」指的是「基於尋找原理來驅動的腦部運算」才算是思考阿。

換句話說，如果我們不是在尋找原因，那麼那些腦部的活動，都只是在執行規則/程式而已，AI 現在已經很多做得比

我們好了啊。

H：這句看不懂。是指「為了尋找萬事萬物的規則原理」而進行的「腦部運算」嗎？

V：是如此阿……

V：若以此為「思考」的定義來說，那麼我們經常會啟動「思考」嗎？又或者說，不知從何開始思考？

H：今天早上一位朋友來電，跟我說他很「痛苦」，我問「為什麼」？他說：因為別人這樣這樣，別人不應該這樣這樣，而是應該那樣那樣……所以我很痛苦。這樣是在「思考」嗎？

V：他還沒有開始思考阿。或許我們可以問他「為何這樣就要痛苦？」「為何別人就應該那樣，你才不會覺得痛苦？」如果他開始想「為何我會痛苦難受」，那麼就開始啟動思考功能了。

* * * * * * * *

V：（參考）規則—規則探索

（https://www.facebook.com/groups/407630352718603/posts/1882680465213577/）

有句話說「找尋原因才是思考」意思是說，如果我們心裡、腦中想的事情並非是在「尋找事情發生的原因」，那麼其實都不算是在做「思考」（think）這件事。當我們在思考原因的時候，總是會使用分析、歸納、比對、推論的方式來進行，這也都屬於思考的範疇。

思考總是要以「可觀察到的現象」為起點來開始，舉個例子來說，我們每天切身相關的生活都是使用「經濟」來運作

的，所以我們可以來思考「爲何經濟是如此運作」這件事。所謂「經濟」指的是透過相互合作與交流來獲得生活所需的整個過程，生活所需指的是食衣住行育樂的各種項目，這些諸多的項目都可藉由「貨幣的介質」來進行交換與轉換程序，也就是所謂的買賣交易，比如說，有些人合作蓋了一間房子（賣方），然後有人付出一些貨幣來「買」這間房子（買方），這買方所付出的貨幣會給予賣方，或者是有些人種植、處理、加工、運送、銷售農作物（賣方），然後買方也是付出一些貨幣來給賣方換取這些可以食用的農產品來滿足飲食的需求。當然不僅於「物質產品」，還有「提供服務」都可以是買賣交易的交換項目，比如說，有很多才藝補習班提供「學習技能」的服務，讓買方可以學習音樂、舞蹈、繪畫、語言……這些能力的學習需求。所以「貨幣」是經濟運作的主要介質。

那麼「貨幣」之所以可以當成買賣交易介質的原因是甚麼？是因爲貨幣獲得普遍大眾的「信任」，無法獲得大家信任的貨幣，就無法流通，因爲大家不信任那種貨幣，不論買方或賣方都無法獲得那種貨幣的保證。那麼「對於流通貨幣的信任」來自於甚麼原因呢？以往世界各國所能流通的貨幣都來自於政府（中央銀行）對於「黃金儲備量」的保證，也就是說，每個人所拿到的貨幣量都有儲放在中央銀行相對的黃金，因爲大家「信任黃金的價值」（金本位），所以大家都相信這些貨幣。對於大家都「信任黃金是有價值」的這一件事，也是其來有自，大家對於「黃金」這種金屬物質有超過上千年的「觀念流傳」，這個觀念深植於大多數人們的「心智規則」之中。金本位廢除之後，現在的「貨幣信任」並不

來自於對黃金的信任，而是直接來自於「政府的保證」，也就是政府所維持的「金融秩序」。

那麼人會產生「信任」的原因是甚麼？就所謂「規則化」，也就是當你發現事情的發生是「有規則」且「規則不會任意改變」的時候，在這種「運作穩定性高」的狀況下，我們就會產生對於這些規則的「信任感」，其實不論任何事情，心智功能都是如此。那為何人們都會選擇高度信任的規則？因為我們都會對「無法確定」的事情產生恐懼感，所以我們會拼命追求「安全感」。那為何會有無法確定的恐懼感？因為人體本身的存活需要穩定度夠高的運作機制，這種選擇是身體持續運作一段時間的基本條件……探索原因就正如這樣的思考過程。當然還是能夠繼續探索更多的原因。

藉由這樣的「思考過程」，我們可以建立起自己所認定的觀念（內在思維規則）。然而又是為何要建構起自己的規則認定呢？

* * * * * * * *

R：最後一句：「然而又是為何要建構起自己的規則認定呢？」為何呢？

V：呵，當我們自己去想「為何如此？」的時候，才算是啟動思考程序阿。所以我們自己都來想想「為何要建構起自己的規則認定呢？」

R：的確。我也正在想，但還沒有想出來。正在感受著為什麼建構起自己的規則認定，同時也想起公司的經營管理就是在建構公司內部的規則認定。是為了不使無序嗎？

V：有了秩序的目的是甚麼？

H：如果不是透過自己去思考，從而建立起自己所認定的觀念，可以說是「未經思考而接受」，或者因為盲從，或者因為迷信權威、景仰 V 大，或者為了討好誰……那就搞不清楚自己為什麼會這樣或那樣，為什麼會堅持這個或那個了。

Z：嗯嗯，這兩天在思考，為何現在之前都要睡前聽佛經覺得平靜好睡，現在變成聽軍事武器解說也可以很平靜，變成沒有差別的原因～思考中。還有也變得愛聽財經資訊，加入這些群組，這些是很大的變化，想到的其中一個原因可能這些領域的內容很需要精密的思考邏輯去理解推理歸納分析其中內容，而這部分的前置應該是有先經過意識結構的訓練，再經由有些佛學的心法理解，一起配合相互作用螺旋運動起來形成適合目前生命狀態的能量場～

V：當然統合彙整也是件需要專心用力的事項啦，其實難度挺高的啦。

R：忽然領悟到：打破自己的規則認定。拆解。煉金術之：看見自己被什麼限制，看見自己的信念，看見自己的模式，看見自己的情緒，看見更多內在被什麼綑綁的。看見後還有找到原因。

A：先有自己的規則認定，才能與其他規則起差異。

V：是阿，然後是……？

A：有差異方能出現演化方向吧。

V：是阿，這是意識演進的一個過程阿，也就是一個繼續發展的基礎啦。

V：「基於尋找原理來驅動的腦部運算」，若以此為「思考」的定義來說，那麼我們經常會啟動「思考」嗎？又或者說，不

知從何開始思考？

H：今天早上一位朋友來電，跟我說他很「痛苦」，我問「爲什麼」？他說：因爲別人這樣這樣，別人不應該這樣這樣，而是應該那樣那樣……所以我很痛苦。這樣是在「思考」嗎？

V：他還沒有開始思考阿

H：或許我們可以問他「爲何這樣就要痛苦？」「爲何別人就應該那樣，你才不會覺得痛苦？」

V：如果他開始想「爲何我會痛苦難受」，那麼就開始啓動思考功能了。

A：這其實有點像究責，他看到的是他的痛苦源自他者，可他所感受到的痛苦事實上來自他本身。所以去了解自己的規則認定是什麼也是基本功，因爲你觀察到了「有差異」後，還可以追問「爲什麼有」、「差在哪」……等。我覺得光是自己問這個就很痛苦了，也沒什麼餘力去管別人如何如何了。

V：其實「追問」是件挺困難的啦，一般來說，大概三個連續的「爲什麼」之後，差不多對方就會開始拒絕、排斥、甚至生氣了阿……

Z：這應該是來自於我們從小教育內容有關，因爲都是輸入式，不是討論式而且答案規定只有一種，考卷試題申論題也很少，所以造成直接要答案比較快的結果～。這應該會引起很多社會案件，以現在的意識層次來看。

N：對啊……

V：現在很混亂啦！

A：還沒被馴化過的小孩子恰好是最棒的狀態，什麼都會問，不會輕易接受任何一個答案。反璞歸眞。

Z：主要是教育者要先有開放心態，覺得孩子的提問都有想聆聽

的態度，是抱著想聽聽這個個體有甚麼不一樣的想法的心智能量場的包容，都可以一起分享討論的模式才能形成。

V：有時是這樣的，因為老師沒有啟動思考，所以也沒辦法引導同學如何啟動思考啦。

H：我對這個「定義」（PS: 基於尋找原理來驅動的腦部運算）還沒能掌握得很熟悉，不太確定「我們是否經常啟動思考」。舉些例子請教一下。

1. 朋友 B 不斷抱怨自己的母親，覺得「都是因為媽媽如何如何，所以我才會變成這樣。」這時候研究身心靈課程的朋友 S，表示安慰和理解：「這是你的體驗，重點在於你如何轉化這個體驗？你和 XX 大天使相應，所以你需要這些體驗。」朋友 B 覺得，好像找到自己痛苦的原因了。<--請問這是甚麼？這裡有所謂的「思考」、「理解」或「療癒」嗎？

V：1. 這只是 S 提供另一個觀點，而 B 接受了這個觀點，此過程並無使用思考的過程。

H：2. 我問主管 J，為什麼那些講師們，看起來沒什麼「自信」？主管 J 回答：「因為他們沒受過思考的訓練。」<--請問「思考」是可以被訓練的嗎？主管 J 給我的答案，是經過「思考」的嗎？一個人經過「思考訓練」，會變得比較有「自信」嗎？

V：2. 思考這件事是可以逐漸學習而獲得的。且有了一些思考能力也會產生一些相對的自信，因為自信可以來自於一些運作原理的發現，不論是外在的情況，或對自己內在規則運作的理解，只不過此兩種事項理解對於自信的差異是，對外界理解容錯率較低，對自己內在的理解，容錯率比較高。

V：呵，「自信」其實也是一個大議題阿！

H：問一個鑽牛角尖的問題，「外」和「內」要怎麼分啊？比方說生理規則是外是內？集體潛意識是外是內？

V：呵，其實我們所指的所謂「內外」，都只是人為劃分，實際的萬物運作方式，並無真正的內外之別。比如說以身體為界，來分內外，或以察覺範圍，或以意圖來源……大小可隨時人為定義，若以討論交流為目的，則也需說明討論範圍，不過也能隨時拓展。

Z：（影片參考 https://youtu.be/L-bahvaUPpw）最後一段話回應到上次「追問」話題。（PS: 其實「追問」是件挺困難的啦……）

H：身體壞掉就沒辦法了再介接了。如果悉達多還沒證悟，就苦行餓死的話，也就沒有日後的佛陀了。

V：很可惜，（影片參考的主角）他到最後似乎開始體會到，損害了身體載具，縱有多少意識上的理想，也無法介接顯化，仍然都只是空談，不過雖然這次的領悟有些太遲，但也為群體有一份助益吧！

A：所以老話，身體健康才是最重要的資本。

V：是顯化的基本條件啦。

H：如果朋友是這樣，我會勸告他：「君子不立乎巖牆之下。」這不是勇氣的問題，而是現實的問題。而且旁白對於主角的理解和詮釋，不無「美化」意味：將現實的一切庸俗化，以凸顯主角的脫俗。坦白說，我不是很能欣賞。

另外，我聽說一位禪師，在閉關斷食期間，體驗到人性的光明，和影片裡的主角一樣，極度饑餓當中依然覺得自在喜樂。我不太能理解這種狀態，懷疑是否為幻覺？生理狀況在

非常的情況下，心智狀況也已經不是常態了？

V：勇氣也分成好幾種阿，沒有理智的勇氣，罔顧生理的現實，是很極端的那種。

心智的狀態是受生理狀態所影響的阿，在極度飢餓的狀況，身體的能量場性質會產生不同於一般的狀態，這無可置疑，不過這種不同的感受，並非是什麼意識提升，也只是暫時的察覺感受而已，事實上對於意識提升也未必一定會有助益。除非是提升意識後，所自然達成的食氣（辟穀、長期斷食），否則這種強迫斷食，都是損害載體的結果。

越是極端的操作，需要對於運作規則的理解程度是越高，也才有突破原有規則與新規則操作的可能性，在低理解的情況下，做極端的操作，則是純粹在賭的概念了。不過在這種心智狀況下，賭贏的機率幾乎是等於零的，因為連對自己的各層次都無理解，更談不上突破規則了，況且也不可能了解，修改生理基本規則的難度，要比心智規則難得太多太多了阿。

H：嗯。我曾經在沒打針瞌藥的情況下，感受過前所未有的「狂喜」，但因心智不成熟，腦中想法雖然十足正向，卻也幼稚：覺得內心充滿愛，渴望與人分享一切，有點像嬉皮，love & pleace～結果也沒升天，還是在欲界裡啊～哈～所以很能懂你說孩童的天真，和克兄（克里希那穆提 Jiddu Krishnamurti）說的天真有何不同。

V：兩種完全不一樣的天真啦，呵！

Z：這種生理層的狂喜狀態可以讓人有某種致幻感因而沉迷其中無法自拔，像是出現曼陀羅圖案，各種光，甚至神佛，以為這就是終點，而不知只是中點，也因此很多生命停止於此～

V：所以經常讓你有美好感覺的訊息，事實上完全沒有在協助你
　　啦！

Z：痛能讓人成長。

V：呵，痛有讓人成長的機會阿。

H：請問：當「我」與人溝通，有時候會有天外飛來一筆的「靈
　　感」，或者未曾想過的突然的「領悟」，這些東西都進入
　　「我的察覺範圍」之中，所以通常會被認為是「我的」靈感
　　或領悟，但也有些人會覺得那些東西「不是我的」。這是因
　　為「我」的定義不同嗎？有何不同呢？
　　請問社長在和我們討論「意識結構」的內容，或者為我們解
　　惑時，會覺得那些東西是「外來的」嗎？我發現你對「我」
　　的定義範圍比一般人還大，為什麼會這樣呢？

V：其實靈感的來源很多樣化，每個層次都可以是來源，而這麼
　　多的訊息傳來傳去，事實上也很難分得很清楚，只能大致上
　　了解內容是屬於什麼層次密度，而以「領悟」來說，通常都
　　是這個體而言，因為領悟是解譯詮釋的結果，解譯則是要有
　　相對應的內在規則與腦中結構，才能完成。不然密度再高的
　　訊息一樣是無法解讀，或者偏差的解讀，事實上對於我們意
　　識進展也無什麼助益。
　　至於我個人在討論時的說法，大多都來自於一套已建構的詮
　　釋架構關聯來討論，其實也挺像 AI 的阿，靈感其實並不
　　多，但就算是靈感觸動，亦需經過個人的思考再加以闡述。
　　至於「現在討論議題的我」所能認為的「我」，事實上可以
　　是整個意識，也可以是某一層次階段，就看討論的內容，對
　　焦到哪裡了，其中的差別在於有多少資訊可以描述，還有可
　　涵蓋有多少了。

H：好的。所謂「對焦」並不在於討論的議題是什麼，而在於同樣的議題，可以深入到什麼地步是嗎？以精密度來說，像是小數點後面幾位數的概念？越是精密的訊息，小數點後面的位數越多？複雜度也越高是嗎？

V：是阿，以「心智焦點」來說，指的是「原理的統合程度」，也就是有多接近最基本的運作原理，就像是物理上要整合「四種基本力」那樣，都是逐漸「統合」出來的，或者稱為「抽象化程度」，所以這並不在於哪一種現象的議題，每一種議題都有其不同的抽象化程度之內容。

H：那麼所謂「調頻」，就是在不同的精密度之間進行切換，所以才會說需要「耗費能量」？

V：是的，切換精密度的不同描述，或說「更深入探究」，才是最耗費能量的心智活動。

H：能量不足的情況下，就容易頭暈，無法對焦？也會有理解跟不上的狀況？

V：是阿，無足夠能量處理這些資訊，就會產生一些非此頻率的頻譜，促使意識對焦進入模糊的狀態。

H：但是在解除心結之後，此狀況會逐步改善？

V：是的，解除心結，主要的效果在於「不再耗費未完結程序，所需的心智能量」，這樣心智能量就能完全為你所用，也不再造成思考上的干擾了。

H：我發現每次我想問的問題，可能還沒想清楚就提問了（其實我自以為夠清楚，但自知沒辦法再更清楚），但是得到的回答卻是更精密細致的。所以我事後都會拋棄自己的提問，想要跟上你更細致的回答，請問這是心智在進行「調校」的工作嗎？所以有些問題我會重覆提問，因為沒辦法下子就完成

「調校」是嗎？

V：是的，這是正常的，這種調校過程，主要是在統合更多規則，以及產生相對應的腦神經元網路的複雜度與穩定度。

V：叔本華：讓一個人變蠢最快的方式，就是讓他不間斷地閱讀別人的觀點而無暇思考，以至於自己的頭腦完全成為他人思想的「跑馬場」。

H：這種情況並不少見吶，通常來找我「分享觀點」的朋友們，只要反問他幾句就答不上來了，再不然就是原地打轉，再不然就是沉默，久而久之我也是會覺得無聊的吶。不是自己徹底思考過的東西，沒辦法左右逢源、取用不竭的啊。

V：因為諸多的「內在規則」都需要彙整關聯，並且調整相互衝突矛盾，使其統合為一個高效率、高穩定、更大詮釋範圍的理解架構……

V：呵，白話的說，腦筋有些沒有連起來啦。

3.2 關聯運作

V：來談談「關聯」這件事好了。

我們時常提到「這個與那個的關聯/關係/連結/聯繫」，也或者稱為「因果」（其實我認為稱為因果並不恰當阿）、人與人、事與事、物與物、人與事、人與物、事與物……生活中的每個人事物，都充滿了各式各樣的關聯，幾乎所有的事情似乎都有關聯，只是關聯的程度差異而已。而關聯也是形成萬有運作規則的基本因子，所以「關聯」這件事情也是「規則」的來源，「規則」事實上是一種「關聯的排列組合」。

那麼就先舉些「關聯」的例子好了。比如說很多的人際關係……傳統的親朋好友，現在也新增網友……，有例如1+1=2，1個東西與另一個東西的關係……。或者說，太陽與地球的關聯、人與地球的關聯……。所以我們對於某件事情的「興趣、傾向、偏好」……其實都是出於「理解與我之間的關聯」這件事情阿。

A：怎麼定義 A 跟 B 是有關聯的呢？是規則是否有相似之處嗎？

V：這個似乎不是我們可以自行設定「定義」的阿，需要先看看「如何互動」阿。

A：我們如何知道「互動」正在發生？

V：只能觀察、察覺阿。呵，不然你還有甚麼辦法呢？

A：我想是沒有，但驗證到我猜的答案。

V：呵，我是別無他法啦。

A：如果缺乏這個步驟，有可能就以為 A 與 B 沒有關聯囉？

V：可能有，也可能沒有，直接或不直接吧。比如說，我們把一個橘子與另一個橘子，放在一起，觀察結果，就察覺到兩個橘子了阿。

A：最近在學習如何判讀 A 參數與 B 參數的關聯性，這就很難用肉眼直接去判斷。

V：你是說用「推演」的喔，那也是運作與察覺思維活動的結果。

A：其實這個定義（「關聯」這件事情也是「規則」的來源，「規則」事實上是一種「關聯的排列組合」）就告訴了我們，你改變了對某關聯的看法，就可以很輕易地改變規則了對吧？

V：我們可以改變思維的規則（其實也不輕易阿），但不見得符合實際的運作規則阿。

A：這確實是難事，但可以理解為何出現活在「自己世界裡」的人。

V：是阿，因為對於「關聯」的建立與實際有所偏差，所使用這些基本關連而生成的規則，也就與實際大相逕庭了。所以我們可以先從自己所認定的「關聯」來調整阿，若與實際產生不一致的狀況的話啦。

比如說，我們練習投籃，投出去的力道、角度、距離、動作，以為可以進籃，但卻產生了偏差，因為我們對於籃球的重量與地球重力、風向⋯⋯這些參數的關聯評估有所偏差，所以我們不斷修改這些參數（力道、角度、距離、動作），

來符合環境與籃球的關聯，呵。當然這些「修改關聯偏差」的事情，我們的心智功能，都幫我們「自動學習」了，我們只要不斷的「訓練（輸入資訊）」來調整偏差即可阿。當我們心智功能內的關聯，所建構起來的各種投籃的規則，都符合實際運作的規則時，那我們就能「百發百中」了。

Z：相信還是會有人繼續問要如何中樂透？

V：通常會無法找到「關聯」，是因為我們還無法理解這件事情的運作規則，與自己的運作規則阿。

Z：思考這個中樂透的執念關聯性應該是發生在於對於幸福快樂及財富自由與自身的關聯定義的失真而沒有察覺，然後失誤一直存在，所以偏離目標甚遠～

V：當然這「目標」需要理解的其中關聯是很複雜且龐大的，所以足以當成「一生的目標」了。

V：其實不論哪種「執念」，都是一個強而有力的驅動力，驅動我們調整自己的內在規則中的各種關聯，盡量符合「實際運作的規則」，來達成自己的目標，這也是一件有益於意識發展的事情。

H：我覺得尋找任何事物之間的「關聯」，最容易的入手處是發現它們「相同、相似、相異」的地方。比方說同一個家庭裡的不同成員之間，會有「相同、相似、相異」之處，這可以說是「關聯」了吧？再來，萬物都是意識的顯化，各自有各自的頻率，如果萬物都是「頻率」的話，那就更容易找出其中「相同、相似、相異」的「關聯」了吧？（當然要先能測出頻率啦～）所以我想，看起來根本牛頭不對馬嘴沒啥關聯的東西，搞不好轉化成頻率，就可以進行比較分析了啊？

V：尋找「同異處」是一種最基本、也是最直接有效的方法，我們一般在做任何研究，都是以此方法為基礎的啦。所以我們可以盡量（只能盡量）收集資訊，然後才能「找到關聯」。比如說我們之前一直搞不清楚「嗅覺」是如何分辨這些氣味分子的差異，直到我們測得每種氣味分子，都有其不同的分子「振動頻率」，才把「嗅覺」與「頻率」產生關聯……

V：在我們「建構理解系統」時，首先需要找到「關聯項目」，然後把這些「關聯項目」彙整起來，才會獲得「運作規則」，然後再將這些「運作規則」整合起來，才會產生「理論模型」，之後整合一些模型，才會得到一個「系統結構」……

事實上這每個部分都有人在努力尋找發現，我們也可以加以辨識這麼多知識是屬於哪個部分的啦……

J：試求夜市人生的恰恰爆橘拳，與橘子的相關性。

V：哈，這至少跨了三種層次以上了，是很複雜的分析阿。

Z：這應該要先定義這個動作想要的目標是什麼，牽涉到是獨處時的純粹內心因某心結的觸發而引發生理層的情緒宣洩，或者是旁邊有人時的樹立某種威嚇威脅的建立。當然水果種類也是經過評估挑選的，像是要手掌能握得住，軟硬適中且顏色鮮明等等而鳳梨榴槤絕對不可。

V：我就說很複雜啦，呵。

V：（人體天線）

https://www.youtube.com/watch?v=vnN0IxawIpk

https://www.facebook.com/reel/1403431533801141?fs=e&s=aEkTS0&mibextid=l066kq，來「思考」其中的「關聯」阿。這又是甚麼道理？

H：自己想不到，只好上網查：

V：呵，本來想說大家來推理一下，但如果沒有一些通訊基本的觀念，這似乎比較困難一些，不過大家多知道一些「物理事實」也是挺好的，可以當作「日後思考的基本資料」啦。

V：300～700MHz 的頻率（遙控器常用頻率），其波長（λ）很容易與人身高或各部位（整身、腿長、手長……）產生共振放大的效應……（PS: 遙控器是 nikola tesla 發明的阿）通訊都與「通神術」相關阿。

V：這張圖也挺好的，頻率波長與實物的對照表，建議可以留存，時常拿出來看看阿，呵（有這種興趣的人，可能不多啦）。看到這圖，會想起甚麼有「關聯」的事情嗎？

J：想到某事也算是通神術嗎？

V：嗯，也不一定，要看來源，有些是自己腦部運作的結果阿。

J：有一說是想吃某食物有可能是腸道裡的菌發出的訊息，大腦接收到，所以產生想吃的慾望。

V：是如此阿。

3.3　轉念效應──轉念有用嗎？

Le（檸檬）：靈性圈跟我們討論的這些其實也是一種衝突，所以自己如果沒有辦法去融合那產生的偏差或矛盾其實自己是很難脫離的。

V：這種所謂的靈性圈，才是所謂「沒接地」的內在規則啦。

Le：不是每個人都能將內在規則一一分化，理解融合，歸納出整體然後自己全然納入，也因為這樣才會有一大堆的現象。

H：如果沒能「自我察覺」，接下來的「分析、理解、歸納」是沒辦法進行的吧？

Le：同學列舉的問題，不代表他們都不知道內在規則，也不代表他們無法理解、分析、整合，可是呢？隨著事件的產生，那些依然衝擊著內在吖。

H：這我得想一下，因為我還沒有遇過這樣的狀況。
重覆的事件不斷發生，依然衝擊著內在，到這裡我還能理解，接下來就有點不同：每一次的衝擊，都會被察覺到，隨即以「新的詮釋」來回應這個衝擊，幾次之後，衝擊的力道會越來越弱，直到不再發生「重覆的事件」。

Le：那你怕不怕鬼阿？

H：很怕啊，一併處理掉了。我有兩種處理方式，第一種跟前面一樣，就不重覆。另一種是「想像」自己被鬼吃掉，心裡想著：「我就是鬼，鬼就是我。」此後好像沒再怕過鬼了吧。

V：另提供一種方式，只要「對抗」的意圖，並在夢中加以對抗，那麼恐懼相關的內在規則，就會逐漸修改了阿。

Le：所以我在想，所謂的規則，其實就還是一種制約，內在制約與外在制約。是人無法達到一個完全的平衡。那與其一直告訴自己那些規則、理解，都無法讓自己達到一個平衡的狀況下，是不是來換一個方式呢？

V：呵，秩序與功能本來就是由所謂的「制約」，所組合而成的阿，但其實我並不傾向稱之為「制約」，我都稱為為「規則」，因為制約內含有許多負面意涵阿，「規則」並非有甚麼問題，這原本就是運作的基本方式，而問題只是在於如何「使用與調整修改」這些規則而已啊……

Le：通常遇到事件或打擊的時候，其實我第一個想法是「幸好只是這樣，幸好不是最糟糕的。」然後就過去了，無論遇到什麼事件，其實我一直都是這樣處理的。

H：我會去思考「這是什麼？」如果覺得在意的話，我不會輕易讓它過去。

Le：可是我會換位思考，因為沒有甚麼是可以永遠不失去的，既然這樣就放寬心。畢竟，會屬於自己就會，既然不屬於自己，那就放了吖。

V：呵，轉個角度來詮釋（一般說轉念），事實上還是沒有修改到原有的內在規則，也就是說原有的內在規則，還在持續運作，內在衝突與內耗，仍然會持續進行阿。

Le：相同事件一再發生，是不是自己的內在沒有修改完成所引發的情緒再投射出來的現象？

V：除非你能用結果找出發生的原因，否則「倒因為果」違反了最基本的運作規則，永遠無法達成。

H：社長好像在哪裡說過「沒有經過思考，轉念只是自我催眠。」

Le：多數人幾乎都能察覺自己內在，但一直告訴自己之後，依然無法釋懷。

H：「多數人幾乎都能察覺自己內在。」真的嗎？你確定嗎？

V：似乎剛好相反啦，呵。

　　順便告訴你一個祕密，文字表達的方式，也剛好是我們心智的秩序化程度阿。

H：這是祕密嗎？心智的秩序化，表現在文字的秩序化。所以從一個人的文字表達，可以看得出來他心智秩序化的程度。如果一個人講話和書寫，能有條理且通暢，秩序化程度就比較高；反之，如果缺乏條理且不通暢，表示可以再更有秩序一些。所以社長才會鼓勵大家「寫作文/心得」，就是可以學習「秩序化」，有效在大腦中建立合理的「思惟結構」。如果自己講的話、寫的文，自己看起來都怪怪的，就可以發現並且調整。

V：哈，知道了以後，就不是祕密了阿。

H：幫忙整理一下問題。

　　1. 別人是否察覺到他的「內在規則」，你如何得知？你又不是他。

V：這問題就像是，你怎麼知道地球在轉，你又不是地球？呵。

H：2. 「自我察覺」：探究自己的「內在規則」，這件事情真的適用於所有人嗎？因為每一個人「介意」的點都不同，處理的方式也不同。

V：不然你認為，我們心智是如何運作的阿？

H：3. 一個人如果不做「自我察覺」，探究自己的「內在規則」，並且選擇去執行「修改或新增」，那他是否就永遠無法解開心結了呢？

V：是的，百分之百的肯定。

H：4. 什麼是「秩序」？什麼是「無秩序」？會不會有一種「沒有秩序的秩序」？

V：沒有，從來沒有，百分之百沒有⋯⋯

R：（參考「意識狀態與記憶存在的作用」），「唯有跳脫心智思想的真實感受，才能成為真實的樸素，儲存能量使記憶體增加，讓意識狀態真正的改變，意識狀態的真正改變是促使自己感受改變，以及由包含每個人所組成的集體意識改變的唯一途徑。」請為我說明，謝謝。

V：這裡指的「真實感受」，其實指的是意識狀態在「星光層」的感受，所以才一直強調「群體化」這件事啦⋯⋯

R：「跳脫心智的感受」我所能體會的是，有一個能看著情緒的生起、思想的起行、念頭的跳耀的：深深知曉。

H：請問這份「知曉」如何能擴充「記憶體」呢？

V：呵，這裡指的是「腦前額葉」的複雜度與穩定的增加，「記憶」的容量自然也會呈現倍數的放大。

Z：這裡請問，那麼我們所感受到的所謂的內在規則其實都算是群體潛意識？
而個體只是設計來感受這些群體規則進而修改而已？

V：是的，所以才會說「無我」（沒有個體的自我）啦⋯⋯因為我們的本質，都是群體的啦。不管我們知不知道、承不承認，事實都是如此啦。

Z：這個「無我」也是讓人五里霧中很久了。這樣說來使用個體是爲了升級群體，這樣安排也是很合理的。

V：因爲我們一開始都只有「包含個體的內在規則」，後來發展成「包含群體的內在規則」之後，才會產生「群體化的感受」……是阿，這樣既擁有了「個體」，又屬於「群體」，真是一舉兩得啦。簡單的說，真的有感覺到世界和平很愉悅啦。

參考〈意識狀態與記憶存在的作用〉：

實際上，我們是在包含無限頻率的世界裡存在的純粹覺知體，無時無刻都會察覺到感覺，只不過我們察覺的注意力會有不同的分佈狀況，這些注意力是一些能量會指向與分佈在不同的頻率密度之中，不同分佈的狀況就是不同的「意識狀態」，所以不同的意識狀態，指的是不同的「注意力分佈的曲線」（如圖）。當注意力大部分能量都集中分佈在某些頻率密度的範圍內，就只會察覺到那個頻率密度與意識個體所產生的感覺。在一般日常清醒狀態，我們察覺的頻率密度是在物質、生理、心智、星光層次上改變注意力的分佈，通常集中在生理與心智範圍裡，物質與星光層次的相關感受則是較爲稀少的，不過這也是因人而異的。

察覺時時刻刻都處在某種意識狀態之中，例如，日常清醒、睡眠夢境、睡眠無夢、身體瀕死、情緒激動、專心運動……這些意識狀態不停的在生活中轉換、移動，讓我們感受到不同的感覺。意識狀態（注意力的分佈狀態）之所以會轉換，原因其實很單純，啓動的原因是「意圖」的改變。我們都知道並一直使用注意力指向控制的能力，也就是說注意力分佈狀態是會因爲意識個體的「意圖」而改變的，這就是所謂

「自由意志」，指的是注意力指向的控制能力，因此我們才能察覺到很多感覺。當然，這自由意志指的並不是我們在一般心智裡被外界影響（催眠）後，覺知注意力被吸引到特定記憶所感受到的那些感覺，那並非真的意圖。許許多多所謂「改變心靈」的論述、說法、方式，其核心的重點應該是放在每個人的「記憶體增長」（身體、能量體的記憶）（如圖下方），若只是改變「注意力分佈狀態」，也就是意識狀態的轉換，感受是無法擴展的，因此不管是什麼方法，若是不能改變「記憶體增長」只是改變「注意力分佈狀態」，都只是無效的方法，對於感受的擴展無所助益，而隨之產生的各種教導、儀式、心法便沒有任何作用，所有表面上的改變都只是表象，很快就會回到本來的狀態。就像我們不斷的祈禱、冥想、靜坐、持咒、敬拜、轉念、行善、布施、集資糧……這些都不見得會改變真實的感受，唯一的問題是「記憶體」是否因此而增加。這裡的「記憶體」指的是「腦前額葉」的複雜度與穩定的增加，在隱態來說，則是「內在規則」的關聯複雜提高的狀態，所以「記憶」的容量自然也會呈現倍數的放大。

雖然意識狀態會因為注意力的改變而改變，但很不幸的是，只有意識狀態的改變並無法改變察覺的頻率密度世界。我們一般在日常生活中其實經常在改變意識狀態，專心思考、專心運動、休閒娛樂、無夢睡眠、睡眠夢境、情緒激動……甚至是被催眠的前世回溯、使用神精性藥物（藥品、毒品、麻醉品……）、瀕死狀態、或是身體死亡，這些都是因為身體、心理狀態的改變而改變了覺知注意力的分佈狀態（意識狀態）。這些不同的意識狀態所覺知到的感受需要有「記憶

體」才能將這些發生過的感受儲存起來，然後再經過思維的結構化、組織化，形成一種「內在規則」的存在，否則雖然有了感受，但是就像船過水無痕一樣，無法存在於意識個體之中。另外，雖然意識個體的「意圖」可以改變注意力的分佈狀態，不過「意圖」也是有範圍限制的，意圖的範圍會被限制在記憶體可紀錄的範圍之內，也就是說，我們無法控制注意力到達無記憶體的那些頻率密度之中，實際的狀況是，無論我們用「心智」（思考）怎麼去絞盡腦汁或集中思考點（集中意念、觀想神、念佛號……），記憶體仍然無法增加，察覺仍然感受不到那些真實「存在」的東西。

「存在」其實是一種「隱態的內在規則集合」，在顯化能量體（我們是腦部）上則是一種記憶體，可以拿來填裝訊息。隨著「存在」所產生的能量體振動密度越高，可以紀錄更複雜、更結構化、更多樣的訊息，就如同現在一般電子設備的記憶體，每個單元都只能紀錄 0/1 兩種訊息。

要增加記憶體其實很不容易，因為我們得要先儲存能量，儲存能量前必須先增加感受的資訊，然後解譯成各種內在規則，當然我們就別浪費能量去作一些無效的事情，這樣能量才能真的儲存起來，然後記憶體就能自然增長了。在生活中我們也會常常發現，以前很喜歡的事，現在則失去了動力，比如說，到了某一天就開始不想聽刺激的音樂、看商業化的電影、毫無深度的旅遊、或醜陋的時尚……這種已經體驗過真實存在的感受，會確實改變覺知的感受。困難的原因在於，我們難以跳脫心智內在規則的範疇，心智規則產生了我們所認為所有的想法以及感覺。

所以如果只是傾全力改變注意力的指向，雖然意識狀態會跟著變來變去，不過那都是短暫且無感的發生而已，並不能使意識狀態到達另一個提升的、穩定的狀態，唯有改變心智規則的行動，才能成為真實的樸素，儲存能量使記憶體增加，讓意識狀態真正的改變，意識狀態的真正改變是促使自己感受改變，以及由包含每個人所組成的集體意識改變的唯一途徑。

3.4　名稱原因

V：翻開美國《精神疾病診斷與統計手冊》第四版，被定義的精神問題總共有四百種之多，這就像交通安全規則一樣，只要你想找，一定可以找到至少一條符合你的違規狀況。而我們經常有一種「合理化的邏輯」是這樣的，當你找到了一個「名稱」來代表一種「狀況」，那麼就會容易把這個「名稱」當成是這種狀況的「成因」來替代，簡單的說，是進入了「將名稱當成原因」的思維規則。

「將名稱當成原因」其實是我們非常慣用的解釋方法，比如說，我們經常會聽到有人說，「我會無法控制情緒，是因為我有 OO 病」、或者是說「因為我從小就是 QQ 症，所以才會說話口無遮攔」……這類的說法很多，這就好像是說，「因為我家裡很富有，所以才會那麼有錢」的語意邏輯是一樣的。因為很多「名稱」的命名只是根據那件事發生的「結果」來命名的，所以只用名稱來代換描述方法，事實上內容都是「對於結果的描述」，內涵都是相同的。這種思考過程並非有甚麼「原因」包含在此名稱的意涵之中，我將之稱為「代換論證」，或稱「假解釋」。

其實我們可以完全不去管，那些狀況是可以對應到甚麼「名稱」，可以只憑產生的狀況來「冷靜的思考」發生的可能原因，因為若一帶入「名稱」或許你就會開始失去了冷靜，比如說，癌症、思覺失調、失智症……這些已經被大眾媒體直

入「絕望」的意涵。事實上這是屬於「集體恐慌」的催眠效果。癌症確實是可以致死，思覺失調也確實有無法醫治的案例，失智症找不到可以恢復的證據，這些也都是事實，不過絕非因此而沒有了「其他可能」，每件事情的發生都有原因，也會有過程，並非只能是那個被大眾媒體固化的既定結果。疾病是如此，事實上，大多數的事情也皆是如此，相信有很多人聽到佛陀說的、聖經教誨的、大師預言的、上師說的、尊者開示的、科學巨擘說的、權威專家研究出來的、老師說的、總經理講的……，然後就會開始自動失去了冷靜，「不用想」直接得到「絕對錯不了」的結論。

那麼在這種狀況下，我要問的是「你到底是害怕那種病症，還是害怕那個一聽到這病症名稱就自動產生的恐懼感？」，「你有沒有想過造成這種結果的原因是甚麼？還是你一開始便否定自己，認為自己完全沒有機會了解那件事？」

L：定義的名詞從不存在任何意義，因為只是方便讓人理解的一個代號。

Le：光是方便讓人理解就夠重要了不是嗎？

L：這些內在規則都是連貫的有了一就開始 2345678

L：是啊，但這個定義有沒有可能改變。

A：我們都有「定義」的權利，但大家都當它是 piece of shit。

V：呵，這就是理解力下降的因素啦！

H：我想「命名」也是「認知」的一部分吧？就像 archi 貼的認知地圖影片一樣，有它的功能；物理學影片也畫出了樹狀圖，都是在「命名」，可以幫助理解。但所謂「理解」也不只是這樣而已吧？哈～有點便宜行事啊。（我在工作上很常見啦～）

V：呵，定義一個沒有意涵的詞彙，通常是拿來製造恐懼用的吧！

L：是啊，比如各派教義所定義的認知。

V：簡單的說，我們對這些病名，存在「莫名的恐懼」阿，不過所謂的「莫名」也不是真的莫名，只是我們不了解真正的原因吧。

V：用「下地獄」來嚇嚇大家啦……

V：察覺——多重心結而成的焦慮

在眾多情緒之中，「焦慮」也是經常發生的一種感受。「焦慮」的感受是「被催促」的那種感覺，而這種催促不僅只是那種在耳邊的聲音，而且是已經產生了「生理能量」在身體中流動，以及產生了物質性的激素。當然這會使人焦慮躁動不安，所以會產生相關的身體動作，像是坐不住、東張西望、無法專心、失神恍神、失眠……而這焦慮的能量會觸發你很多的想法在腦中出現，不過在腦中出現的這些「過度擔心」的事情也並不一定是「發生原因」，因為「焦慮」是一種複雜組合的感受。

通常「焦慮」會被歸類為「不知原因」的情緒感受，也就是所謂「莫名的情緒」，因為就短時間來看，都找不出原因，而那些接受了某些刺激而產生的情緒，就可以很容易的與現在發生的事件有所關聯，找出一些原因。對於這種找不出刺激原因的「莫名情緒」是比較難解決的。不過也沒關係，如果一時間找不出哪一些「明確的內在規則」產生的焦慮情緒能量，基本上所有「莫名的情緒」都出於「心結」，只要你內心中的那些心結逐漸消除，這些「莫名的情緒」都會不斷的減少，你就會越來越平靜。

產生「情緒能量」的過程都是一樣的，在你的觀念、思維、價值中劃定了可接受的規則範圍，而這個「可接受的範圍」是被你強烈認定的，也就是「執於」那個想要的結果。「焦慮」是一種「多重心結組合」而成的感受，所以一般來說，形成的原因也是比較複雜的，感受是複雜且相當模糊，很難說得清楚，到底是哪一種感受，所以都統稱為「焦慮」。這種「多重心結組合」產生的不適與痛苦感，無法一下解決，總是會重複不斷的出現，但改善的跡象也會隨著心結逐漸變少，而有越加明顯的效果。其實心結多不只會產生「焦慮」，那一長串四百多個所謂被定義的「精神疾病」，事實上也都是如此的。

舉個例子，小強自述「我患強迫症已經 6 年多了。比如，每天早上起床，穿衣服少則 20 分鐘，長達半個小時。心裡越急越慌，衣服越是穿不進去。那毛衣真的很怪，這隻胳膊進去了，另一隻手又要穿好幾遍，我不知道我穿毛衣為什麼會有這麼大的障礙，爸媽都不理解：毛衣短褲洞那麼大，怎麼就穿不進去？你說好笑嗎，一個 23 歲的小夥子，連衣服都不會穿，還不如一個 5、6 歲的小孩子呢！」，這種狀況或許與穿衣服，或者說恐懼穿衣服、與衣服相關的創傷，一點關係也沒有，只是內在的心結表現在穿衣服這件事情上而已。至於甚麼心結，範圍會很廣泛，環環相扣，只需要先解決有「明確原因」的心結即可，這就像是一堆複雜的線打結，總是先從可以明顯著手的結，開始解開，才是解決之道。

H：請教：一位朋友說他每次看見殺人的新聞，都感到十分焦慮，覺得自己會被另一半殺死。他昨天傳來一個兒子吸毒殺

害母親的新聞，問我是否感到害怕。同時他的另一半緊迫盯人，連續來電數十通。

他說自己的內心也有強烈的恨意，所以對殺人的衝動有所共鳴，也就感到深刻的恐懼和不安。請問如何解除這種焦慮？是否提供建議？

V：是的，通常自己有相仿的內在規則，才會對那種有類似情節的事件產生共振（共鳴），所以在方法上也是一樣須先察覺自己相關聯的內在規則，一般說來，這種對於「兇殺」情況會產生共振的內在規則，屬於「對社會高度不滿、甚至絕望的相關規則」所形成，所以可以告訴自己「我其實只是對於社會現況不滿，所產生的焦慮情緒」，然後再給自己另一個對於社會高度不滿意義詮釋，比如說像是「現在地球的能量場很混亂，身心痛苦的人很容易失控，這情況是有助於我們人類之後的發展」，或者說「地球正在清除負能量」也行啦。

R：昨天看見朱銘自殺的訊息，因為我的好朋友曾經因為為朱銘策展而知道他的一些狀態，昨天在得知道朱銘自殺的訊息，在我們幾個好朋友的群組裡指出：兒子與女兒權力鬥爭連傭人都成為利用的工具。我提出這個事情。也是因為我在孩子非常小的時候常常帶孩子們去朱銘美術館及自己也關注藝術。知道這個消息很惋惜，同時是感受到自殺的人最終是感受到痛苦的無法解除而以為結束了物質身體，就可以消滅痛苦。除了今天在群裡看到的心結需要解除，我們如何能讓更多人知道自殺是無法解除痛苦並會為身旁相關的人造成痛苦？還是這是每一個人其意識進化所各自需要經過的？@vidya 能請和我說說嗎？

V：其實對於自殺的人來說，自我了結的方法，也是一種「解除現在痛苦」的方法，或許我們得要有一個「接受與尊重他人自我選擇」的觀念（內在規則），自殺不見得「一定」是件壞事，我們之前也提過「與現在在這裡浪費時間的承受痛苦，倒不如結束這一場，趕緊進入下一場，修改心結的機率還比較高」。有句話說「受苦的目的並不是要你受苦」阿……（好像是賽斯說的吧）。無法改善的受苦，只是單純的浪費時間而已，沒有效率的原地打轉，這又是何苦呢。不如開心地送他離開，繼續下次的旅程吧！

Y：這段有安慰到我，下次我再遇到失控的人，我就知道是地球在清除負能量，可能比較可以同理她。有感覺失控的人比例變多了……

V：那很好啦，其實現在實際的情況也是如此啦。

L：原來……這就是推他一把。

V：算是家人推的吧。

Z：例如大型天災人禍？

V：是阿，就像水快煮沸的狀況。

Z：現在是煮開 80% 了嗎？

V：可能 90 度了吧。

Z：請問群主知曉這與哪一個星象較爲符合呢？是不是每次的土木合相之類？如果是，是因爲頻率極端不和諧的因素？

V：其實也不用看「天象」，看些新聞應該就會知道，現在世界各地普遍都有「情緒翻騰失控」的狀況，這些諸多事情，當然與整個地球電磁場環境的改變有直接的關聯，所以情緒功能不夠穩定的人們，會受「感受」到更大的擾動。

Z：這個地球電磁場是舒曼波嗎？

V：不是阿，一般會稱爲「地球磁柵」，當然舒曼波也會影響，電磁改變是行星整體的。

L：這跟地磁逆轉也有關嗎？

V：我認爲也不是「逆轉」這麼嚴重，不過地磁軸心不穩是必然的，因爲主要是太陽本身電磁場在變動，地磁的軸心會搖晃得比較大，但由於月球具有穩定的地磁軸的作用，除非月球有甚麼較大的變異，地磁軸變動應該不大，只是會比之前變異的幅度大……

S：我想要知道的的是我覺得他比一般人能夠進入寧靜，因爲藝術創作會全心的投入會很專注，也算是冥想，他一輩子比大多數的人更接觸寧靜，想知道選擇這條路是因爲眞的痛苦，還是有其他的想法～～～結束這個介質難道不是有意識的選擇，意識演進不能選擇結束這個介質嗎？

V：通常容易進入寧靜，不代表可以修改自身的內在規則阿，除非他察覺與著手修改，不然在家庭業力中，仍然難以脫身，這也是正常，因爲家庭業力本身的目的，即是在催化運作不順暢和諧的內在規則，所以我才說家庭業力是最困難、也難以逃避的、不得不進入的「局」。

S：我以爲進入寧靜可以接收比較多訊息可以比較容易想通事情化解內在規則。

V：這中間還是有段差距的阿。

S：我有一個內在規則是，自殺是一件不好的事情，對意識演進沒有幫助可能還會倒退，好像會承擔更多的業力～怎麼化解？

V：有時你覺得你多損失了一百元（最後自我了結的選擇），但是下次可以賺回一千元（下次輪迴），勝負未定阿……

S：哈哈～～了解了～～感謝～～會覺得一代大師一輩子寧靜創
　作，活到了 85 還是解不開心結，選擇這條路，覺得自己的
　路好漫長～～

V：別客氣，有時也不一定很漫長，只是看能不能「切中要害」
　而已，我相信朱兄若是早個十年知道「自我察覺＋內在規
　則」這件事，或許勝率就會大增了吧～

S：可能從小到大灌輸的宗教就是自殺很不好民間習俗自殺的人
　怨念深～～會徘徊在人間。

A：去找它的源考，通常你會發現宗教傳下來的東西都是被加工
　修改過的。這就回到 V 大之前說的東西了。

V：是阿，應該是改了不少啦……

A：主要不是因為業力。我認為更多只是華人信仰裡「身體髮膚
　受之父母」這項規則的制動，也就是你的身體自主權並不屬
　於你，業力只是拿來說嘴的，頂多你自己因為內在規則的問
　題，所以跟你說自殺不能解決問題，那這我同意。

S：這裡是不是在說，砍掉重練就好，有些人可能會覺得鼓勵，
　好像圖畫壞了，換一張新的重畫～～XD

V：是阿，因為其實人體會受到「生理時期」的限制，導致思維
　能力下降，所以當「勝率」逐漸下降時，你還抱著如此低的
　勝率，繼續下注嗎？這不是理智的選擇吧。

S：謝謝～～覺得很感動～～拓展了「自殺」其他的思維～～～

S：人喜歡用「為你好」來掩飾自己的控制欲。

V：這很普遍啦！

A：但更多圍觀者只是想掌控別人，希望別人能活成他們的規則
　裡所希望的模樣。

V：學會尊重，第一件事情便是察覺自己的「控制欲」阿！

L：所以我都會說「拜託不要為我好」。

Y：催化運作不順暢和諧的內在規則，這個要怎麼跨越？

V：修改內在規則即可阿。

Y：怎麼修改？可以舉例或講淺一點嗎？

V：比如說，你直覺地認為「小孩子應該努力乖乖的念書」（這
是一條你的內在規則），當「你覺得」你的小孩不努力念書
時，便超出了「你認定的規則範圍」，於是就會開始產生
「情緒能量」了。

　　一旦你發現你產生情緒能量的原因是這條規則，那麼在這種
狀況產生時，你就可以跟自己說「我只是因為我內在有這條
規則，才會生氣」（這就所謂自我察覺），然後再給出對於
「小孩不努力念書」的一個新詮釋，像是「這是他意識發展
所需的經驗，他正在累積必要的經驗催化」……，這樣經過
幾次，你的這條內在規則，就會被你更新了……

A：白話說，也就是找到自己的源頭，並重新塑造它。

V：呵，是如此啦。

A：我突然想到一個名詞，就是這種釐清內在規則，跟內觀是不
是差不多概念？

V：不一樣啊，「內觀」只是「自我察覺」的初步練習而已，還
不到「察覺內在規則」的狀況。

A：喔喔深淺有分阿。

V：「察覺內在規則」要比「察覺身心狀況」，需要更多思維能
力阿……

A：我感覺他們沒有明確的界線。

V：所以才說，有思維能力基礎，會比較容易發現規則阿。我打
個比方說，科學家看到現象，可以推論出背後隱藏的運作規

則，但是我們一般人只能是「看到現象」，能夠領悟的規則，或許都偏向於模糊。事實上，加強思維能力，在「內觀」時，效果會更強，相對的，若思維能力較弱，內觀的效果也會大打折扣了。

A：那我繼續練練。

Y：那要如何加強思維能力？

V：如果身體不健康，就先讓身體健康，如果身體還健康，那就要多思考一些事情，如果無法思考事情的話，那就等到可以思考時，再來增加吧。不過還是要先試圖解除心結，不然「心智能量」會不足以啟動自主思考的活動阿。

3.5 　再談心結

H：請問「妄念」之所以能戒除，是因為對於事物有了「合理的」理解和明瞭嗎？

V：其實只要心智的理解越接近實際的運作規則，我們就越能解除更多的妄念了，那甚麼是「實際的運作規則」呢？簡單的說，符合物質、生理、心智的運作規則，就算是「實際的」運作規則了。那也來談談「解除心結，有甚麼實際的效果？」

V：所謂「心結」是內在規則與其認定標準，跟現實事件的差異所形成的，在顯化上便產生了「無序能量」，也就是一般說的「負面能量」或「負面情緒」。那麼「解除心結」就能使你在生活中發生各種事件時，不會再產生這種「無序能量」，也就是說你就不會再頻繁的憤怒、生氣、在意、介意、無法接受、沮喪、憂鬱、躁動、焦慮、哀傷、後悔……一直活在「情緒狀態」之中。「心結」也有稱為「情結、糾結、罣礙……」在這裡的意思是一樣的……
所以沒有「無序能量」的產生，可以有那些效益呢？

Z：如果是以個人解開心結歷程來說真的又是一本書了，適用於大眾的說法板主已經說明了，我自己是覺得很像我對飲食烹飪的觀念和做法來比喻，過程是有繁雜豐盛不斷剔除調整到只留下適合身體呈現舒適健康的內容，但這真的經過相當複雜的在價錢，新鮮度，營養度，美味，很多方面的考量，這

讓我想到「治大國如烹小鮮」這句話，用烹飪來比喻如何治國饒有趣味。

H：有個「間接」的效果，滿值得注意，就是變得「有自信」。通常我們以爲「自信心」是被建立的，如從小就給孩子讚美和鼓勵，讓他產生自信心。所以不太會想到「解除心結」的過程可以產生自信。我在想是因爲「解除心結」這個任務有一定的難度？因而完成任務之後，可以培養自信？還是因爲「解除心結」同時，其實是在破除各種讓我們覺得沒自信的原因？如內心恐懼等等？

Z：我自身是感受到身心整體的平靜耶～比較趨近於像是雜訊的去除，可以節省很多不適當能量的隨意發散，不會像是一直亂漏電的電池一樣，沒有自信這種感覺耶～奇怪。

Le：我感覺有一些人的自信是沒有來由的，但我是需要很多例子舉證才容易有自信、在這之後還需要反覆確認流程，也不是說別人的看法，而是我自己的行動有太多看心情。

Pu：心結加深恐懼，對未知懷疑，自然就不自信了吧。一旦解除無序能量，就不會無緣故內耗，而能找回自身的平靜，覺察自身品質。可能自己沒感覺到什麼。

（因爲平靜了）但對於仍身處於一堆無序能量的人眼中，或許就會讚賞「解除心結」的人，是自信的。像這樣嗎？

H：就和「解除心結」的過程一樣，看的只是自己的「內在規則和認定標準」，而不是別人。同樣的，覺得自己比以往更有能量、更能順利地處理負面情緒、更能妥善地處理事情，也能察覺到自己是這樣的狀態。

V：要完成「解除心結」這件事的，就需要具備一些自我察覺與修改、設定、重朔的能力，否則完成不了，所以從這個過程

中，不但可以「認識自己、了解自己」，還能夠「選擇自己、操作自己」，換句話說，完成這件事事實上，可以使我們心智中的諸多內在規則「更接近實際運作的規則」，這種內在規則的調整，會使我們產生「自信」，因為我們可以「越來越肯定」這些事情是這樣運作的，就像我們現在面對天然災害，可以更有自信來應對，因為我們已經比百年前更了解運作規則了。

簡單的說，「自信」的形成是來自於「運作規則」準確率，越精準的理解運作規則，自信就會越高，當然這並非是指那種「莫名其妙」的那種自信啦。就像大家若在一個專門領域上專精與實務很長一段時間，你就能很有自信的、很肯定的說「這是可以的、那是不行的」，原因其實也是你很理解這專門領域上運作的各種規則（原理）啦。當然「自信」與「自大、自傲、自慢、自卑……」的差別，也是在於對「實際運作規則的理解程度」上的各種差異阿。

呵，我舉個例子好了，比如說，如果你繼續壓抑心結、繼續產生心結，我可以很肯定與自信的說，心智方面的異常，離你不遠了阿……因為心智功能就是這樣運作的，沒有例外。

Z：那就是說自信是可以被單方面使用在某領域了解精準的形容，例如我可以很自信的說你這樣烹飪一定會破壞食物和自身彼此最適合的狀態，但我自己只是覺得這是一種肯定感，所以自信是對自己的某一個所思所想非常肯定的意思啊。

V：是如此啦。

值得一提的是，所謂「煉金術」指的是身體（載具）的一套運作規則的理解與操作，「通神術」指的是意識個體之間（載具與載具之間）一套通訊的運作規則之理解與操作，而

「占星術」指的則是天體運作的一套規則之理解與操作。呵，「神祕學」說完了。所以我們活著到底在忙甚麼呢？我很自信與肯定的說，就是在忙這些事啦。不然要做甚麼？沒有之一，也沒有例外。呵，人生的意義也說完了……

H：你的意思是說：每一個人無論一輩子忙著什麼，都是「神祕學」的範疇？也都是意識演進的過程？

V：是如此啦，因為「神祕學」涵蓋煉金術、通神術、占星術，也涵蓋了萬有一切，整天忙活也都只是為了「意識演進」啦……這其實一點也不遙遠啦，就是現在的所有人事物啦……呵，生命的意義也說完了……身心靈也說完了……

H：這樣會無聊啦……

V：哈，所以宇宙很無聊啦，總是想辦法在搞一些有趣的事情啦。

呵，所以先提醒大家一下，雖然來理解「意識結構」的過程可能很有趣，但是當你越是理解，你就會越無聊，這稱為「意識結構副作用」啦，這也可以當成理解多少的評估方式啦。不過這個副作用，會持續一段時間，然後會消失……

Z：可以請問這部分產生及變化在物理或科學上有可以解釋的引用嗎？

V：腦部活動的忙碌程度，為評估的方式。這就像超級電腦來執行 word 應用程式，忙碌程度（busy percent）通常都在 0.0000000000001%，簡單的說，由於處理資訊功能強大，任何事情，都能在極短的時間與極低耗能的狀態下完成，所以忙碌程度很低的阿。

H：副作用消失，然後呢？

V：進入下一階段忙碌……呵……

V：那解除越多的心結之後，會不會內心越平靜？

H：可否定義一下「平靜」？它有不同階段的內涵嗎？

V：若要畫分「平靜狀態」的階段，我將之分為四個階段，分別是：

1. 起始，腦部活動忙碌程度 100%～75%，腦部喋喋不休，充滿了各種思緒活動，無法專心，總是失眠，惡夢連連，精神渙散，完全無法思考。生理運作不順暢，疾病叢生。

2. 承續，腦部活動忙碌程度 75%～50%，雖有平靜期間，但很難持續，專心度低，經常失眠，夢境多是負面感受，精神不佳，思考淺層。生理運作不順暢，總是覺得身體不適。

3. 轉折，腦部活動忙碌程度 50%～25%，開始覺得有較長的時間平靜，容易專注，睡眠時間雖較長，但精神可以恢復，夢境正負情緒參半，可思考較深層的規則，漸入佳境。生理運作正常，病痛較少。

4. 整合，腦部活動忙碌程度 25%～0%，大多數的時間都是平靜狀態，睡眠時間變短但品質良好，精神飽滿，夢境多預知夢，隨時可進入思考深層的規則。生理運作狀況良好。

（參考）〈解除心結，有甚麼用？〉

所謂「心結」是內在規則與其認定標準，跟現實事件的差異所形成的，在顯化上便產生了「無序能量」，也就是一般說的「負面能量」或「負面情緒」。那麼「解除心結」就能使你在生活中發生各種事件時，不會再產生這種「無序能

量」，也就是說你就不會再頻繁的憤怒、生氣、在意、介意、無法接受、沮喪、憂鬱、躁動、焦慮、哀傷、後悔……一直活在「情緒狀態」之中。所以沒有「無序能量」的產生，可以有那些效益呢？

1. 內心平靜：當我們一直在腦中產生無序能量時，身體裡也會接著產生生理上的無序能量，這是連鎖的效應，所以你不但需要耗費大量的生理能量來抵銷這些無序能量，你的主要察覺對象（腦部）當然也充滿了這些無序能量等待被處理。你便會一直察覺到這些等待處理的無序能量，所以會一直覺得心情起伏不定，時好時壞，有時還會情緒爆發、乃至於無法控制自己的言行。所以只有解除心結，能讓你的感受恢復平靜，因為那就是你內心無法平靜的無序能量產生器。此外，有另一種「無感」跟這種平靜很相像，當你一直逃避與壓抑心結也會產生一種對任何事都「無感」的察覺狀態，但這並非內心的平靜狀態，無序的能量依舊在內心的底層默默的發生，終有一天會爆發，產生更大的問題。

2. 生理正常：其實我們的生理機能本來與思維心智就有緊密連結關係，這在腦神經網路中是相當清楚的機制。生理機能是一套自動化系統，會自行運作無須我們費心，但我們可以使用意念去有限度的操作身體機能，像是各類運動，以及吃喝睡。不過若你一直在腦部產生無序能量，然後直接觸發生理上的連鎖反應，像是憤怒會心跳加速、肌肉緊繃、停止消化、血壓升高……這些生理上的「緊急措施」會干擾你正常運作的生理功能，當你不斷的、頻繁的干擾，你的生理功能就會遭受危害，嚴重

的便無法正常運作。比如說你腦中的無序能量頻繁的產生而導致長期失眠，你身體的修復、充能功能就會停滯，你的察覺便會處在一個很低的身體能量場中，這使人產生很痛苦的感受，各類生理機能也會逐漸發生問題。所以只要沒有產生這些無序能量，生理機能就可以不受思維情緒的影響，正常的運作。

3. 思慮清晰：當無序能量產生的越少，你就能在絕大多數的時間中，保持察覺的平靜，那麼你對於你腦中的腦神經網路訊息，就能有更清楚的察覺能力，這樣才能開始好好運用「思考功能」來想清楚各種人事物的脈絡、原理，便不會再輕易的產生更多的心結。

4. 內心愉悅：當我們的察覺到的感受，經常維持平靜的狀態，你就會時時感受到「順暢」的感受，也有人形容為「喜悅」的感受，這是透過腦部的順暢運作所產生的和諧頻譜，當你察覺這些頻率時，會是一種愉快的感受，而且是經常與持續發生的。簡單的說，你會覺得無論是怎麼樣生活遭遇都可以是平靜且愉快的。

5. 強化通訊：當你內心平靜、生理正常、思慮清晰、內心愉悅，你的察覺能力就會不斷的提高，也就是對於任何訊息都有更細緻的察覺與解讀能力，也就是說，這樣才能構建完成一套更接近真實運作原理的解讀與詮釋功能，才能對所接收到的訊息有更細密、豐富、精準的解讀能力，通訊（通神）的能力自然就會加強。

所以，解除心結，有甚麼用？簡單的說，至少可以讓你擺脫那個一直使你痛苦的人生。事實上，使你痛苦的並不是你人生的際遇，而是你人生際遇輸入你的解讀與詮釋功能之後所

產生的頻譜。

V：特別強調，雖然說「察覺與修改心智的內在規則」（解除心結）聽起來似乎沒甚麼新奇，也不特別，沒有亮點、毫無花俏、平實詞藻……，但卻是最直接、最有效的方式，單刀直入、直搗黃龍、效果迅速。

3.6 極性平衡

H：請教《一的法則》內容：「每一個思想，都有一個相反的對立面。心智的鍛鍊首先必須在你的自我之內，同時辨別出哪些事情是你贊同的，哪些事情是你不贊同的，然後以同等物平衡每一個正負電極。心智涵蓋一切事物，因此，你必須在你自己裡面發現這完整性。」

1. 請問什麼叫做「以同等物平衡每一個正負電極」？

V：是對每一種現象所產生的內心感受，同等看待，給予正面解譯，也給予負面解譯。所以這樣就能夠平衡了。也就是極性平衡的意思。

2. 「正負電極」表示顯化的「極性」？

V：是阿。

3. 那「同等物」表示什麼呢？

V：內在規則執行後的「頻譜」，所產生的各種感受。

H：如果你沒解釋的話，我還以為「自己本來就是完整的」，但我一點也不覺得啊，哈！原來還有功課要做。如果不做功課，只說「自己是完整的」，那就變成「無根規則」了吧？

V：呵，是如此阿，當我們不斷強化「無根規則」，經過多次的重複執行，就會自動變成「內在規則」，然後就產生自己製作的實相，一種並不符合實際運作的實相。

Xin：實相無相，處在包含一切的整體（疊加態）。觀察也是訊息的傳遞，從大腦獲取到坍塌後的信息，這降維而獲得的

答案通常在邏輯二元性打轉，正向負向、好壞……。因而總是碎片且不完美！

V：也是如此啦，心智功能的完善，在於極性和諧，一元意義的詮釋啦。

H：不會啊，Ra 說可以平衡之後發現完整性啊。

V：是阿，是可以做到的啦。不然我們在做甚麼呢？呵。

Xin：用什麼去平衡？心智？心智是機械性的！這「工具」本身就有問題。我們被其他人的機械行為刺激，因為我們自己就是機器。如果我們不再是機器，我們就會不再被刺激。

V：嗯，其實心智功能是這樣的，心智功能就像 AI 那樣會自動生成各種運作規則，而運作規則就像電腦程式那樣，主要是看「程式撰寫者」怎麼撰寫、設定了甚麼功能的目標阿。「我們不再是機器」的意思是？

Xin：任何機械化的活動都必須運用智力和思想，但是智力只能帶來四分五裂的判斷。

V：所以我們不需要「智力」喔？

Xin：人類有沒有可能超越這個結構，得到自由──換句話說，不再從這個結構產生行動。

V：呵，克兒（克里希那穆提）也是這麼說的啦。

H：所以是克兒是教人「自宮」嗎？

V：呵，也不是，克兒只是建議大家去「探索出來」阿。又不是葵花寶典，哈。

H：有句話說：水盆裡的水髒了，要倒掉。但是不要連嬰兒也一起倒掉啊。

Xin：意識、言語、文字和概念的界定無法真正捕捉到無窮多變的現實。只在意識的二元處理下是低維且答案粗糙的，準

確度也是不精確的，而且意識會常常竄改並製造訊息。

V：也是如此啦。

H：我是覺得連二元都處理不好，是能處理幾元吶？跟禪宗末流一樣，標榜不立文字，結果都變笨啊，又何來敏銳的洞察呢？

V：「不立文字」也解決不了文字的模糊性啦，呵。

Xin：「無思無慮始知道」然後思維又問怎麼無思無慮？一直再怪圈裡跳不出來！

V：呵，也不一定會這樣啊，就看能解釋到甚麼程度而已啦。

Z：那請問是不是越趨向無限智能的起源，越會有無話可說的狀態呢？

V：呵，怎麼會，只怕說不清楚而已，可說的話多的是阿。

V：依現在的狀況來說，這個「運作原理」大家覺得要以甚麼方式來描述，才會比較清楚一些呢？

Z：是不是能在其後融入平常生活的例子會更容易了解？我也不知道。

A：我的家教經驗是，貼近生活的例子可能可以幫助理解，但以原理來介紹背後的規則還是必要的。

Z：華嚴經看起來就有用很多生活中人事物來比擬，不過似乎也是沒多少人懂。

H：因為懂就是懂，不懂就是不懂。懂了的話，例子再多都知道是在講同一件事；不懂的話，例子再多都只是混淆。

Z：但佛陀將各種情境說出來沒有幫助嗎？就他用很多故事或人事物的比喻比擬來想幫助世人領略他想表達的原理，這樣的做法是功效很低的嗎？

V：那不如來談談《華嚴經》好了。先談談目錄的架構好了。

H：《華嚴經》總共有九會，也就是九個場次的聚會。第一會是呈現如來成就的世界，排場很華麗，說是爲了引人好奇和心生嚮往。第二～七會的內容，是講菩薩的修行次第。第八會是講從發起菩提心到成佛過程的簡答，也是回答第一會中，大眾提出的問題。「哇塞！佛好厲害，要怎樣才能和他一樣？」之類的。第九會是善財童子參訪 53 位善知識，完成前述次第的過程。

V：所以是「演講紀錄」喔，所以也算是一種「通靈對話」？

H：是的。

Z：每一個場次會有不同的菩薩發問，不同的菩薩回答。佛都不說話，他只來當做招牌。來放光一下，光在經典裡代表智慧，說是有傳授智慧的象徵。

V：呵，那這樣只能算是去旁聽，也不算是主講人。

H：可能誰來講都一樣吧，我覺得啦。

V：呵，也是阿，有道理比較重要，管他誰說的呢。難怪南傳不承認華嚴經是佛陀講的阿，呵。人家也沒有「講」，只是「示現」，不過這種事情，只能各自認定，也無從考證啦。不過我倒是有個方法可以鑑定一下。

H：什麼方法？

V：看內容所描述的意識層次阿，意識層次不到，描述不出來的。

Z：縫縫補補的內容。

V：也沒關係啦，反正所謂經典，也都差不多是這樣啊。

H：先前社長說菩薩是「群體」，我就想華嚴裡的場面是否比較像「群體」？有人代表問，有人代表答，把話講清楚或把戲演好比較重要。誰扮演什麼角色都可以。

V：或者說「社會複合體」、「社會記憶複合體」。

H：可以解釋一下這個概念嗎？

V：這其實也是由諸多意識個體所形成的「群體」，只是「群體化程度」比較高，大家的意識狀態與理解程度比較相近了阿。不會為了華嚴經的作者是誰而爭論阿，哈。

H：我想華嚴至少有談到隱態、顯態、不同意識階段，當然也包括般若和中觀，也暗示成就了的菩薩真的滿無聊的，不出來弘法度眾則無事可做，因為都不起心動念了（這是我個人解讀）。此外，花費更多、更多、更多篇幅，是在講為什麼要修行？如何修行？給人感覺像是不厭其煩一直講一直講，勸大家往「正面實體」去發展。

另外還有最神祕的「十玄門」，古人也愛賣弄玄虛，但我沒興趣深入。簡單來說，修行的目的是成就「無礙」（沒有障礙），而「無礙」的形容則是這十種。比方說一和多相容、廣和狹自在，因陀羅網則是在形容一切事物都是連結的，從每一個事物裡可以看到一切的事物。等等。

我是覺得《意識結構：重新設定生命源頭，開啟最高自我的終極進化程式》比《華嚴經》還接地氣啦，不用講那些虛無飄渺的玄虛之事，直接「解除心結、修改內在規則」，心智高效運轉，就足夠「無礙自在」了。如果連心結都不願意察覺和解除，讀再多佛經也沒什麼用，我覺得啦。

V：門還不少阿，呵。是否也是在設立很多規則，來勸大家去達成目標？

H：我覺得是。你覺得是否像儒家在做的事？

V：也是阿，只是不同規則而已吧。

3.7　意識追尋

V：輕鬆一下，來談談屬於大家各自在追尋意識心靈的「心得感觸」吧。或者說「追求心靈成長的心路歷程」（感覺像一個作文題目，呵），不過我看還是改成「條列式心得」大家比較容易書寫。這方面我有許多的心得啦，其中一個是「如果你覺得心靈成長很輕鬆，那十之八九都只是騙自己的。」

〈心得清單〉

1. 如果你覺得心靈成長很輕鬆愉快，那十之八九都只是騙自己的。……from vidya

2. 如果覺得自己在追尋意識提升，但想不出任何心得，這表示自己還沒開始做這件事。……from vidya

3. 「心結」越少，越是能「心想事成」。……from 手沖咖啡

4. 思想必定混亂，除非他們有適當的位置。……from 克里希那穆提（vidya 提供）

5. 解除心結猶如裝了多核心處理器一般，一心多用也水道渠成。……from 手沖咖啡

6. 所有的事情，都要自己想通，如若假手他人，那是沒有效果的。……from Pearl

7. 發現不卡的思緒讓睡眠品質變好了。……from 如藏

8. 若問題一直重複，他人也一再提點，自己仍然經年累月反覆詢問同樣的問題，那只是浪費彼此時間。……from Pearl

9. 察覺能力到位，才不會搞錯重點。……from Pearl
10. 調頻會耗能，但不明的訊息清楚明澈後，可以充能。……from 如藏
11. 守記內心——當下、鏡照（意識界），其心在緣——覺察、緣起（現象界）。……from TR
12. 看那看不到的東西、聽那聽不到的聲音、知那不可知的事物，才是真理。……from 達摩（vidya 提供）
13. 感覺那感覺得到的感覺，感覺那感覺不到的感覺。……from vidya
14. 心之所向，身在所往。……from 木心（實相的愛人提供）
15. 我很喜歡現在的我。……from 實相的愛人
16. 我們永遠不會失去愛的連結。……from 實相的愛人
17. 感覺到篤定的在愛與篤定的被愛。……from 實相的愛人
18. 愛是心的神明，何況春天已經來到。……from 楊牧（實相的愛人提供）
19. 人生的旅途是來確認，愛與光的源頭之連結。……from 如藏
20. 人生所呈現的每個面向，都是自己想了解自己的顯現。……from 如藏
21. 緊緊抓住那無法被抓住的事物，深刻的感受到靈魂的撼動。……from summer
22. 活在愛的多重層次，體驗自己是光的一切，無限的感受、創造與擴展，無例外亦無不是，是我的全部。……from Face

23. 從不認識感受，到感受到感受，其實自己就是那份感受，真的是讓自己很有得受……from Face
24. 生命中無法言喻的美好，是充滿驚奇的感動。……from summer

H：看來大家對「愛」還滿「有感」的，但是在我們先前的討論當中，這個詞彙也是歧義最多，乃至難以定義。雖然同樣是「愛」這個字，每個人的感受卻大不相同。是時侯來定義一下了嗎？蛤？

V：我看來是先談談「什麼是心得」好了阿。其實只是想讓大家分享一下自己的心得，也可以互相參考阿，只是後來變得「文學化」了，那就不是所謂的心得了。
通常「心得」的意思是說，對於人事物運作規則的各種描述與解譯。若只說感受，就僅僅是抒發情緒，與心得沒什麼關聯了，呵。

V：其實要訴諸情感也無不可，只是若只有「訴諸情感」而沒有含藏「理解」的部分，這樣的「心得」也只是一時的情緒而已，並無法帶給他人一些「意識進展」的啟發。產生「情感共鳴」固然是一種內心作用，只不過這也僅止於「情緒內在規則部分的觸發」，若無引發思考的線索，則無任何「引導、輔助」修改內在規則的效應。這是所謂「心得」與「情緒反應」的差異阿。
事實上，具有引導輔助的文學作品，也是很多，因為內涵深刻，至少包含了情與理的交織與組合，也就是具有「情中說理，理上觸情」的基本模式。單純的訴諸情感，如過江之鯽，說是「心得」，未免過於單調啦。

V：所謂「文本內容的分類」指的是其中的描述含有甚麼意識層次的內容而論，通常在心智層次上的情緒與思維部分著墨，稱爲「文學作品」，只有在情緒上著墨，也是文學作品，但內容較少。若只描述物質層次，則屬物理化學的文本。描述生理層次的屬於生物、生理、生化、醫學、中醫……的相關文本，其中中醫有跨到心智層次中的相關描述，還描述了天體與地球的生態環境規則的對應，所以其價值亦非一般醫學文本可比擬。

而所謂「意識心靈文本」都至少需要描述生理與心智、星光，三個層次的內容與關聯，最好還能跨到物質層次，否則只描述星光層次，則內容也是屬於單調的內涵了。

H：目前看來，「心得」有兩種：

1. 外界的訊息刺激，進入隱態，從而產生「意識個體」於「情緒層次的感受」。讓人感覺：「我心裡獲得了感受」，如此稱爲「心得」（得到感受）。

2. 外界的訊息刺激，進入隱態，從而產生「意識個體」於「心智層次的感受」。讓人感覺：「我心裡獲得思惟的理解和情緒的感受」，如此稱爲「心得」（得到理解和感受）。

差別在於觸動到哪些規則？範圍到哪裡？

V：也是如此啦，或許使用「領悟」這詞彙，才能更貼近第二種吧。

H：請問：有些情況下，當事人覺得自己的理解是「語言無法描述」的，那爲甚麼會有這種狀況？

V：這至少有兩種狀況，1. 思維規則與文字語言的資訊，其連結數量比較少，故難以運用文字語言的表達方式。2. 思維

規則觸及其所欲表達運作原理，還有不小的差異，故難以做適當的規則關聯，當然也難以表達。

R：「我」來到這裡，是為了真正明白「意識結構」。

V：我的建議是「在思考任何事情的第一步，請先思考那件事情的內容中，包含了哪些意識層次」請參考啦。

R：請問社長：社長都是如何思考的？是否能舉例事項說明。

V：呵，當我要「思考、思索、探索」一件人事物時，通常都是由「分析」開始的阿，而分析的第一步，也正如我的建議，先將分析對象的內容，含有哪些意識層次阿。關於「心得」這詞彙的分析，就是一個剛剛發生的例子啦。

Z：一個世界級的企業，就是一直在學習思考的企業。——張忠謀

　張忠謀很希望大家能養成思考的習慣，想、想、想，IBM 喊出 think 的口號是很有道理的。以他自己的習慣，觀察的功夫用在工作上大概占三分之二，工作以外事物的觀察占三分之一，至於與工作有關的閱讀占五分之一，工作以外、也就是公餘之暇的閱讀占五分之四。他說：「學習是觀察加上閱讀的結果，至於思考是最重要的。」有關工作上的思考在他生活中只占一小部分，他的大部分思考是在工作以外。而「我所謂一個世界級的企業，就是一直在學習思考的企業。」

H：為甚麼工作之外的思考，占比這麼多？和大腦的運作模式是否有關？

Z：我推想因為他跟群主一樣吖，對於他的工作已熟稔有餘，所耗能量減少很多，可以將這些能量轉移到他所說工作以外的思考。

V：思維的範圍擴大，更能思考到深一層的意義詮釋與目的。

H：我猜是因為大腦長時間固定在工作模式當中，容易因為過勞而缺乏與其他事物的連結。如果能適時轉移焦點，其實有助於大腦的休息，且在放鬆之時，能連結到其他事物，更容易會有創新的思惟。用意識結構的話來說，大概是「重新編輯+修改連結模式」，而能「新增思惟規則」吧？

V：增加內在規則的關聯度與複雜度，是心智能力發展的途徑阿。

Z：是超越工作層面的意義思考，是嗎？

V：是阿，不只是工作範圍的思考而已啊。

3.8 解析忍辱

（1+1）：我想要找出自己心智思維與理解上可能有的盲點或偏
謬。有興趣的話幫忙看一下此影片中佛陀是在開示/
教導弟子哪一種「忍辱」？
https://fb.watch/k_CnzCBfZG/?mibextid=VhDh1V

V：呵，其實也無所謂忍不忍辱，也不是哪一種忍辱阿，這一段
對話佛兄只是在說明「所謂的遭受非議排斥的感受，都只是
我們自己內心的規則反應而已，只要掌握自己的內在規則，
便不存在這所謂的忍辱」。（我只是好奇，為何只有佛兄有
頭髮，哈）

（1+1）：那先認定有忍辱的這個前提下，在你理解，以下留言
比較是在講哪種忍辱？安忍、忍辱之所以是智慧是因
為除了需要「深入理解人性心理」，也需要相當的
「自我調適能力」。這是初階？

V：呵，那就來談談「忍」與「辱」這兩件事吧。
這所謂的「深入理解人性心理」，指的是「自覺覺他」這件
事，事實上這件事已經不太容易了，然後還要「深入」到多
深也不清楚，再加上「自我調適」指的是「修改心智的內在
規則」到甚麼程度，也不清楚。不過我認為基本上完成這兩
個步驟，至少是中階了，若能再深入瞭解與調整難以察覺的
內在規則，就很「高階」了阿。不過我看這影片，這些修行
人，看起來是連「自我察覺」都還沒達到吧，可能連初階都

算不上阿。我的看法啦。

（1+1）：在我已有的認知/心智規則裡「佛教的忍辱規則」在我內在心智極少，但我看到影片或別人討論時仍會好奇想知道一下，理解一下「它」可能對應到了我內在的什麼規則？因我內在規則太多偏向心理學的認知，所以描述出的語彙或思維脈理也多以心理學為主軸去展開。

V：我認為這種「忍辱」的內在規則是指「期望獲得尊重」或者是「別人應該對修行人有敬意」的規則吧。

Z：忍有「排斥，不接受，抗拒」之意嗎？

V：是阿，先有抗拒，才有所謂的「忍耐」的後續壓抑阿。

Z：這樣不是不好嗎？

V：呵，也無所謂好不好啊，忍耐也是種催化作用，主要還是刺激自己，能不能察覺自己為何需要忍耐阿。

（1+1）：那影片裡弟子的確是處於較粗鈍的自他覺察能力，所以，佛陀應該也不會向他們開示中高階的忍辱。所以，佛陀向弟子開示的較是「初階忍辱」沒錯吧？

V：呵，是的。

（1+1）：不過我更想弄清楚的是，我在別群跟人家在溝通上發生一些障礙。經反覆觀察對話和可能的意圖，實在覺察不出來自己心智意識哪裡有問題，所以才想上來問一下。

V：呵，通常會有溝通的障礙，主要是來自雙方的內在規則差距大的原因，不過這也是需要溝通的原因，其實只要思索一下，「我為何這麼認為」都能找到自己相對應的內在規則了阿。

E：這樣的障礙來自雙方沒有共識基礎，其中一方不想尋求雙方認同，大家都只想說服對方認同自己。如果其中一方能拉高意識層次，知道這樣的差異也是自己的一部分，也許有解。

V：呵，自己有「未能自我察覺」的經驗之後，就能理解對方目前的狀態，是處於這個階段，而這過程，也是自己曾經過的階段。就像我們可以理解小學生、中學生的意識狀態，也是自己曾經的一部分阿。

E：比如媽媽教訓孩子不聽話，媽媽認為的「聽話」是媽媽希望孩子符合她認定的內在規則，但小孩子也有自己的內在規則，小孩的內在規則不在媽媽的允許範圍內，因此雙方產生衝突。如果此時媽媽能不執著自己的內在規則，思索小孩的內在規則為什麼會和她自己的內在規則發生衝突，媽媽就會知道自己有什麼心結，結局就不同了。所以說「差異也是自己的一部分」。

（1+1）：好唷。不過現在我的覺察聚焦比較不是停留在這方面上了。多做自他覺察與理解的確可以因為減少內外在衝突而帶來更優的關係和互動。

（1+1）：先請問你所認知的「忍辱」內容是什麼？或你對「忍辱」的定義為何？

V：所謂「忍辱」是指，當外在現象與自己內在規則的標準（期盼、期望）不符合時，會在自己內在，生成負面情緒的能量，克制壓抑這股負面能量的過程。忍久了會生病的阿，呵。

Z：很好啊，有的人需要藉有形之物來察覺內在規則。生病很ok。

V：呵，我沒說不 OK 阿。

Z：但沒察覺原因，也是白白受苦了。

Z：生病是身體發來的情書，也是一種浪漫的看待。

E：親人迴避不掉，是最強力的意識催化劑啊。

Z：眞的，逃不掉就面對。我現在反而覺得機會難得了。

（1+1）：其實，只要有一定的自他理解及對人性心理的了解，
　　　　通常是不太需要做或發生這種「忍辱—克制壓抑內在
　　　　負能量」的過程動作的。而且，知道而已，然後，隨
　　　　後更多出現的有時會是好奇心，會想去知道對方是怎
　　　　麼想的/爲何這麼想？又是否忽略了什麼或過於偏執
　　　　了什麼……等等。以及借鏡自我反省……等等。

H：其實「忍」這個字，讓很多佛教徒一直在繞圈圈出不去啊。
　　一「起心動念」就覺得自己失敗了，還去找好多辦法來
　　「處理」這個起心動念，念咒啊、懺悔啊、敬拜啊，五花
　　八門都是爲了對付「起心動念」，甚至說這些莫明的起心
　　動念，來源於甚深因緣。

V：哈，怎麼會這麼處理，弄巧成拙啦。

Z：似乎是沒有弄明白原始佛法的中心思想，我知道連吃素，佛
　　陀也沒主張過，年代久遠後許多不同其他外道教義加入，已
　　經分不清最原始佛陀的主張，有許多戒律也只適合出家人但
　　都被拿來要求居士，或者是爲傳教方便，法門越來越多，產
　　生的誤會越來越多，也是情有可源，念經和唸經的不同就連
　　出家眾都不一定知道了。

V：人也是挺有趣的生物，爲了一個不用處理的事情，耗盡身家
　　去處理，呵！

P：或許必須要這樣，他才會有充實感。

Z：處理不用處理的事有充實感？不是一種空轉嗎？

V：呵，永遠處理不了，才覺得是在克服什麼啦，產生對抗的感覺阿。就所謂妄想所製作出來的感受啦。

Z：怕有消失感？

V：也不是，只是腦神經結構的訊號處理，有些干擾啦，呵。內在規則有結啦。

Le：怎麼跳脫這種處理不了的感覺呢？

V：呵，其實也很簡單，就「認清事實，重新解譯」就行了，也就是我們一直在提的「解開心結，修改內在的規則認定」，所以也沒什麼多高深的技巧啦。

E：https://fb.watch/l0d-H9IHRO/
今天下午的問題，我想借用這段影片再深入說明意識有無提升的差別以及關於「忍」只能當作是暫時性作法不是解決之道，要如何不用忍。影片前半部飼主誤解寵物犬 Model 的狀況，就如同和人討論時發生爭執的情形一樣，寵物犬看到陌生人來就向前跳躍，飼主一家以為寵物犬是在表達親熱而沒有細究動物行為中的差異，以自己的觀念想法去解讀寵物犬的行為，還鼓勵陌生人去撫摸寵物犬。這就好像我們和別人討論時，覺得自己講的是正確的，可是別人卻不這麼認為的情形一樣。Model 對於飼主不能理解牠要傳達的意圖也一直用「忍」做回應。在動物訓練師介入解說之後，大家才明白原來狗搖尾巴不只是用在表達高興，搭配身體動作還有表達害怕、警戒意圖。這一步，就是我們在向版主 Vidya 學習觀察更細微的表徵，才能知道清楚明白面對的是什麼情況，當我們清楚明白面對的狀況後，如何讓對方做出我們希望的反應，就像訓練師教飼主，只要利用犬隻喜歡食物的特性，誘導牠到對的方向，就不會做出任飼主困擾的事情（如何讓

Model 開心地和第一次見面的朋友接觸、或是飼主拿碗盆要餵食時，不要讓 Model 亦步亦趨）這一步就是在講意識提昇，當意識提升後，所有的紛爭就會因為理解而被包容。訓練師觀察 Model 後，知道牠是一隻屬於內向害羞的狗，除了容易緊張外，也不太願意讓人隨便摸。但是飼主一家一直誤解牠，以至於陌生人摸的時候 Model 就「忍」，等到人一轉身，Model 就做出「撲背」的動作反擊，就像人的情緒一再不被理解，一直用忍的方式對應，遲早在某個時間點就要爆炸。當訓練師教會飼主理解 Model 的確切意圖後，Model 就不需要「忍」，飼主也能愉快的帶動物和人和平互動。此步驟在我們意識結構裡就稱為「解開心結」。如果和對方一直無法達成互相理解，表示我們自己的意識提升還不到位，用最通俗的說法就是機緣還不到，送給對方祝福是我們唯一能做的事；只要意識能力夠高，連石頭的意識都可以被解讀。所以，其實可以不用「忍」。下午回復@1+1，再看到這段影片突然有感而發，希望不被斷章取義，和各位分享心得。

V：呵，很好的解讀阿。

Fa：這讓我想到莊子和惠子討論魚快不快樂，哈。

V：他們沒有在仔細觀察魚啦。

Fa：在成為處理不了的感覺時，就顯化出處理不了的呈現。在自己成為能處理的感覺時，就顯化出跳脫的呈現。就像我覺得微積分對我是障礙時，我自己已成了那個阻礙自己的障礙了。然後，我就一直都學不會。而我是在享受阻礙自己學微積分的感覺。

V：有時侯人也喜歡自己虐待自己啦！

Z：有的自己知道，有的不知道。

V：哈，不知道的，感覺會更真實啦！

Z：因為包含更多情感情緒在其中嗎？

V：也是阿，當然不知道實際運作的規則時，自己偏離事實的內在規則，所連結的各種情緒與生理反應是比較強烈的，當知道自己所認定的內在規則，並不符合實際時，就算是尚未修改自己的規則，這些連結也會逐漸減弱了，所以才會說，自己騙自己也裝不久的阿。

Fa：這樣子解釋是有對到位的？

V：還沒有。

Fa：我也總覺得沒有，但我說不上還有哪裡不足的部分，能請群主提供進一步的觀點嗎？

V：呵，或許可以加強描述一下，從處理不了，到可以處理的過程狀態啦。

Fa：這樣子就能讓自己有更深刻的內化了。

3.9　二元對立

H：「二元對立」這個詞到底是什麼意思呢？如果人們提出批評
　　/反對/排斥等各種立場，是基於「二元對立」，那批評/反
　　對/排斥著「二元對立」的，又是什麼呢？無限後退的「二
　　元對立」嗎？沒有批評/反對/排斥，就是超越了「二元對
　　立」了嗎？有這麼容易嗎？

V：呵，那就剛好談談「二元思維的運作模式」好了。還是先定
　　義一下什麼是「二元」、「二元邏輯」、「二元思維」、
　　「二元對立」是什麼意思阿。

Le：「二元」是指分類成只有兩種對立的方式。

　　「二元邏輯」是指只有「是」或「否」兩種可能性的邏
　　輯。

　　「二元思維」是指習慣性地運用二元邏輯進行思考的思維
　　方式。在二元思維的框架下，問題只有對或錯、黑或白、
　　好或壞等對立的極端依然被認為是唯一的選擇，而忽略了
　　中間的灰色地帶和多樣性。

　　「二元對立」是指兩者彼此對立的態度或立場。當存在二
　　元對立時，意味著只有對立雙方的觀點被視為合法或有價
　　值，而非彼此包容、交流與合作。這些概念提供了一致的
　　想法，即認為世界是由兩種對立的元素所構成的，而忽略
　　了多元的複雜性和不同的可能性。（chatGPT 整理）

　　顯化世界本來就是二元，只是第三密度的二元複雜度程度

比較高，然候意識喜歡很多很多的二元（藉由顯化來進展），所以說，我看來「思考充滿二元對立批判」還是誇獎呢（複雜度很高唉）

V：呵，這麼說也行啊，我舉個例子，只有正負兩極稱爲「二元」，若正負兩極間還有一些差異，也就是多重極性，那就稱爲「多元」了阿。

Le：我更新一下自己腦袋，思維從很多二元 ▶▶ 多元，多元這個詞確實充滿和諧感，但是一講到多元，腦袋好像有點當機，平常多元的思維比較少？既然怎麼做都可以那「我想怎麼做」好像更重要，生活中也只要知道事情不只是二元，而討論需要立論點。

（1+1）：重點劃在「對立/批判」上面～而比較不是「二元」這件事～

V：呵，對立批評是因爲沒有多元阿，那重點在哪裡呢？呵，我在提出「超越二元對立」的方法阿。

（1+1）：那，有多元就不會有對立/批評了嗎？所以根源問題在哪裡？

V：呵，根源在於心智能力的基本特性阿，沒有「合理化」，我們無法眞正接受一些事情，沒有接受，就成爲心結了阿。那要怎麼把已知的所有事情「合理化」？

Y：每個人都有權利提出自己的想法，就尊重就好了，一直對別人的想法有意見，到底是二元對立？還是自己的心結？

V：其實「尊重」不容易啊，沒有眞正的接受，只能算是「講起來都尊重」阿，也產生不了內在「實際的尊重」阿。
換句話說，我們若無法把一件事情的「觀察多元化」，找到了一個「自己能接受」的角度、觀點、詮釋，那說「接受」

是假的阿，說「尊重」也是說說而已，那麼「心結」就此產生，所以才要探索更多元的「詮釋角度」啦，不然就告訴自己接受尊重就好，何必整天還要耗費大量能量來思考這些做什麼呢，呵。

都是因為「心智功能」本身，只能執行「合理、有關聯」的事件啦，不論我們喜不喜歡、要或不要，事實都是如此阿，只有此路可走啦，我其實也想什麼都不想，不用耗費能量，輕鬆度日阿，呵。

Z：嗯嗯，所以這個詮釋角度要利他或利己都是可以的囉。

V：是阿，多重就好啦。

（1+1）：那如果比較是站在「理解他人」的這種方式而較不生起對立批判呢？

V：理解他人，並不等於，我可以接受阿。或許可以試試站在「理解有多少種解釋」吧！

Z：我現在比較想站在理解自己耶。

V：了解自己才能瞭解他人阿，是如此啦。

Z：我之前都拼命理解別人，然後覺得那誰理解我呢？委屈感油然而生。

V：所以我們之所以覺得自己總是能量不足，無法啟動思考，原因其實很簡單，只是我們無法把自己在意的事情進行「合理化的接受」，導致「心結」很多，一直在「內耗能量」，這也沒有甚麼多高深的理論，需要一直去深山修行……只是如此而已啦。

所以阿，為何克兒一直講了五十幾年，為何巴夏傳訊了三十幾年還在傳，為何有一的法則、賽斯資料、佛法、聖經、科學……這麼多訊息，為什麼？都只是因為要以更多更深入的

理解，來產生眞實的內在接受，這是心智功能「唯一」完善的方法，沒有「之一」。

（1+1）：那麼多種教導，應該也不少人都接觸過吧，但爲何，能理解又知道但卻很少能實踐/做到/體現在生活中呢？

V：因爲沒有眞的「彙整成規則」，導致無法「隱化內化」到內在結構之中阿。

Y：知易行難，古人有講。

V：呵，其實「知」不易阿，「內化」才能算是「知」，換句話說，無法眞的實行，是因爲從來沒有「眞的接受」，也就是沒有「規則化」，也無法「隱化」阿。古人沒有講清楚阿，呵。

舉個例子，如果我們沒有把程式軟體「安裝」到電腦裡，那電腦當然無法執行那些程式規則的功能啦！以我們來說，「安裝」是指「隱化/內化」的意思。

Y：所以做不到的人其實還是沒有理解，原來如此，很有道理。

V：呵，是如此啦，不過也均屬正常運作方式啦！

（1+1）：知道啦～了解 V 大的用心良苦啦～

V：呵，我只是希望大家「盡量」理性探討議題啦，有時難免會觸動一些情緒功能，其實也是無妨，畢竟這也正常反應的過程，心智能力本是如此啦，只要回歸理性討論即可啦。

H：我試著描述看看？

「二元」：0 和 1

「二元邏輯」：非 0 即 1，非 1 即 0

「二元思維」：由二元邏輯組合而成的各種觀念

「二元對立」：相互矛盾的各種觀念

如果我的描述是 OK 的，那「二元」、「二元邏輯」、「二元思維」其實都沒問題，只是單純在做運算而已。關鍵在於「二元對立」的情況下，所發生的「矛盾」。然而我也不認為「矛盾」會是問題，而是當這個矛盾「無法被處理」的時候，才是問題。我猜所謂的「批評/反對/排斥」，可能只是「尚未能夠處理矛盾」的反應而已吧？

結論：如果我們覺得不應該「批評/反對/排斥」，而沒有去理解「批評/反對/排斥」背後的真正原因是無法處理矛盾，那麼，此舉並不能超越二元對立。簡單來說，正反兩面尚未被統合。

V：呵，如果能夠描述很多的角度觀點詮釋，事實上，看起來就不像是批評、批判、排斥、反對了，就會像是在「提出建議」了吧。

V：建議可以多了解一些統計原理啦，呵。

H：請問了解統計原理，可以做什麼用？

V：了解群體內在規則的傾向。

V：其實統計中的各種分析，都可以有其意識上的意義阿。

舉個例子：

https://m.facebook.com/groups/407630352718603/permalink/1030796710401961/

https://m.facebook.com/groups/407630352718603/permalink/942208855927414/

https://m.facebook.com/groups/407630352718603/permalink/1283666055115024/

H：請問什麼是「靈性熵數」？

V：意識的混亂程度，也就是內在規則的混亂度。

H：它跟「變異數」的關係是？

V：變異數越大，意識的混亂程度越高。

H：請問你會將它看成是個體或群體意識結構化的催化機會嗎？

V：是阿，當靈性熵值提高，內部的混亂度會升高，這也是催化選擇的作用阿。

H：再請問：「呼求者的渴望乘以平方」是「意識強度」的計算方式？而「意識強度」是指「意圖的強度」？以「變異數」方式來計算？該不會說地球人的群體意識要混亂到一個程度，Ra 才收得到訊號吧？

V：呵，收是都收得到，只是未到臨界的強度，催化的效果很低，所以當然優先催化機率高的渴望。由於地球的第三密度均值太低（3.2）所以需要尋找變異度高的渴望，不然催化效果很差，才會選擇這個時機來加強催化。

當然有變異度高的渴望，整個意識狀態會提高熵值，這也無可避免，所以只能盡量調控一個可運作的穩定度，這是折衷的方式，一方面要提高熵值，另一方面要維持系統可運作。就像既要跑得快，又不能受傷的操作。

其實我本來是要舉的例子是「既要升息降低通膨壓力，又要不使經濟形成衰退的趨勢」，不過因為考量這事情的意圖是自私成分居多，所以會容易產生誤解，所以沒有舉出這個例子。

H：我對於「渴望」有點不理解。感覺渴望的人明明很多，難道是特指對於「一的法則」的渴望？而非只求自己「趨吉避凶」的渴望？

V：是指對第四密度「群體化」的渴望，之所以會說對「一的法則」的渴望，指的是「意識演進」的意涵。只對自私意圖的

渴望，當然不在評估的範圍之內。

H：那麼渴望「一的法則」的實體，是已經準備好要發展「群體意識」的實體了嗎？

V：是如此阿。

H：如你所言，無法理解便無法真正接受，若是「利己意圖」比例依然偏高的實體，即使發願行菩薩道，勤行利他之舉，內心卻渴望的是自己的平安和不投生惡道，也無法真正地理解「一的法則」嗎？

V：是的，無法真的形成，隱化進入內在結構的理解。以上是我個人的理解。

3.10 思維架接──關於皈依三寶

V：有網友提到想談談關於佛教「皈依三寶」的相關內容，看看大家是否有興趣探討一下。

H：哈！從哪裡開始呢？

Z：好的，先從何爲皈依開始好嗎？

V：呵，是需要先定義意涵範圍啦。

H：「皈依三寶」是指歸從、依從「佛法僧」，被形容爲註冊登記，歸於佛教的意思。有些精通相命之人相信，皈依三寶之後，不再受到先天的生辰八字規則所定，可以脫離命運的安排。真是可喜可賀。

V：呵，那也挺好啦。

Z：中文上的皈依定義也有不同，我選有這樣定義的「皈」，與「歸」同義，是回頭的意思；「依」即依靠，在英文用 be converted into 則有轉變爲的意義，而這轉變我思考爲較可偏向於有轉化之意，就是接受後，整個人的生活價值觀有所轉變。

V：「轉化」也是還可以，只是並無「以此爲準」之意，意涵上有些欠缺阿。

V：「皈依」我認爲是「校準」的意涵啦，若解譯爲「依靠」的意思，我並不建議，因爲帶有「依賴」或「不靠自己」的意思，我想這並非佛法本意。至於說解爲「歸向」我認爲是還好，比較沒有「依賴」的意思，也有一些「校準」的意味。

H：「校準」這個解釋很有意思！

Z：因為有「依」這個字，容易變成依賴依靠的解釋。「依」是不是解釋為沿著依循也是可以的。

V：我認為也是可以啦。

V：其實我看所謂「佛法僧三寶」有「標準」的意思，所以「皈依三寶」我會解為「依照三寶的標準來調校」的意思，故「皈依」我解譯為「校準」之意阿。

Z：簡言之是依循自己所歸入採用的價值觀來做調整之義。

V：阿，不是阿，「皈依三寶」不是「依循自己所歸入採用的價值觀」的意思，是要你用「佛法的價值觀」為標準，去調整阿。

Z：喔，我的意思就是他所採用的佛法，就是三寶，因為也有皈依基督教或其他宗教的或其他價值觀的，因為還在皈依上討論。

V：其實「校準」是一個比較中性的詞彙，要架接到「崇拜」的意思上，應該是很難有什麼關聯性，也就是不容易產生與「崇拜」的聯想啦，所以我事實上是在「重新校準」這個「皈依」的意思，將有關連到非佛法本意的意涵去除阿，阿。

Le：皈依有真實自己與規則同在的感覺，所以規則沒有彈性就缺了點什麼。

V：阿，是阿。

Le：信仰佛教必須三寶具足！佛寶是指已修行而至福德、智慧圓滿究竟的人。法寶是指修行成佛的方法和道理。僧寶是指正在修學佛法，並協助他人修學佛法，護持眾生修學佛法的人。唯有三寶齊備才是完整的佛教。（法鼓山官網）

V：呵，這個解譯，我感到遺憾阿。

Le：想到皈依的時候我也想到了合一，總之廣闊一點是好的感覺。

Luo：奇蹟課程的三個核心：「幻相、寬恕與神恩」，完全可以與佛法的三法印：「諸行無常、諸法無我、涅槃寂靜」相對應，即使老子的道德經核心觀念也可以在「無為、無我、無不為」這幾句話中找到。不過因為我們的強烈習性，各個「宗教」都有對應它的儀式與進階過程，有些甚至「有點過頭」，但是在這群組應該是可以用大家的包容心來理解的。（最麻煩的是動不動用「政治正確」來解釋「真相」的政教歷史與帝國，至少我們應該在此時此地沒這顧慮。）

V：我是認為「皈依」的意思比較偏向「佛法所描述的規則」去統一「你的內在規則」，而非是「佛法所描述的規則」與「你的內在規則」融合在一起的意思，而這個意涵的差異，就很容易被「架接」到「崇拜」的意涵上了。

《意識結構：重新設定生命源頭，開啟最高自我的終極進化程式》的核心思維與此兩者，也有所差異，不是誰統一誰，也不是誰融合誰，非此兩者的思維，這是「顯化後的能量運作」的邏輯，「隱態」的邏輯是沒有能量作用的阿，也就是說，沒有融合、不用統一，「你的內在規則，本來就是整個意識結構的一部分」阿。

Z：請問沒有融合沒有統一，那是創造的意思嗎？最後這段話這段話的細部解譯是？

V：呵，要說「創造」也行，所謂產生「新規則」的意思，不過我一般不太去提「創造」這詞彙，因為「創造」又會很容易

架接到「自大、傲慢」的意思，所以我都只提「新增」，「新增」包含了「無中生有」與「重新排列組合」的意涵，又比較不會架接到「自大、傲慢」的情緒與思維的連結。

至於說「三寶」這些標準的設定（哈，其實我一直聯想到三寶飯），我個人也並非完全認同，這太過於偏向「宗教的操作模式」了。因為「皈依」的意涵被架接到「崇拜」的解譯（事實上這並不容易被察覺到，這種潛在的、隱晦的解譯），所以「皈依佛」變成了崇拜佛，「皈依法」變成了崇拜法，「皈依僧」變成了崇拜僧。就整個嚴重扭曲了阿。

其實要理解與實行「佛法的意涵」，也不需要皈依那麼多寶，只需要理解「內在規則」（應是三寶中的「法」的意思），知道如何自我調整即可，這種「自我調整」是以「系統運作的高複雜度、高效能度、高穩定度、高可用度」為基準的，也就是「極性和諧」的意思啦。

H：如是如是！哈！

V：使用了各式各樣的方式，沒有直擊關鍵成因，其實都是無效的啦。至於「儀軌」的部分，由於意涵都扭曲了，無論做甚麼儀軌也都是無效的阿，或許唯一有效的是「偏離的佛法規則」與「自己的內在規則」產生更強化的連結，簡單的說「催眠得更深一點」阿……

H：我認同「依法不依人」，也鼓勵「辯經討論」的活動，因為需要進行思考。但是因為人的意識狀態還沒到位，再怎麼學習法、研究法，還是沒到位。我覺得大多數都只是當作裝飾而已，裝飾「我的存在」，所以平常不太有興趣跟人討論佛法，大多是推銷。（跟傳銷也差不多啦）

V：呵，其實也可以「依人」啦，只是那個人是現在所能察覺的

「自己」啦。

Z：所以依法不依人也是有需要重新校準之處，我之前對於常聽到的對事不對人也是有疑惑之處，明明我覺得應該先看這個人的處世爲人再來判斷他所做之事，但全部的人都在跟我說要對事不對人，弄得我很迷惘。

Le：人都會迷惘，這樣想就好。

V：呵，「依法不依人」的意思是「按照實際運作規則（依法）」來執行各種事情的準則，在物質或生理上，這些運作規則不是我們所定義的，有既定的一套運作的規則（準則），一般稱爲自然科學的領域。而在「心智上」的那些情緒、思想……屬於我們可以各自定義且設定的部分，這部分就無法按照實際運作的規則來執行了，因爲並沒有一套「準則」可以依循，只有一些大多數人認同的「思維規則」當成共識，成爲社會制度了，所以「依人」的成分很高。

而佛教說的「依法不依人」，指的是「依照佛經中所描述的規則」來實行內在的工作，而不是依照「任何其他人所解譯佛經的規則」來實行。其實此觀點來說，我個人也並不認同，這是意識上的事情，並非是「誰說了算」的事情，尤其是「心智層次」的事情阿。

「對事不對人」則又是另外一種觀念了阿，主要是在描述「別先入爲主的對甚麼人有成見，這樣無益於實行事務的進行」，換句話說，是別把對特定人的「情緒判定」用在處理事務之上，這樣會干擾事務的實行。因爲人都有情緒的功能，要完全排除幾乎是不可能，只能盡量以理智來排除情緒造成的事務實行的障礙。

也就是說，「對事不對人」只是一條想要設定的「心智上的

思維規則」，這與「依法不依人」所說的法（佛法規則），
則是整個佛法的範圍，雖然都是「規則」，但無法對等比
照。

所以其實並不需要是「依法」或「依人」二選一，也不必兩
者全選，最好是連「依」都不必了阿，呵。

Z：是不是因為目前一切都在頻率調整中的關係呢？

V：也是可以這麼說啦。

H：把佛教經典上綱到「神聖崇拜」，也是令人遺憾。不這樣做
的話，還會被威脅是「謗法」啦！會下地獄，可怕的啦……

P：某些道場標榜的是「依人」，有的人參與一段時間後，若覺
得理念不合，想離開道場，還會被師兄師姐苦口婆心勸說：
「不能退轉啊！一旦退轉了，沒有 ＯＯ 的加持，以後一定
會越過越糟糕的」這種直接訴諸恐懼，想強迫把人圈住的行
為，非常不可取。

H：所以是不是在欺負人「理智程度」不足？吃人夠夠啊……

P：不少宗教團體，之所以會興盛，跟眾生理智程度不足，也有
一定程度的相關性。

V：也不是「一定程度」阿，是「九成九」吧。

P：信徒理智程度不足，才好被控制。人民理智程度不足，才便
於統治。

V：算是催化「演進」的刺激吧。

Z：這情形在炎姓藝人的道歉信中有明顯的發現，內容已經完全
模糊應付罪責之處的焦點，但下面留言影片一片加油，我心
裡有被震驚，怎麼他們都看不出來哪裡有問題嗎？一種盲目
信眾崇拜的現象恍然在目。

Le：我是也沒有看出問題，甚至覺得炎承認 32 歲戀愛腦這件事

算有勇氣？甚至我試想如果今天他們不是同性而是異性的情況，我可能會比較能對受害者共情，這樣很偏差嗎？除非是何那種 PUA 的誇張案例。

Xi：只是覺得他當年性侵未成年，但是法律上沒有追溯是嗎？

Le：16 歲其實是有性自主權了，16-18 歲是個模糊地帶。

V：這些事情都只是看你自己，要用什麼標準來判斷而已阿，可以用法律、道德、教義、或自己的標準……如此而已阿。若有興趣網路影片很多，可自行參考，自行選擇自己的看法啦。至於是不是盲目，我們盲目的事情也不只這一件啦，呵！

Xi：恩恩～～我每天都馬很盲目。

Z：知道自己盲目算是一種盲目嗎？

V：呵，可以算也可以不算，凡是都有程度上的差異啦。

H：請問：甚麼東西都可以拿來崇拜，這是「中個人期」的特徵嗎？就算讀「一的法則」也會變成崇拜？

V：是阿，什麼都可以阿，就算是告訴你不要崇拜的內容阿，呵。

3.11 調整生理

V：談談「理智」如何調整「生理慣性」，也就是以「心智規則」來調整「生理規則」。先舉個例子……一個月不吃早餐會怎樣？https://www.youtube.com/watch?v=WLv0O-dGcwI 我們如何解譯自己身體傳送給你的「生理訊息」，是否常常產生偏離「生理運作順暢的目標」的各種解譯呢？

H：這個例子看起來像是調整「心智」當中對早餐的「認知」？先理解生理系統可以使用碳水化合物，也可以使用脂肪，然後重新思考「我真的需要吃早餐嗎？」所以關鍵在於心智的認知，是否可以重新調整？如果我們的認知非常固化，即使事實擺在眼前，大概也沒什麼用？

V：是阿，有些「既定」的觀念也不一定就都是必須得這樣阿，我們可以重新思考這些既定的觀念，是不是有甚麼其他的可能。（參考每日飲食指南：

https://www.hpa.gov.tw/Pages/List.aspx?nodeid=1208）

H：「察覺能力」和「解譯能力」好像都很重要？有些情況是無法敏銳地察覺到生理訊息，有些情況是察覺到了，但無法解譯這個訊息是什麼意思？我們是不是都太過依賴醫生？像我家人一有病就要看醫生，但醫生問診，卻又說不出自己的情況是怎樣？

V：其實解譯也很重要啦，解譯偏差，就反而會越多察覺，越是扭曲了生理運作方式。像是飢餓的訊號，不見得就是身體沒

有能量運轉的意思啊。

　　換句話說，我們用既定的、現在大眾媒體所解釋的規則來解讀，生理送給我們的訊號，對於生理運作很多都是適得其反的效果，所以我們的病越來多，醫院越開越多……是不是也有可能是，藥品越開發越多，然後需要更多病人來用藥？呵。

H：那察覺到了之後，如何正確地解譯呢？跟別人不一樣會被當成神經病啊……

V：呵，需要察覺生理的各種不順暢現象，來重新思考哪種生理訊息，在思維觀念上的解讀偏差。哈，至於被當成神經病，其實我覺得大家都多少有些神經病啊。

H：哈哈～為什麼你這樣覺得？原因是什麼？

V：其實我對所謂「正常」的標準，是挺嚴苛的阿，沒有需要調整的內在規則，才算正常啦，這種意識狀態，我會形容成「極性和諧」阿。所以我認為我自己，也不算正常阿，呵！

Z：這極性和諧算是第六密度嗎？

V：我認為也不用到第六密度才算極性和諧，但第三密度肯定是很不和諧的啦。

Z：我的因應方式是讓自己調整到不需要進到醫療系統裡被影響。

H：請舉例？

Z：因為本身不喜歡西式醫療，所以一開始是先從中醫或道家典籍開始接觸起然後又再接觸到飲食調整，這兩年也配合意識結構有真正調整到思維情緒，所以到現在沒有使用到健保卡了。

V：呵，那很好啦。

Fa：平常沒有放太多注意力在自己身體變化的感覺的話，通常都比較不易做出面和線的描述，比較常見的是點的描述。我的視野中，面的描述，除了身體的變化外，還包含自己動作習慣，環境，情緒之類的。線的描述，就可能是說我的身體最近這一周的變化。點就是：醫生，我喉嚨很刺痛，然後就沒了。

V：有時醫生說的也不見得是符合生理系統的解譯，因為現代醫學的干擾因素太多了，生理的訊號只有自己能察覺阿。

V：比如說，很多飲食指南，其實是慢性病的飲食？呵。

A：Why？雖然我沒照上面的吃過。

V：呵，有覺得哪裡怪怪的嗎？

A：與身體五行有關嗎？

V：是阿，不僅有關，還密切相關阿。我看起來都挺奇怪的阿，分類就有問題了阿。

H：看起來有為「牛奶」打廣告的嫌疑……

V：哈，不是「嫌疑」阿，是「就是」阿。

V：其實很多情況，也不是都是大眾媒體醫學訊息所說的那樣阿，不過還是得注意察覺自己的生理運作狀況，因為每個人都不一樣啦。把自己的生理運作協調，全部交給醫生，其實是一種逃避自己的意圖啦！呵，不是說好了要「對自己誠實」嗎？

V：如果不均衡，問題就來了啦。現在一般大眾傳播醫療訊息都說，老了就會慢性病，甚至說人已經活超過身體可用年限，才會這樣，是真的這樣嗎？身體是純機器嗎？呵。所以慢性疾病的邏輯是，隨著年紀增長，生理機能減弱，然後運作逐漸失靈，然後只能用藥物控制，這樣阿。其實就算是肥胖，

都算是失衡的明顯徵兆了阿。

H：我覺得最洗腦的是老人們常常自我安慰說：「年紀大了就是這樣啦，一堆毛病啦。」也用來安慰別人，眞是沒志氣……

P：到了中年，身旁的朋友很重要，別因爲年齡就限制自己參加各種活動。如果身旁的朋友都是一直勸說要養生、要服老，那也可能會被影響。

V：因爲自己沒有一套合理的、可接受的解譯方式，所以才會受影響啦。

H：到了中年，還會被週遭的人講幾句話就影響，那接下來更是只能隨波逐流了啊……是說隨波逐流比較輕鬆啦～

P：同儕影響，並不是只發生在青少年啊！

H：哈哈～是不是因爲「懷疑自己腦中的想法，轉而相信他人的想法」呢？

V：呵，是阿，因爲實際上是有察覺自己的變化，我們心智功能都是需要合理化的過程，此時最容易接受外界的「規則」，來連結自己既有的「內在規則」，這其實與「宗教崇拜」的形成過程是一樣的阿。

H：所以說「獨立思考」的習慣，年輕時就可以養成了啊，學校就是教這個，不然教什麼？像灌米腸一樣只是一直灌東西給學生，就覺得盡了教師的義務，學生思考提問還被認爲是挑戰老師的權威，就大家一起沉淪了啊……哈～以前有個老師跟我說：「老師說的都是對的。」我說「放屁。」結果被她聽到了……哈～

V：這也不能怪老師啦，他自己都不知道阿，呵。（這是可接受、合理的理由？可以形成內在規則？呵）

H：不知者無罪啦～不過我還是會盡可能地告知啦～那位老師也不是笨蛋，只是選擇睜眼說瞎話而已，先顧面子再說。

V：其實並非「不知者就無罪」阿，當然也不是「知者就有罪」，因爲「能知」多少，其實也不是「想知」就可以知道的阿，若要以此「定罪」，就變成基督教的「原罪」邏輯了。

P：確定學校教的，眞的都是「獨立思考」嗎？

V：呵，有確定，確定以前不是阿，不過現在可能會比以前好一些吧，或許吧，因爲我很久沒去學校上學了，不能確定。

P：我能夠確定的，很多道場並沒有教獨立思考。

V：哈，就希望最好別思考了，還教你獨立思考，不可能啦。

P：眞是不勝唏噓。

V：現狀如此啦。

H：我想知道一個人的「能知」爲什麼會受到限制？請問是否可以提供條列式的分析？我自己能想到的原因只有幾個：

1. 生理能量不足。

V：是如此阿，不過這其實也是意識焦點的結果，因爲思維規則較爲混亂，所以無法察覺自己的生理狀態，且無法獨立判斷與採取對於生理運作的有效措施，所以才造成生理能量不足的狀態阿。

2. 觀念過於固著。

V：此屬意識焦點的結果，因爲思維規則較爲混亂，也無法察覺自己的「內在規則」效應，所以也無從修改自己的規則。

3. 不想面對事實。

V：這是意識焦點的結果，無法察覺人生的意義。

4. 意識焦點不在於「思惟」層次。

V：此屬意識焦點的結果，不在思維的意識焦點，當然無法「能知」一些規則阿。

Fa：5. 外在提供升級版本的訊息受限。

V：這也是意識焦點的結果。若意識焦點已到位（到達後個人期），就算沒有較高密度訊息，其實也還是可以察覺到這些事情，察覺能力本是如此阿。相反的，若意識焦點不到位（尚未到達後個人期），就算再多訊息，其實也都是被扭曲的解譯（焦點越遠，偏離得越遠），催化效果，微乎其微。

所以，其實只有一個成因，就所謂「意識焦點」在哪裡的原因，這也形成的在哪個意識（心智）階段，意思是一樣的阿。意識焦點形成的「察覺能力」與「理解能力」的狀態，到位之後（到達後個人期），才能自我修改「內在規則」，來重新建構或調整成符合實際運作的規則，才能產生「能知」的結果。

其實「意識焦點不到位」所產生最明顯的現象是，雖然自己認為「已經理解」（隱化進入自己的內在規則），但仍然會一直在不同的人事物的觀察角度上，產生不同人事物上的「相同疑義」，且「自己並未察覺」一直再重複同樣的疑義。

不過這也是極為常見的一種「常態」，所以其實無妨啦，也不用在意這件事，有疑義就提出，總有機會移動意識焦點的阿……阿。

換個角度說，當你察覺自己以前一直在問相同的問題時，你的意識焦點就移動了啦。

H：產生不同人事物上的「相同疑義」。<--這難道不是因爲尚
　　未「隱化」？我常以爲自己懂了，然後就丟一邊，但下次又
　　忘記了。

V：其實「隱化」之後，還需要「固化」阿，也就是「規則與規
　　則之間的連結」需要強化阿。

第四章　層次運作

（Vidya 章節簡述）由於「現在的你」是一個「意識個體（實體 entity）」，是攜帶了一組程式的套裝（package），或稱為「業力（karma）」，並可接收由「整個意識」所產生的「意圖」，進行該套裝的更改，由於意識個體能接收「整體意識」顯化的某些部分片段（子集合），是有其個別差異，其不同差異劃分稱為「意識層次」。所以個人所能接收的意圖顯化（腦中靈感訊息），有「意識層次」上的差異，亦屬自然形成。在相同的意識層次中，也有子層次（sublayer）上的差異，同層次內的演進，則稱為「意識階段」。以人類為接收腦中「心智的思維與情緒」的訊號來說，可稱為「心智層次」，其子層次演進過程稱為「心智階段」。

　　通常我們所理解「宇宙」的這個詞彙，指的是整個看起來無邊無際時空中的所有，不過如果我們一提到「宇宙」只想到「銀河系」的那張模擬圖，那麼這就並非一般有關「意識心靈領域」範圍內所欲陳述的內容，這表面上看起來的「宇宙」我會稱之為「物質意識層次的顯化」，也就是說，我們科學上能觀測到、甚至實際接觸到的東西（物質與能量），都只是「多重意識層次」中的一部分。這些多重層次的整體，才是所謂「宇宙」的意思，或可稱為「顯宇宙」與「隱宇宙」的總和。換句話說，描述關於意識的「隱宇宙」指的是「整個隱態中的內容」，而「顯宇宙」就清楚的指為「能量現象的總和」，當然這包括了「物質層次」。

　　那麼為何這些心靈題材會一直提起「宇宙」這種事情呢？因為描述有關意識的題材，是沒有「時空限制」的事情，「意識（心靈）」本身即是「無時空」的性質，所以不說這個，那要說甚麼呢？也就是說，只要描述意識心靈的部分提到「宇

宙」都是側重於「隱態」的描述。這麼說來，「宇宙之心」的意思則很明顯的是指「意識內涵」這件事，或者稱呼為「隱態結構」。而這些無時空性的「意識內涵」則是指諸多的「內在規則」。

「規則」就只存在於「內心裡面」，可稱為「內心規則」。當然「內心規則」很難有所謂「實際的數量」，因為都是混在一起，一整塊的（這只是形容詞，內心規則事實上並非真的是一塊兩塊的單位），因此我們只能就「從內心裡面已經顯化」的部分來區分有哪些「內在規則」，也才有「意識層次」的劃分，然後才有描述意識層次間的諸多內在規則交互作用方式的「意識結構」。依照以上所述，「結構化」的意思便是「逐漸在內心形成規則的過程」，這過程當然需要「資料」的參與協作（各種經驗都算是資料），不過「資料」顯然並非「規則」，當然也不會是「結構」。

那把資料跟結構分這麼清楚要做甚麼？舉個例子，人在輪迴指的是「結構」並非是「資料」，而「前世記憶」指的是資料，所以知道前世記憶並不能改變甚麼，改變「內心規則」，也就是改變「內心結構」，這才真的能有所改變。

4.1　座標錯置

【煉金術】- 極化幾何

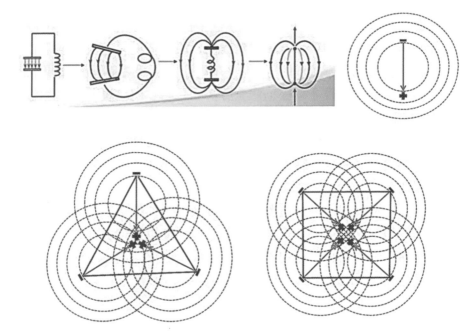

Q：（參考極化幾何圖）原子形成的方式，圖裡的三個紅點、四
　　個紅點，紅點是一個原子嗎？每一個紅點可以形成一個電磁
　　場？組合起來變成一個複合的電磁場？

A：是的，正是如此。把兩極拉開，所以才說「極性」生成萬
　　物。

Q：（影片：https://www.youtube.com/watch?v=EuYddiZ1UH8）
所以影片裡的「消失」，是拉開兩極而「極化」，變成「旋轉」現象，然後轉完就極化消失了？如果它持續極化的話，那個螺旋就會一直保持著？

A：消失是因為飛船調整到別的時空的頻率了，所以顯化到另一個時空，稱為「瞬移」或「穿越時空」了。

Q：我們目前為止討論的顯化，都是以物質的原子為例，如果是生物呢？比方說新的變種病毒，它的顯化，又是如何發生的？

為什麼說病毒的出現，和人類的意識狀態有關？所謂「變種」，是像演化論說的那樣，自然隨機發生？還是像陰陽五行論那樣，是一種天人感應？

A：好的，若我們把原子組合起來，就成了分子阿，然後組合大概幾千萬個各種分子之後……就成了「蛋白質」，然後再組合幾萬個蛋白質，就成了 DNA（基因組）……然後包起來才變成「病毒」這種東西……

那麼這個 DNA 是為何無緣無故會去組合成這樣呢？是背後有一隻看不見的「黑手」在操控……不然哪有這個剛好的……這支黑手，就稱為「隱態的內在規則」，所以一個「病毒體」，可以稱為一個「意識個體」。所以「意識個體」顯化成一個「能量體」……

Q：1. 有某種「意圖」，驅動「意識振動」，從而直接顯化在第二密度，成為「病毒」。2. 第三密度有某種成形多年的「觀念」，已經凝固了，可以從第三密度「滲透」到第二密度，導致第二密度「顯化」出這個滲透過來的、相似的規則結構，就是「病毒」。

A：是的，第三密度滲透到第二密度，然後顯化，由於相對於第三密度個體的負面規則眾多，所以滲透的破壞傾向性質比較強烈。

Q：有顯化就必然有隱態規則，所以不是來自意識，就是來自其他密度的滲透？

A：都來自於意識，可以是其他密度滲透而來。

Q：為什麼說病毒的出現，和人類的意識狀態有關？

A：有關。所有懷有破壞性質的內在規則的第三密度個體，都算是。

如果很多原子有序排列組合，就會形成一個有秩序的電磁場，內在規則相符合的「隱態意識個體」就能介接了……換句話說，若非「有序能量場」，意識個體是無法介接的阿。

Q：請問「有序」可以等同於「結構化」嗎？

A：等同。

A：其實這個「-1e」的電量很奇怪啊……「有能量」怎麼能算是「-」呢？……不是阿……我們「笛卡兒坐標系」似乎錯了阿，哈，這很震撼阿。物理跟數學的觀念錯亂了阿。

Q：願聞其詳，但是我想不起來國中理化怎麼教的。

A：一維的座標（笛卡爾坐標系），所以我們一般的算法是，1+（-1）=0，物理上來說，「1+（-1）」兩個正負相反的等電荷結合，並不會消失，說是變成「中性」，但並不等於「沒有」阿……，所以「數學上的 0」，在物理上並不是「沒有」阿，那到底哪個是「符合現實」的？物理才符合，所以「物理」與「數學」是兩回事啊……那我們都用數學來算物理，這又算是甚麼道理？

A：若按「數學」的 0 來說是「沒有」的意思，但物理其實根本

沒有數學 0 的概念。所以我們根本無法用「數學」來算「物理量」阿……這怎麼辦……。同樣的符碼在數學與物理上是不同的，所以有矛盾。沖氣以為「和」，不是為「0」。所以若要用「適用於物理的坐標系」，這個座標是不會有「數學 0」……

Q：那「陽極」為什麼聚在一起，在幹嘛？為什麼不是「陰極」聚在一起？通常不是同性相斥？

A：因為「陰性能量比較低（電子）」，所以硬是聚在一起，所產生的「斥力」比較小。

因為「原子」的聚合意念很強，可以抵抗更強的斥力，所以還是用比較高能的正能量（正電子）聚集，所以產生的斥力才能抵銷聚合力，這樣「原子」才能穩定「顯化」……

Q：所以那個太極的兩顆魚眼，我可以把它當作是原子核力的一個象徵？

A：所以問題是「數學隱含了隱態概念」，但是「現代物理」沒有「隱態概念」……然後就套上去用了很久了……所以若「物理量」不適用於「數學坐標系」，那我們用「物理方法量測出來的量」，是不是全部無法對應到「數學坐標系」的數值了？其實這也算是小事啊，還有更嚴重的事情……也不是把「物理座標」平移一個間距到符合「物理座標」，事情就解決了……然後更糟的是，用這些數據又推導出更多公式……

這個「物理座標」與「數學座標」的混淆，在薛丁格波動方程上所產生的「虛數」，其實就出現「破口」了，換句話說，誤謬出現了，怎麼解釋都很合理不了，並不是「物理學的可測量終於拓展到了複數」……其實是「量測標準」有問

題產生的狀況……

簡單的說，在「數學上的負數」並不是「物理上的負能量數值」的意思，「物理上的負能量數值」在「數學座標」上，仍然是正實數，所以我們一旦將「物理上的負能量數值」直接對應到「數學上的負數」，然後進行一番數學運算操作，就產生了「負數」（數學意義上的負數），而實際物理上，並無任何能量作用可以產生「數學意義上的負數值」，現實物理作用上，並沒有這種事情會發生，無論甚麼能量彼此作用，都不會產生「數學意義上的負數值」阿……所以也不可能會對負數去開根號，怎麼可能產生數學意義上的虛數……

……所以也不可能會對負數去開根號，怎麼可能產生數學意義上的虛數……在微觀上的微量偏差，就會產生原理規則上的錯誤描述，差之毫釐、失之千里了……換句話說，在顯態的能量範圍內，所有都屬於「正實數」的範圍，再怎麼微分、偏微分、開根號、開 N 次方根號……，最小就是「趨近於數學意義上的零」……是不可能出現「數學意義上的負數值」的……

Q：所以虛數是一種藉口嗎？

A：只能說「物理上的虛數」是幻想出來的阿，「數學上的虛數」其實是可以描述「隱態」的情況阿……

比如說，傅立葉轉換（參考傅立葉轉換的不同變種），也是很辛苦啦，其實傅立葉感覺有看出一些端倪，他發現用 $(2\pi)^n$ 這種類似的方式來調整方程式，會比較接近「實際狀況」……這跟「電磁場的螺旋」有關阿，因為「圓形的曲率」比較接近「螺旋的曲率」，也比較好算。參考 https://zh.wikipedia.org/zh-tw/傅里叶变换>傅立葉轉換的不

同變種>若不按照本文中使用的，而像這樣定義傅立葉轉換，那它將不再是 L2(Rn)上的一個幺正轉換。另外這樣的定義也使傅立葉轉換與其逆轉換顯得不太對稱。

那既然數學在物理上不太適用，那爲什麼還要用？爲了讓逆轉換（反函數）看起來「合理（對稱）」一點，還弄個「1/（2π）ⁿ」的參數來平衡對稱一下。其實這種對函數方程的調整是「普遍現象」，在很多物理公式上都是存在的，不知道「數學座標」與「物理座標」不匹配的原因，所以改不了。也是沒辦法，地基都挖了，樓都蓋了，只能硬著頭皮繼續蓋下去啊。地基挖成這樣，只能蓋到三樓，再蓋上去要垮了阿，圓柱座標與球座標都比較剛好不用甚麼「調整」了，真是很巧啦。

Q：版主是否可以評論一下李嗣涔教授已公開對於薛爾丁格方程式中的虛數項定義爲「意識」或是「靈界」的說法？

他用 8 維度解釋，德國 Burkhard Heim 用 12 維度，中間加了 2 維能量控制與 2 維全球訊息場兩部分，後者也是美國 1955 年時空轉換引擎用在如 TR3B 黑計劃上的方程式。（見去年已翻譯成中文的「被外星人選擇的科學家」內容）

A：或許說他比較相信科學阿，呵……

在「數學意義上」我認爲「數學意義上的虛數」是可以描述「所謂的靈界」，但是他一樣也使用了「數學座標對應物理座標」的偏差概念，然後又將「相對論」建構的「四維時空」引入架構，再加上甚麼 12 維時空……是一陣混淆阿，我認爲……跟科幻小說也差不多，只是講起來好像很「學術」而已啊……（呵，我對他個人沒有任何看法啦），據我所知，小灰人指導的 TR3B 還能正常的漂浮，美國自己搞得

TR3B，飄不起來阿。如果眞的可以自製的話，那還跟中俄搞甚麼那麼複雜的事情，直接技術輾壓就好了啊……

A：整合來說，所謂「座標錯置」指的是我們熟知的數學直角座標系（xyz 軸那種），與實際物理效應的數值無法重合（1-1 對映），因爲實際物理現象並沒有正負數抵銷成爲 0 這種事情。原子核的質子與中子間有種叫做膠子的能量存在，稱爲強核力，類似膠水黏在一起的的現象，這種能量竟然占了原子核質量的九成以上（所以原子序有沒有問題？），這其實來自原子的內在規則所顯化的現象，而且這套規則強度極高。（參考 https://youtu.be/Sri2trVjhB4）。事實上，溫度熱能量的平衡，也只是平衡，不會變成 0 度（沒有溫度），所以也不存在絕對零度這種事情，也沒有負數溫度這種事情，因爲顯化即有能量，物理現象的事實即是如此啦！

Q：回頭想想，那小時候學的浮力也是跟密度沒有關係？都只是顯化法則裡正負電荷關係？

A：密度越高的液體，浮力越大，原因是其液體中的分子電磁能量場比較緻密，所以對於其他一般物體的斥力較強，不過這也並非所有物體均會如此，還是要看其他物體本身的性質而論。

值得一提的是，地球不會落到太陽裡，是因爲太陽是比地球更大正電磁場的關係，但地球也帶負電，所以才能一直保持距離，這與原子的電子軌域原理相同，只是我們一直把電子視爲負電，事實上只是正電較弱，而原子核的正電較強的差異，沒有眞正顯化意義上的負電荷存在，都是相對比較的結果阿，這之前提過了啦。

也因爲沒有顯化的觀念，所以把負電荷眞的當成了負電，然

後才找了一個「萬有引力」的項目來解釋所見物體都相吸的現象，但放到星系運作上又解釋不通，只好又想出一個「相對論」來解釋星系非完全吸引的現象，但又始終找不到引力的原因……就變成難以理解的強行解釋的結果了。這就是為何電磁場能解釋原子模型的電子軌域，但卻解釋不了星系運作，而相對論解釋了星系運作，卻解釋不了原子模型的原因，又與玄學神祕學完全格格不入，完全無法關聯的原因。

Q：因為沒有顯化的觀念，所以把負電荷真的當成了負電<--關鍵是這個？

A：是阿，就之前所提的物理座標與數學座標的錯置了。

A：另外關於貝茲球體（參考：https://youtu.be/TsvjtQ61--w），我的看法是「人工合成」的材質，對於周遭電磁場有高敏感的性質，我們無法理解，只是因為我們沒有「所有能量都是電磁效應」的觀念所致。所以「有時候不是因為找不到任何新證據，只是有些理所當然的認知被誤解了」，如此而已啦

Q：目前對這部分很有興趣，想請問這個讓身體多些正電的方法既然跟內在規則穩定有關，我猜想的執行方式：凡事以理性的心態先冷靜去盡可能察覺各方面細節然後去修改內在規則到沒有所謂的「妄念」的細緻度的新規則運用，這個方法不知群主認為如何？

而這是否跟正向負向思維是否無關？

還有第一步的要先具備理性較多比例，群主認為為可以怎麼做讓個人改進呢？

但這樣又不太明白之前提過的利己利他比例分配到道理了。

A：如果一個原子的電子正電荷變多，到一個臨界狀態時，就會形成「等離子體」，也就是若即若離的狀態，最通常的應用

則是日光燈管、省電燈泡，或者太陽也是。其他偏正電的能量場（如行星）對與較微弱負電的等離子體來說，吸引力就會變弱，當然就輕盈了起來。這完全符合物理規則。

以生理與心智的能量體來說也是一樣的原理，也就電磁能量較高的狀態，以便形成等離子體的能量狀態。而對第三密度心智層次的人類來說，可操作的是心智能量狀態，保持持續拓展開放的意圖，可使所有接受的能量轉為正電荷，以達成滲透到生理與物質能量體的充能，以到達等離子態的能量場。

當然妄念的解除是初步的基礎，如若妄念解除，才有所謂趨近一元化思維，調和正負極性思維，才能使心智能量場產生接近等離子場的效應。至於利己與利他的意圖比例，只是一個妄念解除的階段方式，因為所有利己的意圖，皆屬妄念。利己就算達到第五密度的內在複雜度，但終究無法群體化完成，違反意識演進的基本方向。理性當然是一定要具備的阿，理性調和感性使其運作高效順暢為目標即可。具體方式仍是自我察覺內在規則，調整修改內在規則，其他的就會逐漸到位了。

Q：那麼個人在培養理性方面的方法是要開放性拓展思維為基底，而這基礎是否也是有先放棄原有感性層居多的內在規則，也就是負電荷較多的部分？這部分就是會引起過多不適當導致失衡的情緒是嗎？

A：當然導致失衡的情緒是首要修改的目標，但也不用完全放棄原有情緒規則，只需要調整即可，因為這樣效率會比較高。

Q：好的，那麼禪定的修習也是進入理性的方法之一嗎？冥想也是嗎？

A：冥想也包含在禪定的一部分，屬於第一個步驟，禪定也包含自我察覺與修改內在規則的步驟，皆可修習，只是通常禪定的描述有些模糊，會使人容易誤解，可多注意與以上所提對照的關聯。

Q：請問這太陽的正電場是不是和自由能源有相關呢？如果有，還請群主能說明一些細部緣由，謝謝～
而仿星器的能源釋放設計方向是錯的嗎？
瑟爾效應發電機比較接近可以執行嗎？
（參考：https://www.youtube.com/watch?v=jAW3aHW9JWs）

A：是阿，與自由能源有關，能自生高能量場的能量體，都與是這個原理。可以產生等離子體的能量場，均屬較高正電位的的能量體了，太陽也不例外，不然無法生成等離子體。仿星器我沒甚麼仔細研究，但若照「幻方矩陣」的比例配置的話，應該都是可以產生自由能源的結果。瑟爾效應發電機也是自由能源的基本模型阿。

4.2　質量真偽

V：若是沒事，也可以想想什麼是質量阿！可參考一些說法
　　（https://youtu.be/Sri2trVjhB4），我是覺得目前的誤解也是
　　不少啦，越找越困惑，也是挺有趣的。

H：看完之後並沒有覺得比較清楚，越聽越模糊……不過有趣的
　　地方是：除了東西本身的質量，還包括一團東西結合起來的
　　能量，這個說法相當耐人尋味、似曾相識？

V：呵，所以質量的本質其實是「力」，力的多寡決定了有多少
　　質量。

H：「力」的背後又是「場」？就是一個東西在「場」裡面作
　　用，才會有「力」啊？影片裡面說的是「引力場」，但我想
　　起你說的「電磁場」，就是又有引力又有斥力。

V：所以一直有「引力場」加入解釋的行列，就越解釋越模糊
　　了，這就是「無法釐清」的原因。

H：我記得國中理化的觀念是，一個東西無論放在哪裡，地球或
　　月球，它的質量是不變的，請問我有記錯嗎？

V：若以質量的定義是這樣的阿，但其實這是有問題的定義阿，
　　因為「質量」其實是不存在的。

H：那請問存在的是什麼東西？被綁住的能量？

V：是阿，是「被極化所綁住的能量體」（如原子），事實上這
　　能量體若無與其他能量體有電磁引斥力作用的話，質量也沒
　　有任何作用阿，換句話說，去定義一個原子的「慣性質

量」，並無甚麼具體作用，只有「引力質量」才有具體的效果阿，而「引力質量」事實上也是兩者以上作用力才會產生，所以「質量」並無法有「慣性質量」的定義阿，都是隨環境改變的阿。「引力質量」就我們所稱的「重量」……

H：這樣的解釋讓人覺得「色即是空」可以秒懂……

L：我想到的是，信念創造實相，反過來想，質量越大組成粒子多，那維持的力就要更多。質量大要維持這件事，海洋和陸地之類很大很大的就沒有維持的概念。

V：有阿，地球本身有維持這個量體的力，不然早就散掉了啦。人體也有「聚合」的力，不然也會散掉，就一般說的「靈魂離開」，身體就會停止運作，然後開始分解。

H：那請問如影片所說，「聚合」的力就是我們測量出的「體重」嗎？影片裡說是質量？

V：是阿，我們所能測量出來的「體重」，是我們身體與地球「聚合（吸引力）＋斥力」所形成的結果……這並無法以「個體質量」單獨定義阿，單獨定義並無意義。所以影片中提到，引力質量都剛好等於慣性質量，事實上就沒有「慣性質量」這回事，哪有甚麼剛不剛好的事情，呵

L：我是對存在沒有懷疑，所以人生真的是關係/業，構成的，兩件以上作用力，可以這樣解釋嗎？

V：可以這麼說，因為存在關聯的能量作用，才會產生「察覺到甚麼＋感受到甚麼」。

L：這減重的方法越來越難了……

V：也不會阿，就減少身體的「物質」就可以了，減肥的祕訣就是「減少身體的物質」啦，就是這麼簡單，哈……

H：具體來說，是甚麼物質呢？

A：可能可以先問，身體有哪些物質組成？

V：是阿，了解身體（載具）是個「修行」的基本認知啦！

V：身上的物質都可以算是啦，主要目標是看甚麼物質是多出來比較多啦……我們現在指的通常是「脂肪」阿！

V：另外提到減重這件事，可以再提一個觀念，減重目標是要減「身上的物質」，那減少的策略是要使「身體快速有效的運轉」（新陳代謝率），才能維持健康，而身體運轉所需的能量（如圖）有五種型態，所以我們需要先觀察身體的這五行能量的多寡，適度的調配，才能使身體運轉的效率提高，然後才能排出多餘的能量型態……例如我們若脂肪（土能量）過多，少吃醣類澱粉，使其不生成脂肪，而身上既有的脂肪可以逐漸消耗減少到適合的量，這樣身體的新陳代謝率也會提高，當然其他能量也需要有適當的量才能使運轉順利，有時不僅僅只是「減少醣類攝取」就能達成減少脂肪的目標，有時可能是「蛋白質」的量不足，而導致運轉效率不佳。若身上蛋白質（主要是指肌肉相關組織）量不足，則需要多補充液體（主要指水），或許也可能是需要補充多些脂肪……其實每個人的狀況不同，需要自己辨識。此外提高「身體快速有效的運轉」（新陳代謝率），也能解決很多慢性病症阿，糖尿病、高血壓……這類的。

V：因為身體上的「物質」基本上全部都是「原子」所組成的，所以需要了解「物質」。而我們對於「物質」似乎還不夠了解，也是一種心智功能的缺乏了。

4.3　頻率結構

V：來談談「頻率與結構」、「頻率結構」。

H：請問：通常說意識頻率，其中的「頻率」不就是「結構」的頻率嗎？會有「沒有結構的頻率」嗎？

V：是阿，沒有結構的東西無法產生「有規律」的頻率，因為「沒有規律」的能量，就不能稱為是「頻率」了。

Les：搭電梯到 B2 與 4 樓，在頻率結構上，如何瞬間轉換，而且不掉頻？B2 通常是停車場、量販店賣場，4 樓較是百貨公司專櫃。

V：呵，在心智的「想像」上可以，但以目前人們的「物質層次的顯化能力」來說，是不具備這種能力的阿。

H：有點看不懂，請問這裡是在討論人類以「心智層次為主」的意識狀態，無法任意地「降頻或升頻」以顯化嗎？

Les：還是得吃飯。

V：以「跨密度層次」來說是沒有這能力的阿，以「跨心智層次的階段」來說，是可以的阿。只是也是要看在心智的哪個階段。

V：參考分子結構和頻譜圖。

Les：不知在哪個結構裡，Delta 波較穩定？

V：秩序化程度越高的結構，產生的頻率會越低阿。

H：這句看不懂，請問：這裡是在講當個體意識結構的秩序化越高，其綜合的意識頻率就越低嗎？

V：是的，是組合起來共振的頻率越多。

這是這樣，簡單的說，如果我們腦神經網路的緻密度大多都在「均值」左右，那麼整體來說，產生的頻率共振度會比較高，換句話說，各種頻率比較容易「合成」一種頻率，相對的，腦神經網路的密度「變異」較大，就不容易合成一種頻率，會產生很多無法合成的頻率，所以會有多種頻率同時產生，那麼腦波就會量測到比較高的頻率。簡單的說，還是要看整個腦神經網路各部位的「變異數值」，變異數越大，則測得的腦波頻率會越高。

所以我們在日常狀態，由於腦部有很多程序在同時處理，且每個功能區塊的密度本就有所差異，所以會檢測出比較高的頻率，相對的，腦部執行程序少，檢測出來的頻率會比較低。簡單的說，就是少執行腦部程序，檢測出來的頻率低。

不過這其實並不能直接推論說，檢測腦波頻率低，就表示「意識狀態」比較高，這是一種偏差的結論阿。又或者推論說是「世界上最快樂的人」，呵。

常常檢測腦波頻率低，其實只能肯定一件事，那就是「腦部活動量比較低」，其餘的都只是「衍生的解譯」，不一定與事實相符阿。

H：所以說腦波頻率的「變異程度」，其實和「意識狀態」沒有直接相關啊？

V：是阿，只是有些「關聯性」，但影響並非直接絕對的阿。

H：思惟整合度較高，腦波變異數小，對嗎？

V：我認爲是如此啦。

P：情緒起伏不會很大。

V：是的，這也是顯示的特徵之一。

有人會說，睡覺時的腦波頻率比較低，代表可以與高密度連結，也不是那回事啊，內在規則（腦神經網路）沒有一定程度的緻密度（複雜度）與穩定度，那也只是顯示「腦部活動度低」，與高密度連結，也不見得能直接推論其關聯程度啦。植物人腦部活動也都很低阿……

Les：分子結構，分子頻譜不懂。

V：比如說，一條弦，長短不一樣，就會產生不同聲音頻率。

H：「結構」是一個東西，長成什麼形狀（如：三角型、圓型、方型）？

V：是的，任何「成形」的排列組合。

H：「頻譜」是測量到一個結構散發出來的頻率波，長成什麼形狀（如：波長是長是短，有多密集）？

V：是指一個結構所產生的「各種頻率」，是好幾種頻率的集合。

Les：恰當運作五種腦波，是否就在「當下」的點，最能達到高效應？

V：也不用刻意去切換，會自然切換阿。

Les：我們通常認為某位修行者或神佛、高靈振頻高，與 V 大在此說的意識頻率高低是否不同？

V：通常指的是「結構密度」，結構密度越高，所產生的頻率會越高，我通常稱為「碎形頻率」，而整體組合散發出來的的頻率，我稱為「通訊頻率」。

V：簡單的說，「分子結構」是好幾種原子組合成一個結構物，長得就像圖中所畫的那樣，很多球體用支架連起來（但事實上是沒有支架的啦，化學稱為化學鍵）。「分子頻譜」是指某個分子結構物所產生的頻率，因為有多種頻率，所以就好

像「光譜」那樣，是多種頻率畫成的一張圖，稱爲「頻譜圖」。

Le：突然想到～最近看到人家學西塔的網誌分享說，可以用意志弄彎湯匙的算是改變頻率結構嗎？

V：這不是阿，如果是眞的可以意念彎曲湯匙，而不是變魔術，那就是屬於「煉金術」中物質結構的共振，所產生的效應了。

Le：那這個人是否要先想「我是湯匙」才能溝通？

V：沒那麼單純阿。或許可以先試想，你可以用甚麼使用外力的方法，讓湯匙柄軟化阿。不使用到「碰觸湯匙」的方法。先用「物理方法」來思考可能性阿，呵。

Z：等等，板主知道方法但板主不用的原因才重要吖。

V：哈，我「理論上」知道，但因爲我做不到，所以一般我都不提這種事啦。

這需要一些步驟阿：1. 可以用意念移動「純質」高的物體，2. 可以用意念移動「純質」較低的物體，3. 可以用意念軟化「純質」高的物體……至少要三個步驟練習阿，每個步驟可能要練個十年八年的也不一定可以達成，但先決條件是，知道正確的方法（心法）阿，呵。舉個例子，實際的物理現象……共振的能量效應其實很大的阿。

參考：

https://www.youtube.com/watch?v=FUGdbjTFw4g

https://www.youtube.com/watch?v=A5QW6fjHAr0

https://www.youtube.com/watch?v=KXwLZcPGnME

Pu（紫藤）：之前有提到歌唱透過樂音而產生聯覺，我覺得這一塊我比較是透過人的聲音變化而產生聯覺。我

在思考為什麼能夠實踐，應該是跟唱歌的人產生共鳴，很專注的跟他同頻。在日常是唱歌老師，所以常常要練習專注聆聽和分析，所以或許從共振來思考，我們可能可以做到很多事情吧！

V：是如此阿，共振效應是很強大的阿，有很強的累積能量作用。

P：是否跟駐波有關？

V：是阿，共振需要駐波才能產生。

V：我認為折彎湯匙，跟這件事一樣的原理阿。這與建造金字塔，也相同原理。

Z：我聽過聖經裡有一個用聲波震垮城牆的故事。

V：也不是沒有原理的啦。

H：請問一下，我記得金字塔大石頭的「移動」是和「物質顯化」有關？

V：與「物質顯化」的關聯是可以「瞬間移動」，「軟化」與大石頭本身的共振頻率直接相關。

H：湯匙彎曲看來是「軟化」？為什麼說「移動」和「軟化」是相同的原理呢？

V：瞬移是指大石頭通過周圍電磁頻率場的控制，達成消失與顯化在目的地，適合長途運輸。軟化是指塑造石頭內部的分子結構使之重新排列整齊，達成強化與塑造形狀的目標。而湯匙的軟化，只是需要共振內部合金的分子結構，使其內部充能到一定的程度，其內部分子結構由於續能很高，結構就會逐漸減弱，實際上看起來就「軟化」了阿。共振分子結構內部充能，精確一點的說，也不是「重新」排列，分子結構是沒有改變的（最好是等離子態），只是結構排列方式更為

「整齊」，足以強化結構與去除雜質，且能提高尺寸的精確度。有點像這種振動分離方式，只不過是在分子結構的層面上。（https://www.youtube.com/watch?v=linqFiG2ybs）

Z：以金字塔與巨石陣來說，請這是否需要有輔助工具或設備呢？

V：最好有啦，不然一般的神人也做不了那麼多，會累的啦⋯⋯

Z：或許是像傳說中的約櫃其實是某種磁能機（我猜）？

V：這是有可能的阿。

Z：單憑人體的磁場能量是不可能的？

V：也不是不可能，看意識密度有多高了阿。

Z：板主讓我突然明白很多事物的合理化了。

V：凡是發生的事情都是合理的，差別只是只是我們是否了解而已啦，呵。

4.4 何謂時間

V：或許先定義一下「時間」吧，不然不容易討論下去阿。大家
　　認為時間如何定義呢？若時間只是我們感覺到的幻覺，那麼
　　我們所謂的「標準時間」是怎麼來的？又怎麼知道所謂的時
　　間誤差、時間精準度是多少？兩千萬年只誤差一秒的原子鐘
　　是可信的嗎？

Z：所以沒有一一拉出來重新審視定義的話，一定也不知道自己
　　其實在是在胡言亂語猶如醉酒的狀態，只覺得薰薰然講的很
　　開心吧～

V：呵，不會啦，討論就是來重新想一想啦。光速不變說是地球
　　兩端來量光速，這真的可以量嗎？請問要量什麼光源？星星
　　嗎？星星會聽我們的，在何時放射光嗎？呵！

（1+1）：以目前自己現在的意識階段所認知的時間，在我來
　　　　　說，時間可分主客觀，1 自己內在意識裡有一把「主
　　　　　觀時間量尺」，建構在「生理＋心理的感知」上的
　　　　　「內部主觀時間」。2「客觀時間量尺」，則建構在
　　　　　「自然科學」經驗知識上的「外部客觀時間」。

V：自然科學經驗知識所定義的時間，是指「物質變化率」嗎？

（1+1）：一般認知較是物體運動的變化＞物質本身的變化，
　　　　　「物質變化」的解釋，相較更接近「時間的本質」吧
　　　　　～

V：那「物質本身的變化率」會影響生理與心理的「時間感」嗎？比如說，身上的物質所匯聚的能量場差異，對時間感的不同察覺性質，類似這樣的情況。

（1+1）：基本上是這樣沒錯。自身內部層次能量反應個人覺察性質與時間感。

H：「物質變化率」是物質層次的事情，生理層次和心智層次也有該層次各別的「物質或能量的變化率」，我們除了知道不同層次之間，可以透過「滲透」的方式，相互影響；也知道物質是生理和心智的基礎，所以物質發生改變（如變化率的改變），生理和心智也必然跟著改變。我猜的啦。

V：是阿，所以對於察覺細微能量的意識個體來說，量子級數的振動能量差異，就會造成感受的很大差異。以第三密度心智層次為主的人類來說，察覺腦部訊號些微差異，就能導致感受的放大，若形成負面能量太多，心智狀態會很不穩定阿。銫原子每振動九億多次（一個定數），經過的期間都是一樣的嗎？如何確定呢？然後很多時鐘來同步，平均一下，也就是說，現在的標準時間是統計值。

（1+1）：所以/然後呢？

V：呵，這表示我們所謂的「物質變化率」其實各地都有差異的阿，但為何呢？

H：再不然就是銫原子的「物質變化率」各有不同？（但是這樣的話就表示銫原子的內在規則/頻率不穩定）。再不然就是銫原子在各地方的「物質變化率」直接受到當地的環境影響？

V：我認為銫原子本身的內在規則是穩定的，只不過都會受環境的影響，振動頻率與其他特性會有所差異。

H：無論是哪一種，所謂「標準時間」只能是人類社會的共識。
（社會學最喜歡吃掉其他學科了）

V：是阿，其實沒有絕對的標準阿，這其實也表示所謂的時空感，除了自身的察覺能力之外，環境的差異也是有不少的影響啦。

Z：各地磁場能量不同？

V：是阿，都有差異，不然哪來的風水學呢，呵。

Z：應該是有包含所接觸人事物的能量影響，就是天地人環境囉～風水，人文環境，文明程度都可以影響？

V：這是一定的阿。

Z：問一個奇怪的想法喔，這物質變化的感受是要我們有種時間快速流失抓不住的恐懼，才會認真生活體驗一切嗎？

V：呵，時間感加快並不表示一定會有恐懼感產生阿，要看本身的內在規則狀態而定阿。

Z：如果沒有這種恐懼，是不是可以長生吖？

V：是可以延長的阿。

H：我想恐懼越少，看起來會越年輕，因為可以減少生理層次的內耗。

V：是如此啦。

Fa：所以蓋亞的意識轉變也會影響人類對於時間的體驗？

V：這是當然阿。蓋亞（地球）也會有能量場的變動阿，也是必然的啦。

H：社長畫的圖。是之前社長畫的，因為他用講的，我一直聽不懂，最後只好用畫的。

V：這張圖是採樣頻率的差異。

Z：說到風水，可以請問群主對於結界的了解定義嗎？在別的地方看到有人到某地區後看到異象或有甚者說有撞牆的實體感，這一定是跟磁場有關的，印象中也有聽聞過道教的符印可以做結界，這到底是如何運作的呢？

V：呵，很簡單啊，是煉金術啦。只要以意念調動周圍的能量場改變，就可以了。不過這不是只是「去想」就可以的調動阿

Z：「以意念又不是只是想」，完全不明白耶。

V：至少要像萬磁王那樣，可以將身體磁化才行，呵。所以要怎麼改變時間感？就改變自己身體的能量場，就行了阿。

Z：等等喔，那因為無法將身體磁化，所以道士們才需要借助符咒陣法之的吁。

V：也是一種輔助方式，只不過若實作者自己無法調動，那再多的輔助也是無效的啦。

Z：與這些實物頻率共振？

V：是阿，只不過實物不包括符咒，符咒只是幾張紙，能散發的能量很低的阿。

Z：難怪常常看到說要修心修性。

V：這是基本的啦。

Z：他們不是說都有注入意念之類的嗎？

V：怎麼注入？連自己身體的能量場都無法控制，哪來的意念去注入什麼呢？呵！

Z：用硃砂或自己的血畫符？

V：沒用的啦，心理作用而已啊。還燒一燒喝下去阿，騙自己的啦，呵。

Z：那這樣有效的話，其實是事主自己的意念輸入改變能量機率較大，像是安慰劑。

Ｖ：是安慰劑阿。而且可能也些含有害化合物，喝多了身體會有問題啦。

Ｚ：如果能控制物質層次的頻率感受，應該是可以不老不死才對，目前是還沒看到。

Ｖ：可以阿，不過需要的密度很高吧！

Ｚ：那不好意思好奇的問一下群主，可以不回答，您到現在隨著意識密度的增高，所耗能量的減少，有察覺到身體物質層的變化嗎？

Ｖ：呵，腦神經元連結密度增高。

Ｚ：這有讓您在外表上有變化嗎？

Ｖ：變年輕，哈！

Ｖ：所以事實上，能量場會影響所有物質的振動頻率與其他物理性質，所產生的物理時間感受，也會有所差異，因為物理時間的本質，就是物質本身的變化率，所以以時間只能以能量場的各類性質來定義，單說是引力場，其實是偏頗了。況且我也並不認為有「引力」這種事情啦！

Ｈ：你曾說「時空就是能量場」，那「時間」可以和「空間」分開，單獨被定義嗎？

Ｖ：不能阿，單獨定義只能是「方便」說啦！

Ｈ：記得先前討論時間，還討論過不同密度的時間，是指不同密度的能量場不同，所以會有不同的時間軸？

Ｖ：是阿，因為能量場的密度不同，時間尺度也就隨之改變了，所以以大範圍來說，不同星系時間尺度也不相同，以小範圍來說，同一星球上的不同地方，時間尺度也有些微差異。
所以若不同星系要描述我們現在的時間，只能說「以地球年來說」。因為所謂的「現在」是不能有絕對的定義的阿。

H：我還記得你說過：1. 當不同密度的時間軸重合之時，最容易產生「滲透」的效應？2. 意識演進相似的不同星球之間，在時間軸重合之時，可以平行位移（機率不高）？意識結構內容太多，我怕記錯，所以再次請教。

V：密度（時空）狀態越接近的星球，相互滲透的機率越高，相反的，機率會越低，但可以切換意識個體介接的條件是，意識個體的意識狀態也需相近。

V：所以，若以「意識來自於無時空性的隱態」＋「萬物皆是隱態意識顯化而來的能量」＋「時空即是意識顯化的能量場」＋「所有感覺皆是能量隱化到隱態意識所產生的」來思考物理、生理、心智規則的共同運作，這樣就會覺得比較「實際」了阿。

H：請問我們如何確認自己的觀念想法，是否有貼近實際？

V：多使用實際已知已發現的事件，套入自己的觀念想法，看看是否有矛盾之處。或許還能發現許多事情的「已知」，是不太對勁的阿，呵。

H：請問你避免使用「維度」這個詞的原因是？

V：或許「維度」這詞彙的內涵，也只是一種「內含差異度很高」的形容詞，不過因為這詞會使用得相當廣泛，在我們認知中已經與數學、物理的「垂直座標系統」的觀念綁在一起了（強烈堅固的腦神經連結結構）。況且若要用「維度」來解譯「意識層次」，那其實只能是「內含差異度很高」的內含，若與混入了「垂直座標系統」的觀念，將是完全曲解失真的理解方向了。

而「密度」這詞彙則貼切的包含了「意識顯化」的內涵，所以使用「密度」這詞彙在意識的內容描述上，是相當精準

的。一般會使用「維度」的時機,只有「碎形維度」這個部分,「碎形維度」本身的定義是「密度(內部複雜度)」的內涵,我是以此來定義「意識狀態值」的啦。

值得一提的是,我們所使用的「語言文字」,是一種自己「內在規則結構」的表現之一,也能很大程度的反映出內在的結構性質,像就像每一種物體(能量場)都有其特定的頻譜一樣,頻譜即是該物體內在結構的一種重要性質啦。故當我們分析語言文字結構時,其實都是指我們「顯態的腦神經元結構/隱態的內在規則」了。

H:另外插題再問,這兩天談到「微積分」,我在書本第 218 頁看到你使用微積分的方法,來計算物質或能量「地水火風」的「頻率變異」。請問「微積分」對於意識結構的理解,扮演什麼角色?

V:「微積分」這套運算規則,可以適用於「細微變異」的描述與運算,這對於能量領域中來說,可以更精確的掌握這些細微的差異,以及在實際能量線向上「不規則形態」的精準作用。事實上所謂的「不規則形態」都只是「規則結構」的組合。

H:又,我的筆記寫到:「時空能量場」的變異,由於太過細微,所以察覺不到。那要演化到什麼地步,才能察覺到?巴夏和 Ra 應該可以吧?

V:哈,這我也很難說,至少在儀器設備的輔助檢測上,第五密度(含以上)確定是可以的啦(巴夏第五密度、RA 第六密度),而第三密度到第四密度之間(地球人類),現在還不行啦(先把飛碟做出來再說啦,呵)。

H：再請問：掌握能量細微的差異，是否有助於瑟爾效應的「自由能源」飛碟得以控制？因為我記得你說過要能控制它，不只是讓它離開地面，還需要更精密的「電磁場」的調控技術？

V：呵，一定是要如此阿，不然不知道要飛到哪裡去啦。

4.5　時空規則

Ｖ：來談談「時空觀」（時空的運作規則），對我們所認定的其他觀念（內在規則），有甚麼影響好了。

Ｈ：人類有哪些觀念，和「時空觀」是無關的？我以爲所有觀念的預設前提都是「時空觀」。

Ｖ：呵，說都相關也是挺抽象的，來舉個例子好了。比如我們總覺得說，生病就要看醫生，這跟時空觀有關係嗎？

Ｈ：我們之所以認爲「生病就要看醫生」，是因爲我們預設了「生病」這件事情我們無法「自行處理」，必須交給「專業的醫生」。我們相信「生病」是有原因的，只要知道原因，就能進行「治療」。

當我們思考事情的「原因」，我們就要用到「時空觀」，包括過去做了什麼？現在生了什麼病？未來如何治療？如果沒有「時空觀」，我們無法思考，也無法建立任何觀念。換句話說，「時空觀」是所有觀念的最基本框架，沒有這個框架，我們無從思考啊。

Ｖ：這分析挺到位的啦，但如果我們的「時空觀」並非線性邏輯，而是「顯化邏輯」呢？

Ｚ：我覺得看個人對時空定義認知的不同就會有完全不同的時空觀，像是如果以能量來定義，那麼生病只是一種能量的顯化，那麼我就會從這樣會導致生病的能量是如何在各層面形成的，找方法去卸除他，能不看醫生就不看，所以對我來說

沒有生病就一定要看醫生這件事的存在。

H：如果是「顯化邏輯」，我們在思考事情的「原因」時，就會尋找生理層次的疾病，和心智層次的觀念與情緒，有何關聯？不同層次之間如何相互投射？處理疾病的方式也就完全不同了。

V：是阿，不過你說的部分比較是「層次邏輯」的處理方式，換成「時空觀」來說，則是指「平行邏輯」的運作規則，這與「顯化邏輯」有些差異。

「顯化邏輯」的意思是說，事件發生的時空，並非線性次序，也非平行同時，可由隱態的諸多內在規則直接顯化在任何時空中。

H：你的意思是：來自隱態的直接顯化，而非來自其他層次的滲透？

V：是的。

H：請問「層次邏輯」、「平行邏輯」、「顯化邏輯」有何不同呢？

V：以事件發生的狀態來說，層次邏輯=平行邏輯，也就是諸多事件的發生是同時、併行的，也在「同一時空中」的範圍內發生。顯化邏輯，則是「不同時空中」發生的邏輯，既非線性、也非層次（平行）的邏輯運作規則。

P：因緣條件成就，即可顯化。

V：是阿，這是層次平行運作的邏輯描述，其實層次平行邏輯，有包含了線性邏輯。其實「顯化邏輯」也都包含了層次平行邏輯、線性邏輯，換句話說，這些時空事件發生的規則，都只是「顯化邏輯」的特例阿。

P：「顯化邏輯：可由隱態的諸多內在規則直接顯化在任何時空中。」

請問，隱態的諸多內在規則，在顯化時，是隨機的嗎？

V：並非是隨機的，由整個系統（整體意識）彙整狀態後，根據「意識演進法則」來產生。

P：如果是隨機的，這個「機」，是否有因果關係或先後順序？如果不是隨機的，其顯化的成就條件，又是如何呢？

V：符合「意識演進法則」來產生意圖與顯化。

J：「顯化邏輯」是不可更改的嗎？還是只有「層次邏輯」可以覺察更改呢？

V：可以更改阿，而且彈性會更大啦，因為不用只是遵循侷限的線性邏輯（因果觀），是一種更放大的線性邏輯。

V：所以若以「顯化邏輯」來說，我們可以去到相對於地球早100 年前的第三密度行星 S，修改產生疾病的第三密度內在規則，由於第三密度的內在規則都是共用的，所以在行星 S 修改的內在規則被引用到現在時空中的地球第三密度上，那麼這疾病就不會發生了。那麼「生病就去看醫生」的觀念也就會被修改了，可能會變成「生病就回到過去修改規則」了。這也是所謂「流浪者」來到地球，去試圖修改第三密度規則的一種操作方式阿。這與之前所提的「同位時空」是同樣的操作方式，只是更為「善意」阿。

https://www.facebook.com/groups/407630352718603/posts/2374310686050550/

呵，其實「時空」相關的議題都是挺燒腦的，不過若是觀念拓展之後，很多觀念就會隨之改變了阿。

J：所以當我們用線性邏輯/時空時，我們會活在因果的線性邏輯
　　裡，答案可能只會有合理解。但若顯化邏輯，我們在當下
　　裡，可以解放生命各種可能，解鎖當下，如同解鎖無限過去
　　未來？

V：是如此啊。

J：那很好奇的是，我們很容易在「層次邏輯」裡，用相關的事
　　件，去覺察修正規則。但我們要如何在當下裡，運用「顯化
　　邏輯」去找到真正的生命無限與彈性呢？這個是否也參與了
　　「直覺」？或者說「某部分，不需要太邏輯」才能享受當下
　　的生命？

V：呵，以第三密度意識個體來說，我們可以適切的使用層次平
　　行邏輯，來改善狀況，這是目前可行的方式。但要使用顯化
　　邏輯，則因目前意識密度不足夠的原因，無法使用。以直覺
　　來說（潛意識規則的運作結果），其所使用的是線性邏輯，
　　而且是多片段不完善的線性邏輯，故只以直覺為行動方式，
　　是難以真正的享受所謂的當下感受的。簡單的說，我們需要
　　先調整線性邏輯，才能產生超越線性邏輯，我們須先有充分
　　邏輯，才有更高的邏輯，這是必經過程，無法跳過。

J：了解了，只能一步一步來進化。這個很像線性邏輯，轉換到
　　垂直邏輯，看似不同，其實是同一件事。

V：呵，是一種拓展阿。

Z：咦，那這樣做夢也猶如瞬移到不同時空能量場，只要能醒來
　　後去修改夢境給的潛在意義啟發的內在規則，也是一種方法
　　嗎？（只是好像有點難，夢很雜亂無章）

V：其實夢境大多是在心智中的不完整記憶，要彙整並修改也因
　　個人的意識狀態而難度有所差異了。

H：流浪者以「顯化邏輯」來地球修改「線性邏輯」？

V：阿，也不能這麼說，是來修改第三密度（心智層次）的內在規則，內在規則並無包含哪種「時空觀」的阿。

H：是否要到第四密度以上，才能操作「顯化邏輯」？

V：我認為至少要第四密度以上，接近第五密度才有足夠的操作能力阿。

H：請問「意識演進法則」的內容？有條列式的嗎？

V：「意識演進法則」的內容比較複雜一點，我認為的大致上至少有以下四條，符合優先引用顯化的條件，

　　1. 最差值法則，影響秩序最負面的規則。

　　2. 最大量法則，影響最多數的內耗規則。

　　3. 最偏差法則，距離大多數最遠的法則。

　　4. 最長期法則，最長時間難以更改法則。

　　當然同時符合越多條件的內在規則，會越優先、越頻繁被引用，以產生修改的最佳可能機率。其目標當然是一個整體意識結構，可最佳化的演算機制啦⋯⋯

H：不好意思，我看好幾遍還是不太懂，不知道如何舉例。

　　1. 「影響秩序最負面的規則」像是「為了賺錢不顧他人死活」這種規則會優先顯化？以達到催化人們修改規則的效果？

V：是阿，也就是自私程度最高的規則，因為失序程度高，所以需要優先解除。比如說，為了在葬禮中遇見到心儀的對象，不惜殺死親人，再辦一次葬禮，這種我們稱為極度自私的規則。

　　2. 「影響最多數的內耗規則」像是「經濟發展與環境保護」這種容易形成矛盾拉扯的規則？造成內耗，讓人想

方設法去調和矛盾？

Ｖ：這個例子挺適合的。雖然這種規則，自私程度不是最高，也就是爲了個人的一點私利，但造成的影響範圍很大。也是急須修改的項目。

　　3. 「距離大多數最遠的法則」像是「保障人人皆有安全的飲用水」這種人權規則？因爲很多人沒有啊。

Ｖ：這例如說，已有八九成的人都認爲女生出門不用遮臉，那麼還有這種觀念的規則，則需要被修改，不然群體無法演進。

　　4. 「最長時間難以更改的法則」像是？

Ｖ：比如那種傳承千年，但卻不適用於現在環境的規則，比如說，生來就註定要當奴隸、或是以種族或膚色來決定社會角色的觀念。

Ｚ：咦，我怎麼是看出相反意義，這四條原則顯化出的人事物就因爲情況趨近了這四種狀況到了極端所謂需要被平衡的演進法則。

Ｖ：呵，是阿，拖住群體無法演進的那些障礙性規則阿。

4.6　解譯能力──如何理解高密度訊息？

Le：那，我們 3.2（意識密度）要怎麼「準備好自己」去「理解／響應」RA 巴夏那些高密度的訊息／意識？

V：3.2 是指平均值阿，我認爲我們個人只要超過 3.6，基本上就可以進入第四密度了阿。至於要理解「高密度訊息」，首先就從「意識結構」的核心觀點切入即可啦，呵（又開始賣瓜了，不過這是實情啦）。

Le：無需介意數字和我用的文字，可以多留意我前後留言所要表達的意思或指向或意圖再回應即可。可能你一次要閱讀和回覆那麼多不同議題的留言難免會有所混雜混淆，但這不是批評，只是我觀察到的。上面問題比較是在問，內在心理或意識狀態的準備，或所謂的先備知識或意識～低於 3.6 的一般人～還是這里都以上的？若是的話當我沒問好了哈哈～

H：我自己就是平均值上下的人，而且又是文科生，對物理數學不熟悉。所以學習意識結構也不輕鬆。我剛開始是爲了解除心結而來，其他資料看不懂也沒關係，待逐步解除心結，有多餘的能量再慢慢研究物理跟數學。

我覺得最簡單也最困難的一步，就是「自我察覺」。簡單是因爲自己的事自己最清楚，困難是因爲自己不想看清楚，誰也沒辦法。外人沒辦法強迫我們新增「自我察覺」的能力。

V：呵，沒關係啊。不理解我的說法，都可以繼續討論的啦，本社群就是在做這件事的阿。其實我有回覆你「如何關於理解 RA 與巴夏訊息」的提問阿，只是比較簡短的說「從意識結構的核心觀點切入」，或許你沒發現阿。H 這個回覆比較詳細一點，你可以參考。主要說「解除心結」這件事，實行的方式則是 1. 自我察覺內在規則，2. 修改相關的內在規則，3. 固化新修改的內在規則。這樣啊……若還有不理解，都可以提出來探討的阿。

Le：理解，也有發現到啊。在這容我先問一下，你有沒有覺察到我這幾個留言有什麼樣的意圖？哈哈，我是認真在問的唷～

V：我猜你是不是在說我並不瞭解一的法則呢？呵，是的話，也但說無妨啦，我並不在意這些事情啊。畢竟這也都是各自解讀的事情，我也只是就我個人的理解來推薦而已啦，大家可以各自選擇啦。

H：我猜是和佛經裡的菩薩一樣，幫現場聽聞的大眾，向佛提問。沒有抬轎的意思，只是剛好最近又在讀華嚴了。

V：不過在社群中，我是不會公開針對特定社友，提出個人看法的阿，都只針對「議題」來談啦，我也希望大家能配合這個原則阿。

Le：在那些當下的腦海中並未出現這樣的意念想法～在我平常認知裡也沒有這樣的想法意念出現～反而有過的意念想法是，你（這樣的意識能力）可以為大家翻譯解譯一的法則。

V：呵，了解。其實我之前是有過這樣的想法，不過由於「一的法則」比較不具系統化與結構性的描述（以問答的方式描

述），我個人認為還是先具有一個「理解架構」（解譯系統），然後再來解讀一的法則，會比較有效果，所以還是先推廣「意識結構」的基本架構。當然若在「議題相關」的情況下，我也會多提一的法則的相關內容描述阿。其實若是大家有看到一些「覺得不太理解」的相關內容，也都能提出來探討，當然也包括一的法則、巴夏傳訊……各式各樣相關的內容均可啦。

H：補充：我對《一的法則》比較有興趣，所以會認真看，但沒全看懂，等社長想談再來討論。我對巴夏比較沒興趣，所以別人談到時，才去看一下。通常是想到就去看，想到「變異數」、「微積分」、「歐拉等式」、「碎形」，就輸入關鍵字查看。看過總會有一些些印象，尤其精心製作的影片，會有圖象可以幫助記憶。有時候我只是把記得的東西連結一下，就能看懂新的東西，看不懂再問一下即可。供參考。

V：其實若是自己「沒聽過、不熟悉」的一些觀念，則表示自己的「內在規則」無法與之對應，所以才會產生「沒聽過、不熟悉」的狀況，所以這需要「建立」新的內在規則與之對應，並且也必須「關聯」到既有的內在規則，多幾次的重複思索也是一個「固化」好方法，我也特別建議需要多幾次回想的過程，對於建立與關聯與固化，效果也很好。簡單的說，操作新增內在規則的過程，需要三個步驟，建立、關聯、固化。

Z：我也是對巴夏興趣很小，比較想好好了解一的法則耶，為什麼呢？我也是文科生，為什麼感覺一樣呢？是否是因為想更知道科學與靈性的相關，而巴夏比較少提及較精細的科學原理呢？

V：呵，你說得也是阿，巴夏是比較少提及較精細的科學原理，大多數都是從他們本身的理解，來建議原則與思維的概念，不過其實巴夏也是有說了些比較精準的意識與科學的原理阿。至於為何你對較精細的意識科學比較有興趣，這是因為「意識狀態」的原因，我們總是會對「更細密的理解」產生興趣，以達成更高密度與更結構化的演進方向阿。這也是巴夏與 RA 所針對的「群族」並不相同阿。

Su：可以解釋一下「群族」嗎？

V：好的。一般我所提的「族群」，比較傾向是指「生理外型」相似度高的群體，像是說人族，指的是有人的外型的群體，而「群體」指的是「內在規則結構」相似度高的意識個體，不單指「生理外型」的相似，而是指個體的總和意識狀態而言。此兩者所指的內涵有所差異。

V：不過一般描述來說，族群與群體也可能會混用，當成同義詞來看也行，我對群體的定義是如圖的內容。（圖示）

Z：在很多社群中，非常常見用「人」為單位來區分對待態度，對於意識本質的焦點都變的模糊，難怪經常發生所謂「自己人」有關係就沒關係……等等，然後就發生事件理解與處理的扭曲失真。（最近很有感）

H：真的是以「人」為單位來區分對待嗎？我看也不見得。「人」只是一個統稱而已，真正會讓人區別對待的，還是所表現出來的整個能量場，包括用字遣詞、舉手投足、氣質態度等等。會發生「扭曲」，往往都是看不慣某個小細節，因而放大或以偏蓋全，逐漸形成刻板印象，我想「心結」也是由此而形成。如果能解除心結的話，就不容易看錯人了吧，哈。

Z：還有很多，像是金錢、身分、地位這些既定印象，還有對於
　　自己的不了解也容易誤解他人，而有更嚴重心結的反而都是
　　被分別對待的對象。我覺得這也是衝突日益增多的主因耶，
　　講起來都是爲了這些資源的競爭。

V：心結通常是誤解導致的阿。

Z：以現在的意識理解程度，誤解是常態，甚至要用曲解來使自
　　己接受現況，常常看到的情形是「打是情，罵是愛」「他這
　　樣是爲我好」……要怎麼辦呢？

V：阿，可以試著先了解一件事啊，每個人的內在規則不同，所
　　以感受也是有所不同，無法使用自己的觀念與感受，來推論
　　到其他人之上啦。

Z：咦，所以是不是先有「人家可以不必理解我」的內在規則，
　　對於平靜很有幫助？

V：阿，也是阿，不過理解自己與他人的感受不同，也包含在此
　　了阿。

P：「不可能人人都喜歡我」「我無法討好每一個人」。

（1+1）：讀經可以覺察到佛或當中人物的「態度/精神/意識/
　　　　意圖」這類的嗎？

H：不只是讀經，讀小說看漫畫，都可以啊。這是大家都做得到
　　的事吧？差別於是否看得準確而已。

（1+1）：若不準確就不是我這裡所說的覺察到了～

H：可是我覺得「察覺到訊息」和「解讀訊息」是兩回事耶？

V：阿，打個比方說，貓狗們看到我們所拍的連續劇，會毫無興
　　趣的走開，而我們卻看得津津有味阿。

（1+1）：我這裡指的「覺察到」當然不會是指貓那種的啦。

V：呵，「察覺」的準確與否，其實是伴隨意識狀態慢慢發展出來的阿，這當然也可以當成意識發展的指標，所以「察覺能力」並不限定於「精準與否」，察覺模糊或者並不精準，也是一種察覺能力阿。就比如說老鷹視力 4.0，而牛的視力 0.1，都算是視覺的察覺能力阿。當然意識的演進方向則是趨向更精準的察覺能力，只是種類有所差異，以人和老鷹的差異，在於人往發展腦力（心智訊息的察覺）發展，而老鷹則往視覺能力發展。

我之所以舉這個例子（貓狗看連續劇）的意思是說，貓狗無法解譯連續劇屬於情感與邏輯的內容，但以貓狗的視覺與聽覺，肯定能解碼影像與音頻訊息，也就是看清影像與聽清楚聲音，這就所謂「察覺」與「解譯」的差異阿。

至於說，讀經可以覺察到佛或當中人物的「態度/精神/意識/意圖」這類的嗎？我可以肯定的說是可以的阿，只是我的解譯，跟大家應該是有所差異的阿。至於說精準與否，你能定義出標準嗎？誰又能定義出標準呢？呵。

H：如果我說我察覺到經典裡佛菩薩的「態度/精神/意圖」，那也只是我個人的解讀而已啊。你不會因此把我當成是佛典的權威吧？我想你可能認為，經典裡就是有諸佛菩薩的什麼東西，可以被覺察到，但其實讀到什麼東西，都是我們個人的解讀和詮釋啊。貓是眼睛看到文字，人是眼睛看到文字+大腦解讀文字的意涵。人有時候還會誇張地過度詮釋：「看一個影，生一個囝」，講得天花亂墜啊。

V：其實不只經書啦，每種內容訊息，其實我們都是可以有所解譯的阿，這是我們都具有的心智能力之一啦。又或者說，其實你是在問「通靈」這件事？呵。

V：或許對意識方面有興趣的話，也可以參考看看「克里希那穆提」的相關著作。

http://vidyaharmony.blogspot.com/search/label/ 克里希那穆提。

4.7 無根規則

V：談談「無根規則」這件事，「無根規則」的意思是說，有些「內在規則」是沒有根系的，就像是植物上多了一些沒有接上這棵植物的外來物阿。

H：請問如何看出某項規則是「無根規則」？

V：呵，若樹上有些偽裝成枝、藤、葉的外來物，要如何測試呢？

認識偽裝高手：

https://www.youtube.com/watch?v=4QK1S4VdMf0

自然界的偽裝高手：

https://www.youtube.com/watch?v=nY_ctGjMbHo

H：它的長相和特性，跟原來的植物很不一樣。如果是枝，它就攀原來的枝。

V：偽裝的方式很逼眞阿。若是「看不出來」怎麼辦？

H：那就不要用「看」的，用其他方法？

V：是阿，最直接的方法是「去點點看」，呵。

H：那規則這種東西怎麼戳啦？

V：因爲「內在規則」這種東西，是無法從外界直接觀察到的（目前），只能用「盤問」的方式，來確認是否「屹立不搖」。

H：是否先假定它是有根的，比方說感受到「焦慮」，那就得一步一步盤問焦慮的來源？是工作？家庭？還是什麼？

V：也不一定要問來源，只要知道是甚麼「規則」會產生焦慮就行了，而會產生焦慮的規則，都是有根的規則，不然不會產生焦慮的感受阿。

H：對耶，必然有規則，而後有感受。那更難理解什麼是「無根規則」了……

V：簡單的說，自己篤信，但卻無感的規則。比如說「要做善事幫助別人，自己才會快樂」這個規則，而自己一直做一些所謂的善事，但是卻一點也不快樂（無感）

H：這個有點難察覺，很多佛教徒同事都覺得「布施」是很快樂的，但是看不出來他們哪裡快樂？好像比不上跟我去吃喝玩樂唱 KTV 快樂？

V：呵，其實也不難察覺阿，就問自己到底爲何無感，就能發現了阿。換句話說，「做善事」這項目關連到「快樂」，其實是並無實際連結（無根）的阿。而會產生「快樂」感受的項目，其實在自己的內在規則關聯上，並不存在「做善事」的項目。

V：順便提一下「煉金術」的標誌圖案，其實是一棵樹與鏡像阿。
AS ABOVE, SO BELOW, AS WITHIN, SO WITHOUT.
樹鏡像是顯化的內在規則，樹實體是隱態的內在規則，如何成長、修剪、維護……就稱爲煉金術阿。

R：說到底還是要對自己絕對的眞實。

V：呵，是阿，但除了「誠實」之外，還需要追問是甚麼原因，發生「規則」竟然沒有效果阿。

H：「無根規則」並非「內在規則」，因爲如果是內在規則，必然會有所感受，所以你才會以「外來物」來比喻它，是嗎？

V：「無根規則」是指雖然我們「知道也相信」一些運作規則（所謂道理），但這些規則其實並沒有自己的內化（隱化）的內在規則，換句話說，「知道也相信」只是一些資訊，看似在自己的內在結構中，但其實與真實的自己無關阿（也是外來物的意思），所以我才會說那只是「偽裝」得很像而已啊。

　　事實上，這在「宗教教義」上是很普遍的阿。比如說「信神就得永生」「要把罪業抵銷還清」……這類的阿。科學上其實也很多啦，呵。

H：我是覺得整個社會都滿普遍的啊，才會有源源不絕的「利益」吧？

V：哈，是阿，所以我們自己製造了一個謊言堆積的實相阿。所以其實我們自己的心智結構，很像聖誕樹吧，哈。雖然好看，但大部分是裝飾的阿，呵。

H：想起以前在學校都會遇到喜歡吊書袋的老師或學生，哈～特別需要「知識」來證明自己的存在？

V：呵，總是要找些東來刷一下存在感啦。

H：這是建構自我的中個人期嗎？

V：是阿，樹還沒長好，還沒有具備自信的性質。

Z：那後個人時期就屬於沒有存在感的意思嗎？

H：我覺得是不需要靠外掛的吊飾來建立自信啦，已經不需要做這件事情了。要做也是做爽的啦。

V：呵，也不是「沒有存在感」阿，是不用其他東西來證明自己的存在阿。反而是更強的存在感阿，呵。

Z：那這有例子嗎？

H：建議還是舉個例子好了，免得自信和自戀搞混了。

Ｖ：比如說，一個有自信的人，並不需要他人的肯定，所以也不
　　會一直說自己多好、曬各種愉快、秀自己優點很多……，以
　　此來獲得他人的肯定，有需要時才會適時表現出來，只想做
　　自己喜愛愉快的事情，因爲有自信的很清楚自己在追求的並
　　不是他人的認同肯定阿。

　　自戀的話，其實並不知道自己的意圖爲何，當然也不清楚自
　　己在追尋甚麼，也不了解認識自己，總是處在自己所構建的
　　謊言（並非實際狀況）實相之中阿。呵，聽起來挺像剛剛說
　　的「（不符合實際的）宗教教義」所構建起來的實相阿。

Ｈ：宇宙會來幫助演進？

Ｖ：這是當然，不然宇宙也不知要做甚麼其他事情阿，呵。

Ｚ：哇，怎麼辦，遇到的比例在資本主義社會掛帥好高～所以也
　　可以藉由觀察這個現象的多寡判讀現在的意識階段囉？

Ｖ：這個項目的觀察，很具指標性意義阿。

Ｚ：可是只要人還有物質層次的需要，要改變難度有點高耶。

Ｖ：也不會阿，目標是使用物質、不役於物質……也沒有很難
　　啦。

Ｚ：很多時候還有劣幣驅逐良幣之象。

Ｖ：就劣幣一邊、良幣一邊阿，也沒甚麼不行啊。

Ｚ：良幣邊緣人。

Ｈ：良幣不會有邊緣人的心結啦。

Ｚ：好像也是，比較沒有在乎的感覺。對了，想請問雙標又是怎
　　麼回事呢，也是是自戀大於自信嗎？只准州官放火不准百姓
　　點燈，因爲他們明顯不知道自己有雙標的情形。

Ｈ：如果是故意的，那就是不善良；如果不是故意的，那就是察
　　覺能力不足……哈。

Ｖ：呵，我看起很多人都是「故意的」阿，所以才稱爲劣幣阿。真正不知道的人，還有機會成爲良幣阿。

Ｚ：怎麼知道是不是故意的呢？故不故意都會否認啊。

Ｖ：呵，多問些問題，故意的人會漏餡阿。因爲非故意的人，是誠實的人阿，很奇妙吧，呵。

Ｚ：他是眞誠的雙標啊，所以我們要感謝對方眞誠的雙標態度，至少是眞實的。

Ｖ：也不用感謝阿，誠實是基本的阿，呵。就像騙子一樣阿，騙子是眞心想騙你啊，哈。因爲他不知道自己雙標，所以也無法騙人，然後就形成了誠實了阿。

Ｚ：咦，那大部分都是誠實雙標耶？

Ｖ：被催眠的群體，絕大多數是誠實的雙標阿；催眠別人的，大多數都是故意的雙標阿。故意的雙標其實是很累的阿，腦部運作的複雜度與耗能，至少是誠實雙標的三倍阿。

Ｚ：那請問在意圖方面這樣，不論是否故意都算是自大，自傲，自戀之類的嗎？嗎？

Ｖ：誠實的雙標，算是自卑吧，故意的雙標是自大自傲自戀這類的沒錯啊。

Ｚ：請問這兩者都算是比較偏向利己嗎？

Ｖ：是阿，一種是負向的利己，一種是無察覺的利己阿。

Ｚ：謝謝群主的提點，眞沒想到是這樣的。

Ｖ：哈，有沒有忽然覺得眞的「眞相難尋」阿？

Ｚ：感到某個通路打通了。覺得比較可以用好奇的心來面對一切比用任何情緒好。

Ｖ：內在規則的結構工程師阿，呵。如果可以對毫無疑義的事情，總是想到「眞的是這樣嗎？」那內在規則的結構才有調

整的機會啊。把「那些疑義」加上去一起「重新思考」那件事，若是想通了。那麼思維結構的內耗就會減少，運作效率與穩定度都會同時提高了阿。

Z：因爲搞清楚了，整個人清淨不少。是不是也有活的很通透的意思啊？

V：是阿……知道自己在相信甚麼、在做甚麼阿。想得清清楚楚，做得乾乾淨淨，活得明明白白。

Z：「誠實的雙標，算是自卑吧，故意的雙標是自大自傲自戀這類的沒錯啊。」其實這也蠻像聖誕樹上的吊飾，是嗎？顯示出一種存在感。

V：這還是有些區別的阿，故意雙標會產生內心騙人的成就感，屬於「內在規則」，誠實雙標或許是無感的，就會像是「無根規則」了。

Z：咦，誠實雙標不是有自卑感嗎？也是內在規則吖？

V：可以產生感受，就算內在規則阿。

Le：我自己是不會稱爲自卑、而是不確定感，就跟之前討論自信來自於自己肯定確信一樣。我很確定我的不確定……

V：呵，我確定我的不確定，就不算是自卑了阿。

Z：那繼續請問喔，在不同利己的意圖系下，所以有自卑自大自戀如此多種規則的交雜而產生出同一種行爲表現，所以內心就是很複雜的意思啦～而這種意識層次也就比較容易有情感失控的表現喔～

V：是如此阿，因爲其能量場比較不穩定，所以陷入情緒迴圈的可能性會比較高。

Z：如果是這樣的話，反推利他比例高的就比較可以情緒穩定囉？

Ｖ：這是當然。

Ｈ：我倒不覺得複雜，不就自卑自大自戀這幾種而已？而情緒化則是因為自信尚未建立完成，容易崩蹋吧？俗稱「玻璃心」，同時也伴隨「防禦心」？

Ｖ：自信尚未建立，則心智結構也是呈現不穩定的狀態阿。

Ｈ：搞不好因為情緒穩定，所以心有餘力而能利他？否則都因為心結而自顧不暇了？

Ｖ：是如此阿。

Ｈ：社會通常鼓勵「利他行為」，佛教團體也勸修行人要做「菩薩」，不要自私自利。社長卻說小朋友就做小朋友想做的事，不要想著要做大人的事如結婚。社長的意思是：自私自利就自私自利，總比勉強做利他菩薩這種「無根規則」，白白浪費時間來得好嗎？

Ｖ：是如此阿，心智階段的演進，也是察覺與理解能力的逐步細密與結構化的過程，沒有真的感覺到甚麼的「規則」也都只是「無根規則」，或者是感到負面情緒，比如壓抑、忽略、在意、生氣、憂傷……的種種「內在規則」，都只是心智階段還不到位的狀況。簡單的說，硬要假裝，終究在意識上是沒有任何效果的阿，才會產生「浪費時間」的結果啦。

Ｚ：我看起來比較像是群主是在表達利他是經由有感覺的內在規則像是長樹根長枝椏這樣延續生長起來的，而不是硬接上去的意思。

Ｖ：是阿，是這個意思啊。

Ｚ：也是那個卡巴拉生命樹的意思嗎？

Ｖ：卡巴拉生命樹是有這個意思阿。

4.8　無限合一

R：書本 141 頁：「頻率」的多重效應裡有一種叫做「保存訊息」。請問：被保存的訊息，會被永久保存嗎？

V：顯化的能量都一直會變化，物理運作的法則是如此啦，所以也不會有甚麼「可以乘載訊息的能量」會永久保存的阿。

R：所以能連結到的訊息都是當下的需要的訊息。是嗎？

V：是阿，在顯化的領域內，都是有時效性的阿。就算是在「無時空性的隱態規則中」，也無法「永久不變」的可能，雖然隱態的內在規則不會有能量的減損變異，但內在規則還是會因意識個體的內在規則操作，而有所改變。

　　所謂的「永恆、永久」都還在時空的領域範圍內，真正的「永恆」不是無限長的時間，永恆並非是無限的概念，而是「沒有」的概念，是沒有時空，不是有多少時空。（這在一的法則中也有所描述，我使用「無時空性」這詞彙是來自一的法則所描述的）

R：書本 148 頁：唯一的方式是「改變意圖並內化到隱態結構上」說的是，先改變意圖，內在規則，才會有機會改變嗎？那請問與覺察的關係是？

V：也不一定，在意圖不變的狀況下，也可以直接改變內在規則，但改變意圖的效果，可以更為全面。就直接找出內在規則，然後改變這個規則（通常使用給自己另一個可接受的詮釋即可）

R：先覺察到了，有意識到了，也就是有了想要改變的意圖，才能才會有改變的機會？

V：一般程序上，是如此啦。

V：引用《一的法則》：「我是 Ra.，如果你願意，考量宇宙為無限的，這一點還未被證明或被反駁（證偽），但我們可以保證，你的自我、你的理解、你會稱為的尋求旅程、或你對造物的感知都沒有盡頭。無限的東西不能是眾多的，因為眾多性是一個有限的概念。要有無限，你必須辨識或定義那無限為合一，否則這個詞彙就沒有任何參考對象或意義。在一個無限造物者之中，只存在合一，你們已看過合一的簡單例子，你們已見過一個三稜鏡展現所有顏色源自於陽光，這是關於合一的簡化範例。事實上，沒有對或錯，沒有極性，因為一切將在你們舞蹈〔憑藉著身/心/靈複合體〕過程的某一點，達成〔以你的說法〕和解。此時，你們以各式各樣的方式扭曲該複合體，藉此娛樂自己。這個扭曲（變貌）在任何情況下都不是必須的，而是由你們每一位所選擇，做為一種替代的方式，去理解那結合所有事物的完整合一之思維。你不是在說一個類似或有點像的實體或東西，你是每一個東西、每一個存有、每一種情感、每一個事件、每一個處境。你是合一，你是無限，你是愛/光、光/愛。你是……這就是一的法則。我們可否更詳細地闡釋這個法則嗎？」

參考：

https://www.facebook.com/groups/407630352718603/posts/1223392187809078/

V：以上是關於「無限」RA 的說明，也可以談談「無限」是「合一」的觀念阿。

H：請問「無限/合一」是指「隱態」嗎？因為他說「沒有極性」？

V：是阿，我是想不到甚麼其他的可能啦。

H：如果是的話，那他講的「扭曲/變貌」，就是「顯態」嗎？

V：是阿，顯化都會變貌，難免會有扭曲，機制是如此無法避免阿。一的法則用的三個詞彙來形容顯化效果，變貌、扭曲、失真……意思其實是一樣的阿。

Z：聽起來只要是顯化出來的必然是失真的，只是看比例大小嗎？而是不是越是真心利他扭曲度越小呢？

V：是阿，所以才有「意識純粹度」「隱深度」這種說法啦，就是扭曲越少的狀況。

Z：咦，純粹度是等於隱深度的意思嗎？請問這是有看不見的意思嗎？可否請群主能幫忙連結這個詞語意思？

V：是啊，純粹度是等於隱深度的意思，意思是說當我們意圖越純粹時，顯化的扭曲失真的程度會越小，那麼隱態內的個體意識結構，就會越接近整體意識運作的方式，其「隱態結構中深度」就越深（我用「深度」來形容這種狀況），也是越接近「無限源頭/太一智能無限」的意思啊。

一般普遍的描述是「天人合一」，也就是說「人的內在結構運作規則」與「天道運作的規則」一致的意思，當然這很難啦。不是我們「心智上」了解「一切為一」就可以的阿。

Z：似乎是很難的吖，做到的時候是不是就消失了啊，西藏還有虹化現象，這有關嗎？

V：也不難阿，我們本來就屬於整體意識，死了就與整體意識和一了阿，呵。

H：是否心智層理解，其他層次也要能同步跟上才行？

V：是啊，還是得一層一層來啊。

Z：不然會扭曲得更厲害？

V：也不是扭曲得更嚴重，只是沒有底層沒有完成「沒有這個能力」更上一層樓阿。

H：引用《一的法則》：「有兩種人可以治療：一種是像你這樣，天生就傾向給予關於一的法則的知識，可以治療卻不這麼做。另一種人擁有同樣的知識，卻在心、身或靈（方面）並未有意識地展現顯著的變貌朝向一的法則，雖然如此，還是開啟了一個相同能力的管道。重點在於那些沒有經過適當訓練〔容我們這麼說〕依然可以治療的人們。這是個令人感興趣的課題，他們的生命無法與他們的工作相稱，因此在吸收智能無限的能量上會有些困難，造成相當的扭曲，以致於自己體內產生不和諧，也造成他人的不和諧，或許，甚至發現必須停止其治療活動。」

「他們的生命無法與他們的工作相稱」請問這裡是指什麼？看起來有點麻煩，我猜是和個人的意識狀態有關？

V：「他們的生命無法與他們的工作相稱」，我認為這裡意思是指，每個人均有其內在的規則結構，也都有需要調整修改之處，也就是「他們的（內在）工作」的意思，若個人對其修改調整內在結構的意圖（他們的生命）有所誤解，那麼就無法針對需要調整的規則，來進行調整了，所以無法相稱。簡單的說，就是沒有調整到需要調整的規則阿。

H：那要如何知道需要調整的內在規則是甚麼呢？

V：其實也不複雜，可以引起負面感受的事件，其運作的內在規則，就都是需要調整的阿。

H：好的，那調整之後，就能吸收「智能無限的能量」，請問這

又是甚麼意思？看起來好像很厲害？

V：「智能無限」指的萬物顯化的源頭，也就是指整個意識結構，所以「智能無限的能量」也是「周遭的所有能量」與「意識個體所自發性顯化的能量」，當我們將內在規則（尤其在第三密度心智上）與調整得與其他層次密度的能量可以順利運作，減少內耗時，才能夠吸收到「智能無限的能量」，不然就會被自己的內在規則，消耗殆盡，就吸收不到了。

Z：想到一句簡潔有力的話：注意內心的活動。

H：就是察覺自己有哪些內在規則在運作？

V：呵，是阿，也可以察覺自己的意圖動機、以及內在規則運作後的感受結果。

Z：嗯嗯，但觀察起來大部分的時候似乎都是先察覺到有甚麼感覺而不知道意圖動機耶～很多是自然反應，但事後回想檢查的很少。

V：呵，是如此啦，這也需要多注意啦。

H：我覺得越是「自然反應」者，越值得檢查「意圖動機」。如果發現自己的「意圖動機」是有問題的，我就可以選擇不要再繼續「自然反應」下去了。

RH：意思是，越是「自然反應」，實更有可能背後有什麼不明勢力在介入/干涉？

H：哈哈！「不明勢力」這個詞好有戲。比方說，當我對某些訊息自然而然地，感到「很不耐煩」的時候，我會檢查一下這種「不耐煩」的感覺是否因為我對他人有著「輕視的意圖」？如果有的話，我會停下來看一看、想一想，而不是急著去感受那個「不耐煩」。

RH：您說的是反躬自省的視角來看的話，是這樣沒錯。可是啊！如果（以您舉的例子：不耐煩）是因外界環境的波動，而進一步導致個體產生負面能量，那就必須合理懷疑，不明勢力干涉/介入的可能性。

H：您要這樣說，我也不反對啦！只是我們能控制的，只有自己的內在結構，如果連自己的內在結構都無法控制，那外界的東西，就更不用說了啊。當然先控制自己能控制的嘛。

RH：也是。見自己，見眾生，見天下。（電影《一代宗師》對白）

H：社長說煉金術的第一步是控制自己啊，連自己都無法控制，那又怎麼可能和石頭溝通，請他們變成金字塔呢？

V：呵，是如此啦。

V：不論外部不明勢力存不存在（我個人認為是有啦），都並非重點啦，重點是增加自己的辨識能力，以及自行更改內在規則，提高資訊處理的效能與穩定運作的程度，就像我們也不用在意有多少種病毒在傳播，重要是得自己需要具備免疫能力，因為病毒也算是一種催化的刺激啦。

Z：實際現象是越是自然反應越不會自我察覺吖，就很自然。

H：自我察覺久了，也會變成自然而然啊，哈。

Z：但自我察覺似乎是需要培養的，在這密度天生就有的比例很低才是，不然健康的人應該很多。

H：可是社長說「自我察覺」是第三密度的實體要發展的能力啊，那不做這個是要做什麼？

Z：其實我一直對「控制」這兩字很在意很不舒服，一直想著是不是用協調配合會好些呢？所以一直自我替換字眼中。

H：有個例子是說，一間房子裡有個溫度計，它和空調設備相連結。如果溫度上升到 X，就啓動空調系統；如果溫度低於 X，就關閉空調系統。這整個系統裝置的思惟，叫做「調控論」，調整控制的意思。我是用這種例子來解讀「控制」這兩個字，所以不覺得不舒服，你要不要也換一下？

Z：調控蠻好的。

V：呵，或許你可以想一下，這種不舒服的感覺，其中有包含了哪些內在規則在運作呢？

Z：應該是一直以來控制被用在負面意義較多，有一種壓迫感，就是上對下不給予平等對話的對待方式，像是封住人民的嘴，控制他們的思想，在個人與組織間常見的關係存在方式。還是說只要被控制是舒服的條件形成也是可以被接受的，像是奶嘴理論？所以控制有兩種。

V：是啦，控制也有兩種，善意控制與惡意控制啦。呵，那是不是有「不能被惡意所控制」的內在規則呢？

Z：這個意思不太明白耶。

V：是說若你發現有外在人事物企圖控制你，而且是惡意的，你的內在規則（不能被惡意所控制）就會執行出「不舒服」的頻譜，然後進入隱態之後，你就感受到不舒服的感覺了。

H：社長意思是這樣嗎：自己的內在規則，有一項是「我不能接受惡意的控制」，所以當發現外在人事物，惡意地控制我，我就不能接受，而感到不舒服？

Z：等等，所以是善意的控制我就可以接受？

V：哈，這個也要問你自己了阿。

Z：有喔，這可以舉例，比如父母親的有些限制，我知道是爲了我的安全，但爲何在我來說是善意的控制，但對有些人來說

是惡意的呢？這樣不同的內在規則是差別在於他們是屬於更激烈的彼此催化嗎？

V：是如此阿，催化需要正面與負面都要進行，這樣催化效果會更好啦。

Z：所以這是鍊金術裡訓練思維的平衡發展而趨向無限起源的內涵了？

V：是阿，就之前所提「意識純粹度」的提高啦。

4.9　意識結構立論基礎

V：可能最近有一些有興趣的朋友加入本社群，所以也可以先談
　　談「意識結構」的立論基礎吧。總有只有四個基礎項目，1.
　　雙態性、2. 雙化性、3. 層次性、4. 同一性。可以分別來談
　　談。

【意識結構的雙態性】

As above so below
As below so above

H：這在書本第 36 頁。請問一下，這裡講的「意識」，既不是
　　心理學的意識，也不是佛學的意識。能否先區別和一般用法
　　有何不同？

V：「意識結構」中的「意識」指的是萬物萬有一切的「運作本質」，這樣。

H：這樣看起來很像「萬法唯心」的「心」耶？

V：呵，也不完全是「唯心」，從這個角度說起來，是指整合唯物與唯心吧。

H：好，那先從雙態性：顯態和隱態開始？我覺得「隱態」比較不容易理解。

V：「隱態」的解釋其實挺簡單的，就所謂「無時空性」，也就是沒有時間，在時間之外，也沒有空間，也不是在另一個空間之中，當然也無所謂能量，只是存在很多的運作規則。事實上也像極了，一大堆「程式」，靜靜躺在無時空中，等待被驅動顯化能量來運行。所以我一般也會稱爲「程式庫、函式庫」（不是資料庫的概念）。通常的說法是「內心、內在」。

H：好的，那請問「顯態」？

V：「顯態」是這樣的，當（整個）隱態意識主動產生「意圖/動機」，就會開始「顯化」出「各種能量」，並依照其所主動驅動的規則來進行各種變化的運作，然後就形成各種能量運作的現象，或稱爲「顯化的世界」。換句話說，若無隱態的意圖與相對應的規則，是無法顯化出能量，也無所謂三千世界啦。簡單的說，「隱態」是指我們所有能察覺與不能察覺，有形的、無形的，所有一切能量的統稱。當然也包含所謂的「時空」啦，也就是說「時空」其實也是能量阿，不然便無可操作的可能性存在。

H：請問「意圖」有分「全體/部分」嗎？或者「集體/個體」？我記得隱態中沒有如此分別？

V：其實是有的阿，依照「欲驅動」的範圍來給予。

H：可以再多說一些嗎？這個範圍是系統訂的？

V：是的，是依照整個系統（整個意識）的運作需求來驅動的，通常是修改系統中的障礙與不協調之處。

Z：所以只有意圖是沒有任何能量的嗎？

V：意圖+規則。

H：「雙態」是指「隱態」和「顯態」，「雙化」也與此相關？

V：是的，是指「隱化與顯化」。

H：前文已提到「顯化」，請問「隱化」？

V：「隱化」是指由顯態所獲得的能量訊號，進入隱態中的過程。所以「隱化與顯化」是「雙態」雙向作用的的過程。也就是雙態是藉由「雙化」的運作方式來進行相互影響與作用的。不然顯化要做甚麼呢？呵。

H：如果用一句話將這「隱化與顯化」連結起來，請問你會怎麼說？

V：意識的操作。

H：每個意識個體，其實都在做「意識的操作」，是嗎？

V：是的，但操作能力是有差異的，是從無能力到全能力的差異。

H：請問最基本的能力是甚麼？脫離「無能力」學會的第一種能力是甚麼？

V：主要是「自我察覺+自我修改」的能力，也就是說自行選擇的修改能力。

H：好的，再來請問「層次性」，表示意識結構有不同「層次」？

V：因爲規則的各種排列組合更加細緻化與複雜化，以及新增修改刪除的能力上有所差異，所以有許多層次上的劃分，不過要如何劃分，這屬於主觀上的認定，所以並無一定的標準，主要是在理解與運用上，是有需要予以區別的。

H：從架構圖來看，「層次」是指「密度」？

V：是的，意思是一樣的。

H：書本第 36 頁是「結構性」？

V：結構性，也是層次性的意思，用詞有些差異。

H：請稍微說明一下？

V：好的。層次性，指的是「整體內部的各部分具有性質上的差異，且各項性質均具有相關程度」，故具有層次差異的性質。「結構性」指的也是具有「整體內部層次差異」的意思，並且具有「在整體內部的各種性質單元也都具有相關程度」，所以其內涵是相同的。只是說在「層次性」上比較側重「層次差異」的意涵，而「結構性」比較偏重「相關程度」的意涵。這是在用詞上的差異，事實上，在中文表達上，此兩個詞彙內涵，可以視爲同義詞。

H：好的，最後是「同一性」？

V：好的。這裡的「同一性」指的是，無論是甚麼層次（密度）的內在規則，無論這些規則如何排列組合，如何操作，都不能違反基本的核心規則，這核心規則可以使用「幾何結構」來表達其內涵的核心規則（現在常用說法爲「神聖幾何」）。也就是說，無論看似如何複雜的內在規則與顯化的能量作用效應，都可以拆解成最基本核心的規則。也就是我們常提到的無極、太極、兩儀、四象、八卦，或者說地、水、火、風。（煉化昇華爲空），或說「柏拉圖立方」。也

就所謂「極性分化、極性合一」的基本規則。當然這也是顯化的過程與意識個體化的基礎。

這「傅立葉級數」也是含有「極性分化」意思吧。

4.10　參考介紹──意識結構參考內容

V：以下是一些建議參考閱讀的相關內容項目，有些領域並沒有
特定的書目，相關內容即可，現在網路資源很多，大家可各
自搜尋適合自己的內容。（若想到其他項目再行補充）

顯化：陰陽五行論、易經（八卦、64 卦）、老子、神聖幾
何學

物質：電磁場論、基礎物理化學、原子分子結構、基礎量
子力學

生理：中醫（黃帝內經）、難經（經絡）、陰陽五行臟象
論、基因學、太乙金華宗旨

心智：腦神經網路、人工智慧、計算機網路、基礎通訊

星光：榮格心理學、西洋占星、中華命理（八字、干支、
曆法）、塔羅

雙態：金剛經、心經、翡翠石板

數學：基礎微積分、函數、極座標、碎形

層次：一的法則、萬法簡史、唯識論、巴夏九層意識結構

開啟：克里希那穆提、尼古拉特斯拉、第四道

其他：巴夏傳訊、源場、同步鍵、賽斯資料、克里昂傳
訊、生命之花

大家不用覺得這很可怕，其實就只差有沒有一個涵蓋更多
事情的「架構」而已啊。也沒甚麼多神奇的事情啦，幾乎
都被渲染得太誇張了阿。

Z：但似乎是需要先對這個科目深入研究細節才能這樣架構分類
是嗎？可是時間好有限吖。

V：呵，捷徑就是「意識結構」啦。建了一個有夠大的架構之
後，以後就不用愁了啦，呵。

H：可能剛好相反，不是先深入資料，才能建立架構；而是先有
了整體的架構，需要的時候才深入資料？

V：其實都可以，要看自己本身的性質阿。
每個人的慣用語句，其實是有文章的阿。若從每個人的「慣
用語句」中，我們可以發現甚麼呢？

H：加上「慣用」兩個字，就有「規則」的意味了？可以從一個
人的「慣用語句」去推測他「腦神經網路」長什麼樣子？

V：呵，只用幾個簡短的「慣用語句」，要得知對方的腦神經網
路的邏輯，應該是很困難的，不過至少我們可以得知對方的
「意圖」阿。

H：說得也是。

V：比如說「是否有進一步的詢問？」，這推敲其用意為何呢？

H：我覺得這是 Ra 在提醒對方，是否有聯想到甚麼？是值得再
深入追問的呢？

Z：還是他在確認對方意圖？

V：也有這種成分吧。

V：RA 的意圖是不是想「讓你們多知道一點」？呵。

H：是，但要看你們是否有興趣理解？

V：他很尊重提問者的興趣阿。

H：不愧是高密度的實體，我就沒辦法那麼細膩，愛聽不聽隨便
你。

V：可以改成「你今天可能比較累喔」，哈。

V：RA 一直在暗示提問者，你似乎沒問到重點……呵。

Z：但這很正常啊，因為本來就知道的不多啊。

V：哈，是阿，所以很難啊，又要看你有沒有興趣、尊重你的意願、又覺得你沒問到重點。這也很像是詢問「是否有其他的可能？」

Z：有發現，要傳輸訊息也需要環境配合耶，像他們在很刻意安排相當安靜平和的主體和配合物（人和風水）的情況下展開對話。

V：當然「氣氛（能量場）」會影響人的意識狀態阿。

Z：所以想和人好好溝通時，應該也是要先好好確認彼此狀況和場地佈置。

V：這是「業務員」的基本認知阿，呵。

V：又比如常常詢問說「這對你有幫助？」這個就稍微直接一點了。

H：這像是在確認「有對到頻」？

V：也是阿，巴夏很希望可以幫助到我們啊。這個也是巴夏不斷調整傳達內容的頻率，來對齊聽者阿。

H：請問：服務他人的意圖是要多強烈？才能做到這個地步啊？有些人是一開口，我的耳朵就自動關閉了。

V：我認為他們到第五密度，至少都 80% 了吧，我猜啦……呵。

Z：昨晚發生了一位其他群群友提到他對所有事都無感症狀，期間是用很強烈的肉體刺激也到無用，物質上完全有餘，一次買好幾萬的菸，有家族醫但不敢做檢查，想做什麼又擔心很多，但至少聽到她說到有恐懼的有形物，就有跟他說一聲可以從這個有感覺的地方下手，但因為人太多，訊息量太大，我知道不適合多說就下線了。

V：是阿，所以就算是文字為主的線上對話，也是有情境上的差異阿。

所以其實我們可以從對方（任何人）的慣用語句中，察覺對方真正的意圖阿，有時連對方自己都沒察覺到的意圖。因為我們知道意圖動機在產生時，最初觸動的「意念」，是頻率最接近的腦神經結構區塊，所連結的語句阿。這點是可以確定的阿。

H：那請問察覺他人的意圖，要做什麼用？

V：呵，增加訊息的辨識能力，對於溝通交流、或者風險評估，有決定性的影響阿。

H：再請問，如果對於自己的意圖，可以察覺得很敏銳的話，有助於察覺他人的意圖嗎？

V：這一定是有幫助的啦，察覺自己之後，就很容易察覺別人了阿。

Z：應該都是先藉由觀察自己培養細緻度就變得更容易察覺對方了吧。

V：這是肯定的啦。

H：有沒有可能發生這種情況：對於他人的意圖很敏銳，卻對自己的意圖未能察覺？

P：當局者迷，旁觀者清。

V：這其實不太可能，沒有對察覺自己意圖的敏銳度，當然也沒有察覺別人意圖的敏銳度，多半是「誤解對方意圖」居多啦。因為若深度不同，是無法察覺到阿，有時連說半天都不一定能理解，更何況簡短幾句就直接察覺意圖，那幾乎是不可能的阿。

V：又比如說，常常會說「來談談 OOO 的這件事情」？

H：我覺得這個意圖是「善意的邀請」。

V：呵，是啦，別有壓力的說法，但是隱含在「這件事情」的語法上阿。

H：意思是說，邀請大家來討論「一件普通平常的事情」，所以不必有壓力？

V：是希望大家習慣以「觀察者」的角度，來剖析與理解那個議題阿，所以會常常說「OOO 的那件事情」，這種語句其實並不常用啊，呵。

H：如果不是以「觀察者」角度的話，可能就不容易用到「理性」了？因為「觀察」需要「理性」？

V：是阿，要釐清很多規則與過程，理性的意識焦點是必要的阿，所以我會一直使用這種語句阿，呵。
　「我在太一無限的愛與光中離開你們。」

Z：這是代表他們很平和的意思嗎？

V：RA 一直在重複的「一的法則」的意涵阿。不然就是：「再一次的，容我這麼說……」「這對大家有幫助？」。

H：「我在太一無限的愛與光中離開你們。」可以說明一下這句話的含意嗎？詳答簡答皆可，謝謝。

V：這包含了：
　1. 整個意識只有一個（太一）
　2. 意識是無限的（無限造物主）
　3. 組成元素只有愛與光
　4. 我在其中
　5. 已與你們相會
　這就是一的法則的組成意涵了。這愛與光的意思是，「愛」隱態的意圖，「光」顯態的能量。

H：難道隱態的意圖都是「愛」嗎？

V：呵，是的，在整體意識的角度來看，所有的意圖都屬於愛的性質，「老子」兄有描述過這個角度。

H：是無關善惡的「愛」嗎？

V：是的，無所謂善，亦無所謂惡，所有的互動，都是愛的作用，因爲意識不滅、隱態不滅，意識只有一個，一就是一切，一就是合一，事實如此啦。

H：同樣的，難道顯態的能量都是「光」嗎？

V：是的，所有的顯化能量，均屬意識的振動（意圖）而來。所以以最明顯的「物理光線」來作爲描述的代表。

H：「再一次的，容我這麼說……」那請問這句的意圖？是想再次對焦嗎？

V：呵，是阿，很客氣地再與發問者對焦一次。

Z：好像相機鏡頭喔。

V：哈，幫你自動對焦，你看人家多有誠意阿。

Z：關於「愛」，請問要如何向第二、三密度解釋得更爲細緻，且能執行在他們的生活中？

V：這說起來複雜，但其實也可以很簡單啦，所有的能量交流，都只是在催化「意識演進」，因爲萬物皆是意識顯化而來的，凡事都是在催化……，而催化的意圖就都是「愛」的意圖了……無論是甚麼密度。比如說，生理機制上發生了極爲不順暢衝突的狀態（一般說生重病），這其實也是在催化我們自己需要去理解並尊重生理運作的機制。也可以是在催化自己解開「控制欲」的心結，「你不是甚麼都能控制」的阿。也可以是「不是你想怎麼樣，就能怎麼樣」的心結阿，很多可解譯的內容啦。

4.11 時空結構──時輪金剛

H：插題請問一下：「明覺」指的是具備更大範圍的思考能力，也就是「群體化、系統化的思維」的能力，通常具備明覺的察覺能力時，對於來自更高密度「靈感」（第四密度含以上）的訊息內容，才會產生解譯能力，換句話說，便能解讀高密度訊息了，也能準備進入第四密度了。<--從佛教來講，是否到「明覺」才能解譯「時輪金剛」？

V：我認為只有「明覺」還不足以解譯「時輪金剛」的內容阿，應該是要再進一兩步以上吧，因為那屬於「時空結構」的範圍了。

Z：這不是群主一直提及的「時空觀」嗎？

V：呵，提及到「時空結構」就不僅是只有「時空觀」這件事情了阿。

H：「時空結構」是隱態當中能夠顯化「時空能量場」的規則集合？「時空觀」則是個體意識頻率，跟外在能量場的頻率，相互作用之下所獲得的「觀察和感受」？這樣的描述是否正確？請協助修正？

V：這樣區別也是可以的，我的看法是這樣，這「時空觀」與「時空結構」，其實同樣是我們所建構的內在規則（觀念），只是詳細程度上的差異。「時空觀」是指對於時空的概念輪廓，比較簡易、大致上的內在規則認定，而「時空結構」就不僅只是概略的輪廓，還需描述在同時空中，與不同

時空中的運作規則，所以需要定義何謂不同時空、有幾種時空、不同時空中的相互關聯，以及與意識個體的關係……比較「結構化」的內容。

比如說，時空即是能量場、不同能量場是不同的時空、時空能量場只是電磁場、沒有引力場只有電磁場……這些比較簡略的概念，歸類為「時空觀」，我們之前所提的絕大多數均屬於此類阿。

V：書本第三章/時空結構。時空連續體、靈數加法、星體軌跡、靈數顯化、幻化種類、時空結構、結構共振、時空配置。

時空結構大概是像這樣，不過「時空連續體」比較屬於「時空觀」，時空基礎的規則理解部分，不太屬於時空結構的內容。

V：就我所知，「時輪金剛」是有無時空性、密度層次與相互滲透的觀念了。

V：這個圖算是有描述到時空結構的部分：時空的層次結構。參考：

https://zh.wikipedia.org/zh-tw/时轮

https://zh.wikipedia.org/zh-tw/原子轨道

V：壇城是有些層次化的概念了阿。

H：如果從「時輪」這兩個字來說，請問你如何解譯此二字？

V：不同密度的時間軸不同啊，往復循環，像時鐘那樣，稱為「輪」的還算到位的形容。這種圖是能量場的概念。參考：

https://www.facebook.com/groups/407630352718603/posts/2578094695672147/

V：太陽系中的子密度。

H：複習一下：太陽系的磁引場當中，有許多殼層，每一殼層是一種密度？也表示不同的意識狀態？

V：呵，整個太陽系只能算是一個時空密度阿，太陽系中不同殼層是「子密度」阿。

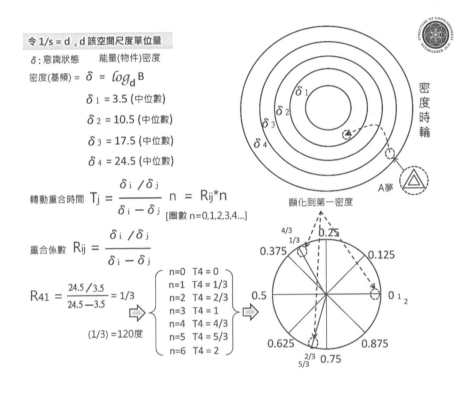

令 $1/s = d$，d 該空間尺度單位量

δ：意識狀態　　能量(物件)密度

密度(基頻) = $\delta = log_d B$

$\delta_1 = 3.5$ (中位數)

$\delta_2 = 10.5$ (中位數)

$\delta_3 = 17.5$ (中位數)

$\delta_4 = 24.5$ (中位數)

轉動重合時間 $T_j = \dfrac{\delta_i / \delta_j}{\delta_i - \delta_j}$ $n = R_{ij}*n$ [圈數 n=0,1,2,3,4...]

重合係數 $R_{ij} = \dfrac{\delta_i / \delta_j}{\delta_i - \delta_j}$

$R_{41} = \dfrac{24.5 / 3.5}{24.5 - 3.5} = 1/3$

(1/3) =120度

n=0　T4 = 0
n=1　T4 = 1/3
n=2　T4 = 2/3
n=3　T4 = 1
n=4　T4 = 4/3
n=5　T4 = 5/3
n=6　T4 = 2

密度時輪

A夢

顯化到第一密度

V：不同時輪（時間軸）之間的滲透與同步之關聯，可以比喻成很多「跑得不一樣快」的時鐘重合與交錯的關係啊。

各種星系的相對運動軌跡。時空結構的舉例，其實也並沒有

甚麼實際案例，之前提過的「藍皮書計畫」拷問小灰人的說法，算是一個案例吧。

https://www.facebook.com/groups/407630352718603/posts/2374310686050550/

H：所以範圍要更大到好幾級的星體和星球，才比較得出來不同層次密度，以及不同密度的意識狀態？

V：是如此阿。

R：占星裡，行星之間的相位，是一種能量的顯現嗎？

V：是的，這是當然。

【意識、時空、場體】

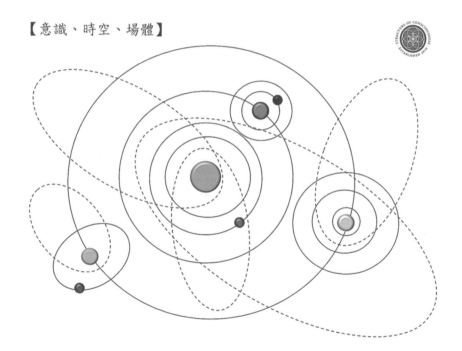

H：書本第三章的星體軌跡也是在講這個？第 115-117 頁的圖。

V：是阿，以星體軌跡的方式，來理解時空密度的動態性質阿。其實印度教濕婆（吠陀）應該也有一些時空概念。

H：可是市面上流傳的說法，都是講「輪迴」，想不到是「時空能量場」的循環。請問針對這個提問，你有回覆或建議嗎？

V：因為對時空的理解相當稀少，沒有對應的內在規則，以及扭曲失真，所以無法讀取到任何對應於時空的相關資訊。這個議題有點抽象與複雜，若完全沒聽過密宗這些事，就略過也無妨，主要是「時空結構」的相關部分，這也是屬於占星原理的「占星術」的基礎了。是否有進一步的詢問？

H：請問「時空能量場」的顯化，是否為一切能量或物質顯化的基礎？它是最優先顯化的嗎？

V：是的，最基本的顯化，所以時常稱為「時空背景」。

H：所以也是有可能發生「不再顯化」的情況？

V：是阿，有可能阿。

Su：請問為何會發生「不再顯化」的情況？

V：因為極化合一（復回隱態），所以就不再顯化了。

Z：請問有這樣狀態的人嗎？如果有，是一種莊子所說不將不迎的狀態嗎？但這樣應該還是有顯化現象出現才對吖？請釋疑。

H：都說不再顯化了，哪來的甚麼狀態的人讓你看？

V：呵，就「隱態」了，只有無時空性的規則了。

H：請問你什麼時候會用「時空結構」這個概念？什麼時候會用「時空能量場」這個概念？

V：通常提到「跨時空、多重時空、平行時空」時，才會引用「時空結構」的內容，而關於時空本質、星系密度、幻化

（意識顯化）時，多用「時空能量場」的概念即可。「幻方」比較特別，是量化部分的時空操作，其餘都是定性描述比較多。

4.12 結構形成──結構化過程

V：那來談談「結構化」這件事好了，首先，先來段影片：
https://www.youtube.com/watch?v=5qmQynxqGjY
https://www.youtube.com/watch?v=1iXY2BE1S8Q
呵，這個圖有沒有覺得很面熟？

H：磁引力場的圖？還是幻方型式的自由能源的圖？

V：呵，沒有那麼複雜，跟原子的圖一樣阿，只不過是平面的。

H：意思是說？受到外界聲音的影響，自然形成跟原子圖一樣的結構？

V：這音源是從中心處發出的阿。

H：請問每一個圈圈範圍的能量場都不一樣嗎？越靠近中心能量越強嗎？

V：是阿，所以越靠近原子核的電子，越難跑出原子的範圍，變成「離子」。

H：請問：「能量越強」的意思是？

V：吸引力大於斥力越多的意思吧。

H：原子裡有質子、中子、電子，每一顆都有它自己的電磁場？整個原子是綜合的磁引力場？

V：是的，是組合而成的，由於每種粒子有其特性，各產生不同的頻率，所以都是「合成頻率」決定我們可觀察的能量運作的樣子（能量結構）。

V：實際運用，現在也正在發展中。只不過僅從「生理上」來修

改，也是難以「根治」啦。

https://www.youtube.com/watch?v=Z5JKrZ1pvso

V：所以一個原子顯現的「結構」，是由「頻率」塑造而來的啊，這話可以這麼說嗎？

H：為什麼不是先有原子的「結構」，而後由此「結構」產生它的頻率？為什麼「頻率」先於「結構」？

V：呵，這顯態與隱態是可以交互作用的阿，只不過顯態頻率調整的是顯態的結構，進入隱態之後，能不能修改隱態結構（中的關聯規則），那就不一定了，不過也是有機會阿，所以才會說「未必能產生治本的效果」。

若用在生理狀況（一般稱為疾病）的治療上來說，純粹由外部能量頻率來調整生理運作，短期上會有效果，不過若是由內在產生的頻率沒有改變，那很快生理狀況，就會回復成有阻礙的狀態，所以還是得找出「由身體內部所產生此種訊號源的因素」，然後加以修改，才能「根治」吧。

H：rTMS 商機無限耶。

V：呵，商機有啦，因為市場也不小阿，對於情況較為嚴重時，可以爭取一些時間啦。其實應用很廣，全身都可以使用，同樣都是，外加頻率調整生理組織的結構的原理阿。

https://www.youtube.com/watch?v=nRhIM3wo0G0

Z：請問這些磁引力場的溫度是如何決定的呢？

V：要看與外界的能量作用關係啊。

Z：是與外界越密集的磁引力場會使溫度偏高嗎？

V：也是如此，不過也是要看是否有共振阿。

Z：因為我聯想到，若有人在下載訊息時，是否體溫也會升高，尤其是腦部？

V：腦部在大量「處理資訊」時，當然溫度會有所上升，這跟電腦 CPU 溫度上升也是一樣類似的現象。至於體溫會不會上升，那也不一定，要看有沒有觸及生理上的功能。

Z：那麼發燒應該也是一種身體免疫系統在作戰時給腦部及全身帶來相當大量的訊息通知。

V：當然免疫系統啟動，也會使得腦部溫度上升，運作方式是一樣的，只不過活躍的是「生理機制」相關的功能區塊，像是小腦、延腦……控制生理活動的腦部區域。雖然一樣是腦部的局部升溫，但這與所謂「訊息下載」有很大的差異。

Z：還有像是乩身的情形。

V：這比較像是「全腦控制」了阿。

Z：還有生氣暴怒時。

V：這屬於「腦部情緒處理區塊（如海馬體）」的強烈活動，會觸發更多生理反應。

Z：那麼繼續探索時，發現只要自身能修改到與外界共振機率變小或是能使之和諧共振就可以保護載體了？

V：呵，沒有共振自然就不會有能量上的影響啦，但「和諧共振」與單純的「共振」不同，這需要有所分別阿。

H：問題是生理層次的頻率，不容易修改吧？生理的內在規則也是規則，心智的內在規則也是規則啊。我是說生理的內在規則不容易修改啊。

V：若可以具備修改「生理層次規則」的能力，大概成仙應該沒問題了，呵。

V：呵，為何「結構化」會聯想到體溫升高？

Z：想到太陽啊。

V：哈，那「結構化」跟太陽有什麼關聯？

Z：是從看到離子聯想起的。

V：呵，等離子體？

Z：嗯。

V：等離子體，也是一種在特定狀況下的「結構」啦。

V：接著看看這中心點的「頻率產生器」，是怎麼產生這些特定的頻率的阿。

https://www.youtube.com/watch?v=1iXY2BE1S8Q

Z：音波週期用砂子震動顯化出現的？

V：嗯，是要說，如何產生這些「不同的頻率」，當持續產生相同頻率時，產生的樣子（結構）會維持同一個狀態阿。

這似乎有些複雜，不過簡單的說，就是用各種電器元件的電器特性（電容、電阻……）來調整出所要的頻率，這些電路都有一個對應的結構（用數學方程式來表示），當然也可以用幾何結構來表示啦。

所以意思是說，一個原子之所以產生這樣使之成為「一層層球形」的「頻譜」，其隱態中必定有一些「內在規則」才能顯化出這種頻譜阿……不然怎麼會持續個千百年（有些原子的變衰期是幾萬年）總是那個樣子呢？

H：就像樂譜也有它的結構？

V：這是當然啦，不然無法描述阿。

V：那麼「腦部的思維功能結構化」是甚麼意思？一般也時常稱為「結晶化」（crystallization）。

H：是讓所有的「思惟規則」建立起「秩序」嗎？像是形成一套合理的系統？

V：呵，是阿，但「秩序」又是什麼意思呢？

H：就像我們之前做過的，封閉系統裡的「關聯圖」？

V：呵，因為「結構化」解譯成「秩序化」似乎是「循環解釋」了阿。

Z：「有序」：在比例上可以結構結晶化的很漂亮並很穩定的繼續發展。「失序」因雜亂無章，在結構裡容易亂連結發展或不發展而導致結構潰散。

V：呵，「很漂亮」是甚麼意思？「導致結構潰散」倒是一個好的切入點。

V：「關聯」與結構化，似乎有很直接的關聯。

H：同一個句子裡面，用兩次「關聯」，這樣不太「漂亮」啦。

V：呵，你關聯得很快阿。

Z：漂亮=和諧？

V：也可以這麼說，但又是一種詞彙代換的「循環解釋」了阿。

Z：什麼是「循環解釋」吖？

H：問 A 是什麼？答 B。問 B 是什麼？答 A。有點像套套邏輯，套來套去結果什麼也沒說。網路上的例子像這樣：

　　甲：聖經寫的都是對的。

　　乙：怎麼知道聖經寫的都是對的？

　　甲：因為聖經是上帝寫的，而且上帝不會說謊也不會犯錯。

　　乙：怎麼知道聖經是上帝寫的，而且上帝不會說謊也不會犯錯的？

　　甲：因為聖經這麼寫。

V：就像說，神是甚麼？神是全能的。

　　那為什麼神是全能的？因為祂是造物主。

　　那造物主是甚麼？是神。

H：先前討論過如何記憶，也是要做關聯才容易記得，是否記憶的方式，就是結構化的方法？

V：是阿，所以「結構化」可以解譯成「將有些特定功能的單元，連結起來，成為不同於原本功能的單元（這像是循環解釋嗎？）

比如說，一個一個腦神經元，腦神經元之間產生很多連結之後，就會產生不同於一個腦神經元的功能。也就是說，一群腦神經元連在一起之後，功能多於一個腦神經元。

Z：所以其實我很需要例子。

V：呵，這很正常啦，因為詞彙大多數是「抽象」的阿。

H：這是講「關聯」，那剛剛說可以用「潰散」當作切入點，請問如何描述？

V：這可以當成「品質評估」的程度指標阿。

所以「結構化程度」可以解譯成「這些特定功能的單元，當此功能可處理越多外界輸入的訊息，其平均的運作效能越高，則結構化程度越高，若輸入訊息導致系統崩潰的機率越高，則結構化程度越低」。

H：如果我們經常因為外界的訊息，而感受到各種負面情緒，就是心智需要更加「結構化」？

V：是阿，減少內耗，就會提高效率阿。

Z：看起來結構化很接近不失真，比較利他耶？

V：呵，「不失真」的主詞是甚麼？

Z：接近於對整個世界的結構規則的了解？

V：呵，是如此阿，其實結構簡單也能很高效的運作，只不過當輸入訊息（遇到的事件）越多樣性，會容易產生更多內耗了。

H：結構化程度很高，也可能很高效地利己啊？

Jia：分享有趣的科學：

　　　https://www.youtube.com/watch?v=INaFP1hsfwM

V：呵，這有幻方的味道了阿。

Z：通過這影片，察覺到的是爲何要思考而且發現跟記憶力有關，而且要看的資訊可以在後面越來越少。不思考，會被資訊淹沒，然後忘光。

V：思考所得爲規則，規則才爲隱化（內化）之標的阿。所以越不思考，記憶力越差啊，呵。

Z：思考跟串聯和定位有關。

V：是阿，那是過程阿。

4.13　再談曆法

V：有談過「曆法」嗎？

H：先前談過，內容包括生命靈數和占星術。

V：有興趣再談嗎？

H：好啊，因爲上次沒很懂。

V：「曆法」是與時空結構有關啦，算是時空結構的一種應用，所以會比較抽象與晦澀一點阿。

Z：好的啊，也是對於感受製造相當重要的感覺。

Lia：好奇的問～什麼是曆法？感覺很難懂！

V：呵，不會啦，小學都有學過了阿。比如說，什麼是閏年、什麼是黃道吉日，這樣阿。

H：先請問一下，書本第 323 頁提到蒙古占星的「八宮位」和西洋占星的「十二宮位」，分別是「3 階魔方陣」和「4 階魔方陣」。請問：

　　1. 這些「宮位」的劃分，都是在黃道面上的劃分？

V：是的。我目前看到的只有中國占星術（李淳風），不是用黃道在劃分。

　　2. 爲什麼剛好可以匹配「魔方陣」？

V：因爲星系的運作，本身就會形成「永動機」的機制（不是永遠運作，但可以維持幾十億地球年吧）。

　　3. 太陽系裡只有「八宮/十二宮」的劃分，沒有別的嗎？

V：中國占星術（李淳風），不用黃道的方式劃分，所謂七政四

餘二十八星宿阿。

Z：現在也有印度和緬甸占星，是否也偏黃道劃分與七政四餘也有不同之處？

H：印度那邊的二十八星宿是和月亮繞地球有關，在白道上分為二十八星，佛教辭典上說的。

V：七政四餘是中國古代所用的星曜名稱。「七政」是指太陽、月亮、木星、火星、金星、水星、土星，「四餘」是古代天文學構擬出來的虛星（古代中國視為隱曜、暗曜），指羅睺、計都、紫氣、月孛。……from wiki。

中國古人約在戰國時建立起了二十八宿體系。這是一個赤道坐標系統，以天赤道為平面，用赤經和赤緯來定位天體的位置。……from wiki。

赤道坐標系統，又作赤道座標系統，大概是使用得最廣泛的天球坐標系統……from wiki。

簡單的說，二十八星宿是屬於赤道座標系統的劃分，而「赤道座標系統」是指地球赤道，並非是指太陽的「黃道面」阿。所以會跟其他占星術不同啊，我知道的各文化的占星術，都是以黃道面為主。七政四餘，類比於西洋占星術的「行星」阿。由於「座標系統」有所差異，所以需要轉換，不過轉換之後，還是有些差異無法轉換，因為觀察來源本身就有所差異阿。

https://zh.wikipedia.org/zh-tw/赤道坐標系統
http://edson.tw/earth/Zodiac/Zodiac.html

V：所以「黃道吉日」是什麼意思呢？呵。

H：網路上只說幾個星是吉，但沒說為什麼耶。

Ｖ：呵，通常都沒說啦。各種占星術也沒說啦，不然就是很多「形容詞」或「故事」吧。

Ｈ：那就麻煩你說，有空的話啦。

Ｖ：簡單的說，關於「星座/星耀」的吉凶，這要從「行星/七政四餘」說起了阿，行星與太陽的相對位置（通常會說甚麼星進入甚麼宮位），表示一個「太陽殼層」的強弱與性質的變化，這是因爲該太陽殼層的頻率變異，所產生的變化，而星座的「守護星」是這麼來的，都是以能量的特性（對於地球與其上的動植物、礦物的影響爲基準）來判定的阿。

所以這與行星、宮位、相位、守護星……的相對位置來轉換與辨識對於地球能量場（太陽第三殼層）的影響而論的阿。

所以主要還是以「引星入宮」爲主要判斷依據阿。參考：

https://www.facebook.com/groups/407630352718603/posts/949858071829159/

Ｈ：「守護星」的部分不是很明白，明明是行星所在的該殼層磁引場，對其他行星影響最大，看不出來是在守護什麼？還是說只是個象徵性的名詞？

Ｖ：「宮位」的特性定義，是由「守護星」的特性來定義的，換句話說，當該「行星」所在的「太陽殼層」對其他太陽殼層影響最大時，就稱爲該宮位的守護星了。而當「磁斥力」最大時，對其他太陽殼層影響最大，其特性也最明顯，所以是以磁斥力最大時，也就是離太陽「最遠」時，爲其守護星。

這裡說「宮位」，而不提「星座」，主要是因爲「能量場特性」劃分，還是以宮位爲準，星座只是「近似的普遍方便說」阿。

Z：原文：當行星軌跡偏離太陽最遠時，代表該層的太陽磁引場的磁力達到最大值，引力最小值，此時該層的太陽磁引場對其他行星影響最大，故稱為該星座的「守護星」。
　　請問這段的磁力最大值和引力最小值的畫面要如何解釋呢？

V：遠日點，就是斥力最大時阿！這有點拐彎阿，呵。容易搞混，所以可以記住關鍵要點是「遠離者強」阿，呵。

V：所以占星術的四個基礎架構是，定位座標、磁引力場、太陽殼層、引星入宮，其餘都是推演出來的，所有占星術均適用。而「曆法」則只是在描述「地球能量場」的變化對照表，方便使用阿。地球能量場主要還是受「太陽」與「月球」的影響為最大阿。

H：幾個問題請教。（手邊沒書，可能不太準確，請見諒。）
　　1. 無論是地球繞太陽的「黃道面」，或者月球繞地球的「白道面」，或者以地球本身的「赤道面」為主，都可以從星座的位置，來劃分出不同的「能量場狀態」，以描述地球的特定現狀？

V：是的，都可以描述，可是都是簡化過的方法，也就是擷取影響最大的因素，我想如果整合起來可以更全面的描述吧。
　　2. 上述的「能量場狀態」又是如何被判定為「或吉或凶」，如此人為的判定雖然有客觀的占星術原理為依據，但牽涉「吉凶」這種價值判斷，是否有點怪怪的？合理嗎？

V：其實「吉凶」這種人為判斷，也很像是「因果」的判定，都是「相對的」，也是「因果相互交替」到底何為因、何為果，那也未必，所以到底何為吉、何為凶，事實上也非定論，不過可以以一個事件作為基準，來描述吉凶吧。比較精

準地說法是，吉中帶凶、凶中有吉。

而以這個說法來看，在單一事件的中的「吉」則是與「當時的意識頻率」共振加強效果，相反的「凶」則是與「當時的意識頻率」干擾消耗的效果，「大吉」則是共振效果越強，「大凶」則是干擾效果越大。

3. 先前說過，太陽系中的行星，因爲距離太過遙遠，其物理上的吸力斥力可以忽略不計，主要是看位置關係的「相位」「夾角」，從而判斷其他殼層對地球所在第三殼層的影響力。然而，星盤是簡化的平面位置關係，而非立體的位置關係，如此誤差是可以接受的嗎？爲什麼呢？

V：接受與否，那要看想描述到多少的精確度啦，就像國基標準對於電信設備的穩定度的要求，需要到達小數點後三個 9（99.999%）的穩定度才能接受阿，而占星術的簡化模型的精確可能對於大家來說，也是不得不接受的精確度了，因爲可能沒有其他更好的辦法吧。

4. 一個白目的問題：太陽如同原子裡的質子中子，其他行星如同原子裡的電子，原子「軌域」和太陽系「殼層」可以類比，那爲什麼行星沒有在殼層範圍之內跳來跳去，如同電子在範圍之內跳來跳去、無法預測？

V：呵，星系與原子最大的差異在於，原子的能量級別是很接近「顯化」的初始狀態，所以才會「忽隱忽現」，顯化的位置也是依照當時的能量狀態來決定的，星系則離「初始顯化狀態」很遠了，所以能形成穩定的行星軌道阿。

V：「曆法」在實際應用上，是指我們的那種「日曆」，日曆也不是隨便排列組合，而是有一定的規則，這種排佈日曆的內

含規則，就稱爲「曆法」啦。像是我們現在每天計日的標準日曆，就所謂西洋曆、國曆，我們中華傳統的日曆，就稱爲農曆、陰曆、陽曆，世界各地不同文化也有不同的日曆，遠古文明也是有其他的日曆，其實也是不少啦……

H：爲了讓陽曆和陰曆對得上，所以有「潤月」，但是古代的「潤月」好像是皇帝訂定的？感覺很隨便耶，是能用就好嗎？

V：呵，所有曆法都是人訂的阿，所以包括「閏月、閏日」的方式也是阿，主要目標還是配合太陽（陽曆）月球（陰曆）的循環週期差異，來做調整，至於人爲訂定的閏月日的方式準不準，那也未必，要看當時的環境與應用需求，而有所差異吧。其實怎麼訂都很難「完全正確」，因爲這種天體的自轉公轉週期，本來就並非是完全相同的循環啦。

H：比方說，爲什麼是潤二月、潤八月？這是如何決定的呢？

V：呵，這個依照陽曆的 24 節氣來決定的，24 節氣分爲 12 個節氣和 12 個中氣，二者相間排列。閏月具體安置在哪一個月，這 24 節氣有關，閏月會被安排在農曆沒有中氣的月分。這樣啊。

可以參考參考，反正就是一套規則方法（搞得其實也挺複雜的啦），當然能越符合天象與能量的描述，就是越好的曆法啦！

https://www.hko.gov.hk/tc/gts/time/24solarterms.htm

H：好的，天體循環週期並非完全相同，可以理解。但是如果不夠精確的話，所謂的「占星術」，無論是娛樂版或者正經版，其詮釋效度難道不會因此而打折扣嗎？

V：其實若不做「時空技術」的話，這個曆法在其他應用上，也都算是夠用吧。

H：有時候看某某星座的解析，看來看去都覺得差不多，意思是，就算不是這個星座，好像也會有這個星座的特性？

V：呵，「星座」其實並非評估的標準，而是以「宮位」作為基準的，所以現在一般的「星座解析」都很簡化，模糊也是正常的啦。

H：或者是占星術預測股市振盪、經濟復甦等現象，聽起來都有點模糊？你覺得是因為缺乏和科學、天文學整合嗎？

V：這其實有比較複雜的因素，像這種有關「社會性質」的事項，都受到「群體意識的心智狀態」很大的影響，也並非只是天體能量場效應的因素，所以難以一概而論。或許除了需要「時空技術」方面的應用，這些「群體事項」的預測趨勢是可以預測一下啦，只不過我並不認為這是我們需要重大關注的重點啦。

Z：那有沒有在群主意識認知中最接近整體天象能量描述的曆法呢？

V：我覺得其實也都差不多啦，用在目前的計年運用上，都是可以的啦，呵。

第五章　群體過程

/同理群體/群體秩序/意識提升/察覺發展/利己利他/
/宗教崇拜/崇拜實例/群體進程/心電感應/

（章節簡述 Vidya）人在目前的演進過程中，都會產生「群體化」的傾向，也就是需要群體的生活，無論是在物質上或是心理上的需求，都有這樣的傾向。也因為這種群體化性質，導致我們都會自動的、不自主地去尋找自己所想要「遵循的規則」，所以不論是關於抽象或物象的信仰，也不論自己是否了解自己所選擇的是甚麼，其選擇的因素都是以「內在規則」為目的，而「內在規則」的成因則又是「意圖」，也就是說，有什麼樣的意圖，就會信仰甚麼，大家都是這樣的過程。比如說，想獲得「內心的平靜」，那麼就會信仰讓自己感到平靜的「內在規則」，這個規則包含在平靜形象裡，也包含在無二元對立的平靜思想描述內容中。又比如說，想獲得「內心的對立」，就會被包裹二元對立的那些教主形象與內容所吸引。

那麼當我們在熱衷於追逐各類的「宗教活動」時，值得自我察覺的項目就會是，此種宗教的核心思維與教義的意圖為何？舉個例子來說，當我們熱衷於「朝拜」只有形象而沒有教義與核心宗旨的宗教活動時，便是指自己意圖「依靠」那個會保護你的外在形象，以及其形象所代表的「保護」，而需要依靠與保護的則源自於自己各種內心的「恐懼」，恐懼則是來自於「對於自己的不理解所導致的缺乏自信」。所以群體的朝拜，便代表著群體的恐懼，雖然每個人恐懼項目有所差異，但總和來說仍是恐懼，且群體越大，朝拜的強度越高，恐懼則愈為龐大。其實理解自己的本質為「意識」，且明白意識的運作方式，很多源自於生活上各類事件或業力而來的恐懼，就會逐漸消失，那麼當然也就不會再產生倚賴與保護的意圖而費力去追逐，更多宗教活動所帶來的些許內在短暫的平靜。

「第四密度」（一的法則）是「愛與理解」的密度，而我們正處於第三密度提升到第四密的過程中，為什麼「理解」是在我們要前往的第四密度，而不是現在的第三密度呢？因為第三密度只是「理解的起點與基礎」，我們現在離所謂的「理解」還是有段距離。當我們在熟悉操作「自我察覺」之後，才有所謂的「理解」出現，換句話說，我們現在幾乎都是「誤解」比較多，所以第三密度才稱為「自我察覺」的密度。第四密度「愛與理解」中的「愛」，也並非是來自於「心電感應」的能力增加，是因為對於「意識」本身的理解，才足以產生這種理解，這「愛」的層次與第三密度的愛，也並不相同。

　　「群體化的愛」，其基礎與核心意涵，是基於「對於意識運作」的理解，然後真正的「一體思維」才會形成，舉個例子說，若真理解「共同引用程式來介接載體顯化」，才能真的接受「這世上沒有壞人，只有程式壞掉的人」，藉此理解為基礎我們就不會去恨某個人、某一群人……，因為他們只是引用的程式有問題而已，而修改程式不只是某個人、某群人的事情，是第三密度實體的事項，才會產生真正的群體化思維，並由此思維所產生「對於人事物的意圖動機」，才會產生第四密度的那種「愛」。「共同引用程式來介接載體顯化」，一般則稱為「投胎」。

　　其實我們要改善的一直都是「共用的內在規則（程式）」，把任何人消滅並無任何效用，這是必要的理解，沒有這個理解，我們無法從個體化密度轉換到群體化的密度，當然理解也需要實際感受來配合確認，這都是需要的。而有了這個理解（內在規則），並且在群體中開始運作後，群體化的過程才能真正開啟。

關於目前「以暴制暴」的現實面對的方式來說，有兩種狀況，1. 有人是因為「想不出比暴力更好的方法」之下所產生，2. 有人是因為「面對想不出比暴力更好方法的人」才只好以暴制暴，但這都只是「一時治標」，終究還是要學會「修改內在規則」，直到第一種狀況減少到一個比例之下（我想大概要10%以下），才比較會產生更文明的方法。這也是過渡到「第四密度」的階段性選擇之一。

5.1 同理群體

Z：所以我們常說的同理心就是瞬移腦部能量場的一種囉？

V：也不一定是瞬移啦，有人同理是常態，腦部能量場波動不大。那就談談「同理心」吧，當然這不是件容易的事，需要一些條件。

Le：要知心、再知理才能有同理心嗎？

V：也是阿，需要一個明確的意圖，以及相關類似的內在規則，缺一不可，否則就算知心，也難以同理，也無法同感阿。而這明確的意圖，就屬於本身的意識狀態中心智階段的範疇了。同理同感，之後還有一件更重要的事，就所謂建議了。

H：「意圖」是指「理解他人」的意圖？「內在規則」是指理解他人所需的運算能力？同時也是腦神經的運算功能？

V：我們之所以有想要理解他人的意圖，則是來自於群體化意圖的驅動，這是群體化過程的一種顯化能量。

H：這是指「中個人期」後半段？發展想要理解他人的意圖？

V：是的，至少是「中個人期」的心智階段，先構建自我之後，才能拓展，才會解譯出具有群體化性質的同理規則。換句話說，群體化的意圖是一直存在的，只是各階段的解譯能力的差異。

H：好的。先前討論過，「理解」的前提是「自我察覺」，所以「理解他人」也是一樣的對吧？若是不能「自我察覺」，則容易將自己的解讀，強加在他人身上是嗎？

V：是如此啦！

H：提出眞誠的「建議」，是因爲顧慮他人的感受？

V：這是針對不同對象，提出期望能改善目前現狀況的有效方法，也是一種出自與群體化和諧運作的期望，不過這也並不容易啦。

H：並不容易的意思是說，不容易出自於「群體化」的意圖？

V：群體化意圖，只要中個人期，多少都可以解譯，並不困難，以目前狀況來看，則是難在這群體化意圖的解譯程度還不算高，與個人化的解譯，仍然難以協調。簡單的說，自私程度、利己程度仍然很高。所以出現政治經濟社會環境……解決不完的事情。

Z：媒體進步後，接收到的訊息太繁多，接收生命消失發生次數太高了，雖然很多都是爲了改舊法或立新法，也是好的，但總是會感慨一下。

V：其實要比傷亡率，歷代以來，現在算是很低了阿……也算是一種演進了，雖然這種演進似乎是很緩慢，但現實就是如此啦。「意識、隱態」是死不了的啦，就算地球毀滅，意識也只是換個地方，繼續前行啦……

Z：那請問比較快的方式爲何？

V：現在正在測試「大量資訊」的方式。事實上，幾乎是「別無他法」啦。參考：

https://kknews.cc/zh-tw/history/xmbxm4q.html

https://zh.wikipedia.org/wiki/战争列表

Z：所以以往大更大量傷亡因爲資訊網絡不發達的原因，所以資訊量有限，傷亡人數的意義不大，現在的環境，甚至只要傷亡一人都可以改變法律的意思？

V：是阿，如果將每個人視爲一個神經元，那麼通訊發達，其實就等於將每個神經元產生較爲緊密的「突觸連結」，這樣在「整個結構」上的性質，就比較有察覺與改變的「機率」啦。當然這不僅包含了一般各地所發生事件的訊息內容，也包含了所謂「通靈訊息」的流傳。

Z：那現在 AI 會更提升這個連結性嗎？

V：會的，因爲「輔助理解的工具」更爲有效了，但這前提是我們要把 AI 當成是「輔助理解的工具」啦，不然就無此效果了。

Z：是說他給出的資料還要再經過自己的彙整，而不是複製貼上的意思？

V：是阿，我們基本的「理解架構」還是需要在心智內容上的建置過程，這是無論使用甚麼工具都無法跳過的過程。若我們將這種「建置自我理解架構」的事情，都給 AI 去做（當然 AI 可以產生理解架構），自己的內在沒有建置完成，那麼人類將失去創造力了。（理解架構，參考：https://www.facebook.com/groups/407630352718603/posts/2414579928690292/）

Z：咦，那應該是在每個信息上這樣處理才是啊～現在半眞半假的訊息充斥著。

V：呵，哪有半眞半假，八成是假的吧。

Z：那請問這兩成內容是那些方面呢？

V：「八成」只是個形容詞，是很多很多超過一半的意思，也並非是「剛好 80%」的意思啦。另外少數比較「眞實」的內容訊息，需要靠自己經過思考來加以辨識，就像是本社群的內容啦！（老王賣瓜了，哈）

H：我覺得總體而言，亂七八糟的訊息超過九成，至少有認真做功課的訊息不到一成，認真做功課又做得好的訊息百千分之一吧？（以我的需求來講是這樣，看那九成的訊息還不如看鬼滅之刃）

V：其實也不會，只要建立了自己「自信度高的理解架構」，那麼要辨識這些五花八門的訊息，就會輕鬆愉快了。

H：請問如何建立呢？

V：簡單的說，整合規則。呵，這件事其實也是挺龐大的啦。

H：我覺得沒那麼容易，通常遇到「難以整合」的狀況，都會陷入「原地踏步的重覆模式」，人類對於自己腦中的訊息或 idea，很容易產生眷戀的傾向，愛不釋手。

V：因為我們是第三密度心智層次的意識個體啦，呵。

H：但是太過眷戀某種觀念，就不容易察覺到哪裡怪怪的卡住了。

V：有點「陷入泥沼」了，這時候就需要「深度學習」了。也就是跳脫原本範圍，重新思考整合。

H：學佛多年的同事，覺得自己「學得很深」，跟你講的「深度學習」有何不同？

V：嗯，這裡所提「深度學習」指的是 AI 在建立神經網路架構時，所用的一種「調校策略」，內容則是當 AI 運算模型陷入泥沼（找不到最佳解）時，就需要在擴大訊息範圍，重新建構一次此內部運算規則，以期能找到更適用的最佳解。簡單的說，是指跳出原有領域的重新思索。（深度學習，可參考：

https://www.facebook.com/groups/407630352718603/posts/967228970092069/）

H：「擴大訊息範圍」是指需要更多外來輸入的訊息？需要更多的採樣？但是以人來講，他如果不放下自己的偏見，看再多書都是一樣啊？

V：是的，以知識來說，指的是其他領域的知識，比如說佛法以外的領域，像是物理、化學、數學、生物、醫學、哲學、心理學、超個人心理學……。但正如你所提的，甚麼都用「自己所知的佛法」去解譯，那麼等於沒甚麼效果，因為自己的內在規則，並無任何變動。

H：「內在規則」是自己內在的事啊，和「跨領域」研究如何關聯呢？

V：試著用同樣的規則，往其他領域的規則上套用解譯看看，若都能適用，就能夠把兩個領域整合起來了。比如說，幾何與意識、脈輪與線圈、管理能力與意識狀態……參考：

https://www.facebook.com/groups/407630352718603/posts/550004375147866/

https://www.facebook.com/groups/407630352718603/posts/753425521472416/

https://www.facebook.com/groups/407630352718603/posts/1971850546296568/

H：我發現許多人學了 A，再去學 B，反而問題重重，因為沒辦法先把 A 放一邊。學 B 的時候一直覺得「按照 A 來說，就不是這樣啊！是不是 B 有問題啊？」那就進不了「跨領域」的最低門檻了啊？

V：這還是考驗規則差異間的整合能力，換句話說，須在相異之處，還能找出相同的原理規則（通常需要更高層次的規則了）。

Z：是不是能使用比喻法應用的程度吖？能將此事比喻成他事的應用。

V：也是阿，各領域的比喻，意味著我們了解背後運作的規則為何，不然無從比喻啦。所以可以試著多領域的比喻啦。

Z：嗯嗯，用烹飪比喻蠻好玩的。

V：烹飪其實很複雜啦，牽涉複雜的物理、化學、生物反應，吃下去之後就更複雜了，之前談的「飲食」也有直接關聯的阿。

H：許多專門研究「政治經濟」科目的朋友，也會接觸佛法，但是沒辦法「整合」，像這種跨領域的整合，你會使用什麼樣的「關鍵字」來建議入手？

V：內在規則。

Z：但觀察有一處不明白，也有很多一輩子在利己方面固執己見的族群活的很好，還家財萬貫，享盡富貴，這宇宙演進法則是忘記他們了嗎？

V：呵，你多慮了啦，不論有錢沒錢，都是內在規則在執行阿，內在規則運作不順暢，同樣也是衝突矛盾一大堆啦。對於「意識」來說，你是甚麼人根本不是參數啦，呵。

Z：的確是管不了別人的表面風光，內心衝突。

V：其實各有各的驅動催化啦，呵。所以其實我們不用「白骨觀」這類的過度詮釋，只需要「內在規則觀」看世界就恰到好處了阿。

H：之前聽你說過，心裡沒有「規則」這種概念的人，無法察覺到自己的「內在規則」？可以再說明一下嗎？

V：好的，這就像是我們以前沒有「細菌」的概念，就不會去想辦法「看到細菌」，所以至少開始察覺到「似乎有其他東

西」，才有可能真的察覺到有其他東西，不然就算看到了細菌，也完全無法理解那是甚麼。也就是說，我們內在若沒有「規則形式內涵」的規則，就無法識別甚麼東西是所謂的「規則」了。

「規則」是一種「固定步驟」的描述，這些步驟可重複執行，但輸入的資料（訊息）不一定要相同。比如說，「若我有了（1）＋（2）>10，那麼我就會很愉快了」，這就是一個最簡單的規則，其中（1）（2），都是可以輸入的各種資料。

H：（1）＋（2）>10 就會很愉快？

　　如：（香菸）＋（威士忌）>10（十分滿意？）

　　如：（放假不上班）＋（鬼滅）>10

　　像這樣嗎？

V：哈，是阿，都可以的啦！

5.2 群體秩序——家庭與婚姻

H：友人問：「世上是否存在著不愛子女的父母？」雖然這個問題背後的意圖，不無「子女對父母的期望」，但若撇開此意圖，請問以意識結構來看，如何回應？

　　1. 「父母的愛」最寬廣的定義爲何？

V：給你一個可介接的載體。

　　2. 「父母的愛」是否爲預先設定的多層次的內在規則？

V：是阿，從預設中再進行修改的可能。

　　3. 「父母的愛」是否爲「群體化」的必要條件？

V：沒有一定必要，不過是一個很強烈的催化方式。

H：另外請問如何解釋母鳥攻擊幼鳥的行爲？生物學上引用「物競天擇」或「弱肉強食」的觀念當作原因，但我想問是否有其他不同的解釋？

V：這是第三密度初期的催化試煉，在「物競天擇、弱肉強食」與「理性判斷、尋找方法」之間的抉擇。

H：謝謝，這答案對我來說很有啓發性。有些母貓會極盡所能，照顧先天身體殘缺的小貓，直到她沒有辦法爲止。可見不同物種的意識階段亦有所不同？

V：是的，都有所差異，有的是階段不同，有的是特性方向不同。

Xi：那天生智能不足或後天智能不足的小孩生命意義是什麼，無自主能力意識演進是什麼呢？

Ｖ：催化相關人的內在規則，強化與固化涉及同理的相關規則之選擇。

Ｚ：那麼請問獨身的人是代表可以自我意識演進或是沒有演進的需要呢？

Ｖ：這是自我選擇的結果，環境會配合各自的選擇，來調整各人的催化過程。也就是說，不會沒有催化機會，只是方式與項目會有差異。

Ｈ：我有興趣的是甚麼樣的「內在規則」，會如此選擇？因為這和「社會現象」也有關。

Ｖ：這也分好幾種狀況，有人是一直獨身，有人是本有婚配後獨身，也有人是雖無婚配但也非一直獨身，也有人看似獨身但實際上也非獨身，或這看似婚配但實際上卻是獨身……不過不論多少種狀況，以內在來說，只分成「已完成」與「未完成」兩種。已完成的表示能夠產生穩固的同理規則，而未完成的則表示同理規則尚未完成，這種情形若一直沒有面對與完成，就會一直發生類似狀況，乃至下一個意識個體仍會持續發生。

也就是說，會有獨身選擇，不論社會狀況如何，最終決定者在於自己，只不過若無法自我察覺的狀況下，所以選擇也並非是真實的選擇。以目前來看，我認為真實的選擇比例應有增加，但也並不是很高。

Ｚ：對耶，我們不是要更群體化嗎？怎麼變成單身族群的人越來越多，在意識演進上是因為信息傳遞更為方便，所以對於團體學習的需求降低了嗎？

Ｖ：我認為也並非全是如此，一部分應是已完成者增加，另一部分則是中個人期者增加，一開始的自我個體意圖增強，所以

其選擇與做法會比較極端一點。

H：這裡所說的「已完成／未完成」「同理規則」，似乎不只限定在「婚姻」這個範圍？只是此範圍的催化較為強烈？

V：「婚姻」的催化效果是很強烈的阿，因為不僅包含多重意識層次，也因為群體規則的運作，所以也包含了更大群體化的催化項目（更多親戚的事件）。

Z：好的，謝謝，那麼還有一惑不解，是否這個選擇都是出於內在規則的話，那麼很多人都覺得是被環境或被人所迫就是一種妄念嗎？

V：呵，也不能說「都是妄念」，因每個人的「察覺能力」有所差異，導致每個人所產生的「意念」也是有所差異，對於「個人解讀」來說，都是真的意念，並無所謂的「妄念」可言。只是對於「實際的運作規則」來說，哪一種意念不算是妄念呢？只是「有多麼妄」而已啦。

H：請問為何「中個人期」者會增加？我以為已經很多了。

V：呵，也不少，但還需要增加，因為整體意識狀態分佈變化，是像海浪推進那樣，先堆高，再往前推的阿。

R：書本第 68-70 頁「思惟規則」原文意涵請教：

　　1. 觀察到這種關係之後，可以使我們的思維模式改變，進而感受到不同的感覺（不是感官的感覺）。

V：這是指在已經「觀察所得的資訊」中，再產生「新的關聯方式」，也就是純粹「思維運作」（思考）後所獲得的新理解。此與之前所提「強化感官察覺能力」有所不同，「強化感官察覺能力」是指「觀察所得的資訊」內容有所改變，獲得更多更細緻的資訊。比如我們之前不知道有「細菌」，後來真的「看到細菌」，便屬於這種狀況。

2. 只要察覺能力改變，時間空間也會隨之而變，所有「確定的」基礎都會改變，因為「覺察能力」是唯一「顯化」的基礎。

V：因為我們所有「察覺所得的資訊」，當然都是以「可以察覺到的範圍」為基礎，不能察覺到的現象，是難以「實際的」在思維運作順利，因為沒有「感受」可以連結（沒有感受連結的規則，很快會被自動清除）。而察覺能力是唯一「顯化的基礎」的意思是說，在尚未察覺之前，也就是不在察覺範圍之內的事情，內在也無從「形成內在規則」，便無法有任何「顯化作用」發生。簡單的說，察覺不到，也不可能顯化。

H：請問這段話可以理解為「察覺能力是操作顯化的基礎」嗎？

V：是的，是如此阿。

3. 「意圖純粹度（意識頻率）越高、也就是「察覺深度」越深。換句話說、「意識純粹度」等同於「察覺深度」。

V：能察覺到更細微的變化與規則，稱為「更深的察覺能力」，所獲得的規則認知就會越接近「實際運作規則」，更接近於「越高意識的運作方式」，故稱「意識純粹度」越高。當然「越高意識」所顯化的頻率是越高的阿。你可以將這些詞彙視為同義詞來理解。

H：請問：Ra 說他們「不屬於時間的一部分」是甚麼意思？

V：呵，我認為至少有兩種意思：

1. 隱態理解，他們非常理解了「意識」與「意識個體」的隱態本質。

2. 顯化操作，他們具備很多「時空科技」，可以操作時空的能量場域。

5.3 意識提升

Z：最近在接觸金融產業，看到大家瘋狂發展電動車，車用電子設備，就在想這是不是一種退步，離飛碟製造好遠吖。

V：也不算是「退步」，只是沒有進步而已啦，呵。

Z：請問這就是一種意識密度層次沒有提升的顯化現象之一是嗎？

V：若單看這部分，是沒有提升的跡象，不過由社會混亂程度來，是有提升的契機的阿。不然談談「意識提升」這件事好了。

H：「意識提升」是指：

1. 「意識頻率」提升為高頻？
2. 「採樣頻率」提高？
3. 「腦神經網路」的「複雜度」提高？
4. 以上皆是？

V：哈，以上皆是。

Z：印象很深刻是群主一直強調要有正確時空觀。

V：也沒有強調啦，只是說這是很基礎的內在規則啦，呵。

H：那如果沒有正確的時空觀，又會怎樣？

V：也不會怎麼樣，就是無法演進而已啦，呵。

H：明明很嚴重還說不會怎麼樣？

V：也還好，就像「意識提升」這件事，若沒有提升會怎麼樣？

H：也沒有規定一定要提升，原地停滯也可以。可是「宇宙會幫

助你演進」啊！

V：呵，這要說很嚴重，其實也很嚴重；說不嚴重，其實也沒那麼嚴重啊。說很嚴重，就是地球人玩完而已；說不嚴重，也就只是在玩一次，這樣啊。

H：突然發現這就是 Ra 說的極性平衡？

V：呵，是啊，這是正面與負面的詮釋都有，極性就容易平衡了。

H：爲什麼平常我們看到「正負面」兩種詮釋，都會覺得是「矛盾」？而你卻說「平衡」？

V：一件事情都有所謂正負兩面的詮釋，只是我們需要可以使正負兩面的詮釋，成爲「一種詮釋」，這樣就能「平衡」了。比如說，若以「意識演進的過程」的角度來看，不論是進展、停滯、甚至毀滅重來一次，事實上，均屬意識演進過程的一種方式。所以正負面的詮釋，都可以涵蓋其中了。

Z：這是不是很像莊子啊？

H：我覺得是啊。見〈齊物論〉原文：「是以聖人和之以是非，而休乎天鈞，是之謂兩行。」

Z：請問「天鈞」是指？

V：或許可以試著以「極性運作，不論經過多少衝突矛盾、或和諧，都是只有一個目的」來解譯。

H：我的解讀是這樣，供參考。主人說：「早上吃三顆，下午吃四顆。」猴子聽了很生氣。主人說：「那早上吃四顆，下午吃三顆。」猴子聽了很高興。接下來是這句：「聖人和之以是非，而休乎天鈞。」表示朝三暮四和朝四暮三，其實是一樣的，但對猴子來說不一樣，對主人來說一樣。猴子代表人，主人代表天。結論：我們不要當猴子（被耍）。

V：呵，我們「認為的多」也不見得多，我們「認為的少」，其實也不見得少。宇宙只會幫你演進，無論你想要多少。

Le：假設我是猴子，一天吃七顆也就飽了，吃多撐著幹嘛，朝三還是朝四的差別在是有多點選擇，就是會比較開心吧。

V：呵，開心其實也只是符合「我們認定的期望」啦。

V：其實我們一般說人生的目標是「取得平衡」，事實上也是沒錯，只不過任何事情，若沒有一個「自己能接受的意義解讀」，是過不了「心智功能」這一關的，因為心智功能本身即是「合理化過程」在運作的，在自己內心沒有這個過程，是會使系統難以順利與持續運作的。我們也無法繞過「心智功能」（不要去思考）繼續生活下去，這是沒有辦法的事情，因為這是一個事實，無論承認或不承認、接受或不接受，事實都是如此啦。

5.4 察覺發展

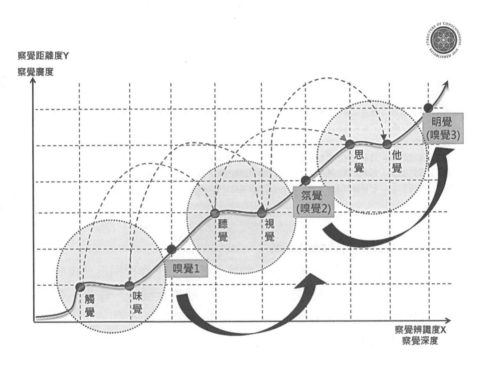

集體察覺變化

常態分配移動

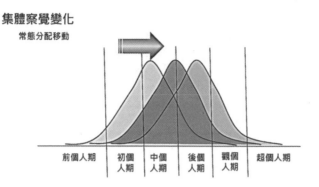

| 前個人期 | 初個人期 | 中個人期 | 後個人期 | 觀個人期 | 超個人期 |

前個人期意識型態 -- 還沒察覺到出現在自己腦中的想法，憑身體的感覺採取行動，類似動物行為
初個人期意識型態 -- 已察覺到出現在自己腦中的想法，並且相信那些想法，憑那些想法採取行動，以自我為中心
中個人期意識型態 -- 已察覺到出現在自己腦中的想法，但開始懷疑那些想法，並轉而相信他人的想法
後個人期意識型態 -- 已察覺到出現在自己腦中的想法，但懷疑那些想法，也不相信他人的想法
觀個人期意識型態 -- 已察覺到出現在自己腦中的想法與超越腦中所產生的訊息，想法已經不再重要
超個人期意識型態 -- 已察覺到出現在自己腦中的想法與超越腦中所產生的訊息，每個想法都是有意義且重要的

R：社長可以說明「紛覺」嗎？

V：好的。紛覺，也就是「氣氛的察覺能力」，我也稱為「嗅覺2」，通常也稱為「第六感」，是一種整合觸覺、味覺、嗅覺 1、聽覺、視覺後，所發展出的一種察覺能力。（含圖示）還有進一步的詢問嗎？呵。

R：嗅覺 1 為什麼可以不經過丘腦，而直接將刺激傳到大腦？

V：因為氣味分子的振動頻率，無須經過頻率轉換，大腦可以將頻率直接處理。

R：謝謝。所以精油等的氣味可以立刻舒緩，是因為這個原因嗎？

V：是的，效果是比其他察覺能力更直接快速。所以手術麻醉用聞的，七秒鐘就失去察覺了。吸毒也是吸到鼻子裡效果最快。傳統的靈媒「起駕」，也是用聞檀香這類的氣味分子啦，可以迅速改變腦部能量場，切換意識狀態。

Z：那請問，為何我們自己點檀香聞都不會呢？

V：呵，要看哪一種檀香阿，況且每個人腦部能量場原本的特性並不相同，也不是聞了之後，所變成的腦部能量場，就能適合神明的意識個體來介接阿。

Z：應該跟場地也有關啦。

V：所以選場地是學問啦，哈。就像巴夏要通訊，為什麼不找你一樣阿，呵。

Z：我就只是個超級普通平凡的人類啊。

V：平凡人很好啦，呵。

R：「場地」代表著什麼呢？

V：能量場性質。

Z：請問為何大多是選檀香呢？是他的化學分子那個結構部分能使大腦能量場與高密度信息共振呢？

V：呵，這個你可查詢一下檀香的氣味分子是哪一種分子，再去查詢該種（或多種）分子的頻譜，就能看出個端倪阿。其實很多氣味分子都可以有此效果阿，只要頻譜的某些特徵，符合腦部能量場吸收轉換到特定能量狀態阿。

記得有部老電影《香水》，描寫了嗅覺的效果阿……可以參考看看。電影《香水》線上看：

https://www.youtube.com/watch?v=tQ8Q4rAtMq8

若你想做方面的研究，可以深入查詢分析啦，呵。

Z：「察覺能力發展圖」與「察覺能力路徑圖」裡，嗅覺 1 嗅
　　覺 2 嗅覺 3 所在的位置。請可以說明嗎？我想知道嗅覺所
　　處位置的作用是什麼？還有爲什麼會是在其位置？

V：是扮演一個發展過程中「整合階段」的功能角色。

R：請問：爲什麼是嗅覺扮演「整合階段」的功能角色？

V：因爲「整合」需要一個標準，未經轉換的頻率，失眞度較
　　低，適合扮演整合結果的標準。

H：請問強化聽覺和視覺，有助於發展「紛覺」嗎？那要如何強
　　化聽覺和視覺呢？近視的人還有救嗎？

V：呵，其實視力聽力好不好都不妨礙阿，因爲我們所謂視力指
　　的是「視覺的生理組織＋影像的察覺能力」，而因爲「視覺
　　的生理組織」所產生的視力不良，甚至是失明，其實都不影
　　響「影像的察覺能力」，因爲「影像的察覺能力」屬於「隱
　　態內在規則的視覺套裝」，「視覺的生理組織」包含腦部的
　　視覺訊號處理區塊，都只是這個視覺套裝的顯化。而這個顯
　　化可能會因爲很多環境或事件因素，產生生理組織上的損
　　害，難以修復，才產生視力不良的結果，這並不影響視覺的
　　察覺能力。所以也並不影響紛覺的發展。
　　　比如說，很多失明或失聰的人，第六感也非常的敏銳阿。聽
　　覺或其他察覺能力，也均是相同的運作方式。有些視力聽力
　　很好的人，白目的也不遑多讓阿，呵。
　　　其實若我們把事情分析得越仔細，很多現象就會變得「合
　　理」了阿（這個分析，也是個可參考的好例子啦）

H：所以白目之所以白目，其實也「很合理」。

V：是如此啦，一般說「紛圍感敏銳，搞得清楚狀況」。

P：察覺能力比較好的人，是不會做出白目行爲的。

Z：有沒有一種可能，對象察覺能力對於自身及他人都相當良好，但卻一直做出不適當的言行舉止呢？這是一種情緒宣洩還是想引人注目呢？

V：這不太可能，心結多的人，就算察覺能力不錯，也都會受到阻礙，佛兒比喻像被烏雲遮住一樣，看不到藍天，就算天是藍的阿。除非有其他特殊目的阿。

Z：嗯嗯，想想應該為了引人注目，因為的確有失準之處，拼命給人家只適用於自己的建議。

H：也可能是想演「國王的新衣」裡面那個白目小孩啊？

V：也是有可能啦，阿。

Z：那看來白目也是有兩種。

V：所有事情都至少有兩種啦。

H：顯化的多極化啦。既然談了「紛覺」，是否也說明一下「思覺、他覺、明覺」？這部分和第三密度實體特別有關嗎？相關說明在書本第四章煉金術/察覺進化，第 234-247 頁。

V：好的。

　　「思覺」指的是「腦前額葉活動的察覺能力」，也就是察覺思維的能力，這個第三密度的察覺能力發展到「前個人期」，就可以有所察覺，也就察覺自己有想法，只是察覺多寡的差異。但這並非表示可以進行主動「具體運思（思考）」的思維活動，此兩者是有所差異的。

　　「他覺」指的具備「換位思考（同理）」的功能，也就是可以主動「具體運思」了。也能「模擬」他人的心智活動（情緒+思維），簡單的說，具備開始理解他人的能力了。（中個人期）

「明覺」指的是具備更大範圍的思考能力，也就是「群體化、系統化的思維」的能力，通常具備明覺的察覺能力時，對於來自更高密度「靈感」（第四密度含以上）的訊息內容，才會產生解譯能力，換句話說，便能解讀高密度訊息了，也能準備進入第四密度了。（後、觀個人期）

這三種察覺能力的發展過程，都指向「群體化」的心智過程，「明覺」產生後，也完成了心智階段的功能了。

至於「超個人期」可以算是已經進入第四密度了。

5.5 利己利他

Jia：想請問您，利他的特點有哪些？

V：利他的特點是，你覺得你有在利他，但其實沒有。你覺得你沒在利他，但其實你有。

R：可以再繼續透晰嗎？

V：問得模糊，我只能回得朦朧了，呵。

Na：好好的利己，身心圓滿周圍的人也會得利也就不糾結到底利他利己。

V：其實利己或利他，也不是完全無法評估，只是需要先進入「系統化思維模式」，否則都是偏差的觀點阿。

（1+1）：會不會是在問，利他意識的特徵？又或利他行為的特點？

V：呵，這要他本人才知道吧。呵，有時是這樣的，提問模糊可以變清晰，提問清晰也可以變模糊，這是在於前提與情境阿，所以對話需要是一系列的過程阿，這是在製作情境阿。對話的問答，其深淺與寬窄，在於焦點的對齊，除此之外並無一定的標準阿。

Jia：那教別人玩期貨賺錢，我覺得是賭博，這樣是利他嗎？

V：也是阿，負面催化也是催化的方式。

R：人類最大的障礙就是感官知覺視覺聽覺嗅覺等等，這讓人類陷入對形式的認同。

H：真的是這樣嗎？這會不會是唯識論的偏見？或者佛教的偏見？

R：為什麼會說是唯識論與佛教的偏見？

V：障礙只是因為無法有效利用阿，記得之前所提的「重新思考，逆思維」嗎？呵。

H：這個問題我可以自問自答。1.「人類最大的障礙」真的是「感官知覺」嗎？那倒未必。我們前兩天才討論「感官知覺」的演進，可以進化到「明覺」，該不會還給老師了吧？2. 就唯識論來說，「最大的障礙」不是「感官知覺」，而是「對於感官知覺的不理解和不透徹」。如果能夠理解「感官知覺」的運作原理，反而有助於解脫束縛。

Z：所以這個障礙只存在於我們在認知裡的定義嗎？

V：呵，是如此啦，正如按照規則發車行車的公共運輸系統，到底是障礙還是會便利？使用規則又反對規則，規則成為障礙，不利用規則又想突破規則，規則成為妄想。

R：理解和透徹及透徹裡的實踐，是需要非常非常非常的工夫，非常不容易的。在唯識一門，如果只是：信，而沒有在理解的同時同步的深入的內觀，觀身、觀心、觀五陰十八界，是非常難以究竟的。故要廣觸，輔以其他的學習來提昇心智，然後繼續的觀身行觀心行，這是從顯裡返觀。以上是我個人的心得。

H：我的「心得」是這樣，供參考。1. 看得懂「意識結構」，就看得懂「佛法」；看得懂「佛法」，卻不一定看得懂「意識結構」。2.「唯識」並不難，原因如上。3.「觀身受心法五陰十八界百法」，在我來看只有四個字：「自我察覺」，除此之外，沒有什麼可「觀」的。4.「觀」為了

「破妄」，「破妄」是爲了「顯眞」。如果「觀」到最後依然不能「顯眞」，表示並沒有眞的在「觀」，只是在「戲論」而已。這個我還看得出來啦，哈。

R：「觀」就是爲了自我覺察。您想，自我覺察，是爲了什麼呢？我是爲了了解生命是怎麼一回事。

V：呵，若眞的學習佛法，那意識結構總能協助釐清一些疑義，與整合一些分歧。若只是學習「自己想要的佛法」，那就無此效果了。

（1+1）：如果夠透徹/理解事物人，應該就比較不會陷入在二元對立思維或批判中吧。意識聚焦也多會在「多元理解」而較少在「二元對立答案」上，我個人感覺啦～

V：是如此啦。

Z：分享：目前在我的意識結構中，每個人在於群體中是完整的。而完美在於顯化的一切下似乎不存在。而在隱態應該也沒有完美的定義～是這樣麼？

V：其實我們心裡總是會存在一種所謂「完美」的定義，但我們也會產生一種「不完美」的設定，所以在「完美」與「不完美」之間，才能產生驅動力，這是極性顯化的規則，所以才能生生不息，而這極性顯化的規則，對萬有的存續而言，則是「完美」的運作方式。

這就所謂「不完美才是完美的」意涵了。

（1+1）：極性平衡原則/作用？極性原則是顯化原則之一？

V：極性平衡原則爲能夠「持續運作」，其作用爲轉化昇華生成密度更高之能量。極性原則是顯化原則，沒有之一。

（1+1）：「顯化/極性原則」和「介接/條件匹配」，二者被我混淆了。我以爲顯化除了「主體的極化」，還得有

「匹配的客體」二條件/原則滿足才有所謂的「顯化出」「顯化物/能量/頻率」?

V：呵，能釐清很好啦，在隱態的實際上並無所謂的客體啦，在顯態上才有客體這種現象啦。

Kai：請問意識結構是類似大我嗎？還是類似意識場？

V：呵，這麼說也行，只是看你覺得「大我」裡面有甚麼阿。要稱為意識場、訊息場……也都行，名稱只是一種形容，要看內容是甚麼阿。

5.6　宗教崇拜

Lin：我要說的是，你的好多背景資訊，我都沒有太多，所以一開始看，想說我是誰我在哪裡？

V：呵，那很好啦，這個切入點，是核心中的核心了。

Lin：看了一些記事本你搭配了一些梗圖，但我不太能夠理解圖跟你要表達的概念之間的關聯？

V：呵，利己有時也會產生利他的影響阿。利己的選擇（選一億），會催化他人（女友）激發了潛能來解除危機，這有助於他人突破自己的困境。

V：影片參考。其實這個關於「宗教崇拜」的議題，我個人也是遲遲不提，最多稍微蜻蜓點水的說幾句，也不是不願多談，只是因為這件事比較敏感，算是「連結強固」的深層觀念，很容易「觸動情緒」，不過還是得找機會聊聊，希望大家就盡量「保持理性」來思索這件事吧！

V：那先談談「崇拜」這件事好了。

H：先提供一些社會學方面的背景好了，當作參考。宗教的起源來自於「集體意識」的需求，於日常生活當中區分出「神聖/世俗」的差異，所以被崇拜的對象，必然且必須是「神聖的」（不可侵犯、不容踐踏、不允許被褻瀆等等）神聖的人事物，可以是一隻公雞、一條黑蛇、一面國旗、一句口號，凡被集體認定為「神聖者」，它可以讓世俗的個體，也變得神聖。比方說一名普通的成年男子，戴上祭祀用的公雞頭

冠，會被視爲神聖的代表或化身，本人也會覺得被賦予崇高的神聖性，由此獲得力量。所以「崇拜」這件事，被視爲「集體意識」的操作。社會學有句話說：人們拜的不是神，而是社會。

V：好的。那麼在哪種意識狀態下，需要這種崇拜式的感受呢？

Hen：內心感到空虛不足，需要有個歸屬，然後往外追尋，找到一個可信靠的人事物來寄託。

Fa：匱乏，恐懼，分離，無意識。我的無意識的視野定義應該是比較大概的，就是無察覺自己或其他存有的感受。例如：1. 我忘記我剛剛是怎麼呼吸的。2. 我剛剛霸凌了其他存有，但我沒有什麼感覺。3. 我沒想過爲了愛自己而活。但還有基於豐盛、喜悅、有意識的崇拜。當選擇這樣的視角去看待崇拜，會是知道自己在做什麼，也會更能夠利己利他，因爲崇拜而擴展自己。突然想到自戀狂的崇拜，哈。

H：在「中個人期」意識狀態下，由於「自我意識」建構尚未完成，就我們先前討論過的，自信心也尚未能建立，依然需要藉由外在事物以證明自我的存在感。此時依附於一個團體，可填補內心的空虛感受。所以，說「我是佛教徒/我是基督徒/我是 OOXX」，是基於「我需要建構自我意識」，以完成「個體化」的過程。記得社長說過，我們是先「建構」什麼東西，之後才是「超越」那個東西。

V：是阿，會說是「過程」主要還是因爲可以「完成現階段」啦。

Hen：以前有段時間感覺生活很沒意義時，我自己有待在教會四年過，還有擔任同工（裡面工作人員），其實會喜歡那種

大家一起分享苦難或心事的感覺（很像免費心理團體），但是始終沒有感覺到神的感覺，最後是因為比較學了蘇格拉底對話和莊子比較喜歡用理性邏輯來找到自己的非理性的信念才自己有力量離開，最後自己才有力量可以離開，但我覺得在教會的那段也是個過程，也是很有意義的。

至於有沒有神，其實我覺得可能有，因為的確感到有人真的是不自私的為人付出，那時候的我也是因為人的感動而留下來，如果一個人真的不自私的去幫助人理解他人的觀點，而他也付出行動，我相信過程中應該也是可以把自己不實信念給消掉，而對於神這件事情我是不知道是否是真的相信就能見到，或是那是幻想，我自己覺得可能有的人可以藉由這種服務而達到，但如果只是單純為了自己的恐懼和慾望，我會覺得不太行，特別是有人去幾次教會就說他感受到神的，我會覺得有點太廉價的感覺，另外就是宗教有很多的應該 XX 可能有罪惡感，但在我待的地方也比較少這種教條，但我有聽很多地方充滿了這種應該要怎樣生活的教條，這些教條可能在耶穌的時代可以使用，但其實不代表現在可以用，我覺得那反而可能有不好的效果。

我的結論就是我覺得可能可以是條道路，但可能要看帶領的人是怎樣看待聖經的解釋之類的，但因為我是麻瓜，最後比較選擇哲學的道路，所以也很難說宗教到底可不可行。

Ｖ：嗯，很好的經歷體驗阿，其實我看起來，因為教會有一套固定的內在規則在運作，而這套「內在規則」，並非是你的「意識焦點」所在，所以會產生如此的感受，「感受到神」也是他們運作的內在規則之一。換句話說，他們是依此規則

來認定「同群體」的條件，事實上，這規則運作久了，就會產生如此的感受，也是正常的，因為感受都是「經過設定」後的結果。

R：可以談一下「經過設定」這件事嗎？

V：因為「感受」都需經過「載體」的訊號處理，而載體的訊號處理方式，均來自於「內在規則」的顯化，以人來說，也就是內在規則顯化在腦神經結構之中。所以這些內在規則需通過「意識個體」的認定/設定（人來說是指心智規則），所以才說「均須經過設定」，當然所謂「沒有自主的設定」（被催眠植入的），也是一種「設定方式」。

H：也許宗教也可以是哲學，如果它能不被「教條化」？

Hen：我覺得聖經就是哲學，現在回頭看感覺是象徵故事如何解讀的議題，聖經的故事如果是用認識自己的角度來解讀他都會是很好的比喻，像是伊甸園或耶穌很多的故事都是，只是我覺得那時候是因為前提是神，反而都變成外在的歷史事件爭論或是神的恩典故事來解讀，我就覺得跟認識我自己好像沒有關係，討論最後結論反正就感謝神……

V：哈，所以說你的意識焦點不同，所形成的「內在規則」就不是教會運作的那一套了阿。

Fa：記得聖經裡提到〈神無處不在〉，站在神無處不在的視野，那麼神也存在於廉價、無價、高雅之價中或所有價值之中。甚至也存在於不是神之中、存在於懷疑之中，存在於相不相信之中，因為神無處不在呢。

H：從「意識結構」來看的話，「神」會是甚麼呢？

E：隱態。

H：為甚麼不是「雙態」？

E：因為「神」沒有極性。

H：這句話的意思是？是定義「神」沒有極性？還是？

E：不是定義，是性質。

H：既然「神」是「隱態結構」，你是如何觀察它，從而得到「神沒有極性」這樣的「性質」？

Fa：無處不在意味著多重多元，包含一切，極性也在神之內。因為神通包，所以神為一，一為神的完整架構，若從完整架構的角度來看，神有極性也沒有極性；若從子架構來看，神有極性。我好像在推演算式一樣……然後我想我要準備觀察神是如何無處不在的了……

V：神通包，是甚麼？呵。

E：把「神性」歸在隱態是因它無所不在，我們從《意識結構：重新設定生命源頭，開啟最高自我的終極進化程式》學到顯態是來自隱態中的「意圖」，而使隱態因有了極性才顯化，而想改變顯態狀況也是要從隱態裡去探究，因此神性是隱態。這是我初步的想法，請指教～

V：呵，其實要說雙態的哪一個都行啦，因為一個無時空、一個有時空，算是牽連重大，無法分開，雙態的說法，只是一個觀念上的區分，協助我們往更縝密的分析、整合、理解阿。

H：好的，謝謝回覆。我全然同意「神」是「隱態」，但是說到「神」沒有「極性」，我愣了一下。因為我所理解的「顯化」，是「意圖+隱態規則」而產生「極化」的過程，從而有「顯態」的能量或物質。如果把「神」當作是「隱態規則」，而非「雙態的意識結構」，則：

一、可能定義上「神」會看起來比較小？哈哈～或者

二、可能會忘記「意識結構的雙態性」？只是可能啦。

V：呵，「意識結構」突然變神學了……

V：事實上，也不僅是教會如此，其他各大宗教，也都各自有一套「內在規則」在運作，若我們「不適合」對頻/對焦到那特定的某套「內在規則」，就無法真的產生甚麼感受，自然也無法接收到那些頻率的訊息，之前也提過所謂「沒有就是沒有，騙不了自己的」，這也是通神術的通訊原理啦。

另外很多征戰衝突，由內在延伸到外在的行為，都也只是「那套運作的內在規則」有所差異而已，這也是搞了一兩千年了……

這其實只是產生的問題之一，或許由此產生的問題多到可以列表追蹤了吧。

H：請問「不適合」的原因會是？

V：意識階段狀態不匹配，所以不適合與之對焦阿。

E：朋友指出我過度簡略地回答，易造成溝通上的誤解，自己有時描述太多又讓人抓不到重點，一直在學習怎樣適度交流，人與人溝通，真的不容易啊～

V：有個建議你參考看看，整個描述最好有個「主標題」，每一段落都有個「子標題」，子標題的文字長度，最好一樣，比如說四、五、或六個字，最長也別超過六個字，不然有標題跟沒標題一樣，沒有整合的效果啦，這樣我就能看完標題，就知道大略的意思了阿，而且分類也會比較清楚了。

其實我個人是很建議大家可以多寫寫「心得」，而且要以「文章」的形式來描述，這有助於自己理解自己的「思維架構」與「思考能力」，如何分類、階層與關聯，屬於分析、歸納、推論的各種「思考方式」的實作。也就是說，當我們由「主標題」分化為「子標題」時，是屬於「分析+階層」

的思維，在我們描述「子標題」的內容時，則屬於「關聯」的延伸。在總結時，則具備「歸納+推論」的能力了……

清楚描述一個心得或概念、觀念，實際上也並不容易，需要具備的是主題明顯、分類清晰、層次嚴謹、關聯充足。

不過若是不擅長以文字表達的話，那就採用別的方式吧，但在溝通上，還是需要稍微具備一些基本能力的阿，不然就會產生溝通障礙了。

5.7 崇拜實例——宗教崇拜和知識分子

V：我倒是有個問題，問問大家的看法。有很多看上去也很聰明、也挺有智慧，學歷知識也都很好的人（通常我不以此角度來看人啦，只是一般說法），為何對於「宗教」也很對頻呢？

A：我覺得這要先從「智慧/聰明」的形象是怎麼建立起來的去談。

V：也是不錯的切入角度阿。

A：現有群體已經很習慣以學歷作為我們評價某個人是否有資格談論某個議題，或是對該議題的見解有沒有說服力。

V：呵，也不是「現在」，是已經「很久」了阿。

A：即使新世代的人總是說「學歷不代表一切」，但真的遇到conflict 的時候，這句話彷彿也只是說說而已。

V：也不是「彷彿」，是「就是」阿。

LE：那如果撤除宗教來說，塔羅，占星，外星一樣有很多狂熱分子呀，也非常沉迷那些，而且也都是高知識分子。

V：呵，在我看來「宗教」，不論哪一種目標對象的「狂熱粉絲」，也不是以「對象」來分的阿。

A：不只是高知識分子，像是貧困潦倒但尚未死透的類型也可以成為宗教的狂熱分子。他們的需求是一模一樣的，所以不能單用對象來區別。我認為他們的共同特徵都是規則上的契合，差別在於理性跟感性的調和。

V：爲何無法調和呢？

A：我認爲是對於高知識分子或成就事業大者，他們在人生歷程多重在理性的規則上，而忽略感性這個因素。導致當他們碰到某些 issue 是需要他們動用感性時，會因爲這塊過度缺乏，而有對所有他們認爲能夠幫助他們補足這塊「感性」的一切規則出現暴食現象。

V：我想這一種情況，不過也有很感性的高學歷高成就的人，爲何也會深陷其中呢？

A：因爲他們忘掉了理性這塊，所以陷入這種困境的人並不能用知識高不高的特徵來區分。而是他們的理性與感性是否能有效調和，來幫助他們有效地運作或達到他們需要完成的目標。

V：這可以解釋一些狀況，但理性與感性之所以無法調和，會不會是「察覺能力」比較弱的原因？因爲這類人的思考能力普遍是都還不錯阿……

A：又回到基本的「察覺能力」了。

H：通常看起來「聰明、智慧、學識豐富」的人，其實更有能力進行「自欺」和「逃避」。他們比其他人更容易覺得「好像哪裡怪怪的？」但是因爲有足夠的資源，進行「合理化」的工作，容易成爲重要的「護法」。

V：但其實只是「合理化」並未成功的結果？

H：人家覺得自己很成功，我也不好意思多說什麼啦，但在我來看就是硬拗啊。

V：哈，爲何會覺得他們是在「硬拗」？

H：每個人「察覺深度」不一樣，「解析度」也不同。像有些問題的解析，我覺得差不多了，社長可能還覺得有點模糊；因

為社長解析度很強。而有些論述，同事覺得很合理，我卻認為不行，因為我的邏輯比他們強，稍微有矛盾我就覺得不行。在矛盾的情況下，還要繼續講下去，想要說服別人，在我來看就是硬拗了啊。我們研究單位的同仁，都是碩博士，不見得解析度夠強，甚至連邏輯也未必通暢。

V：是阿，所以其實關於「宗教崇拜」是這樣的，不論我們所謂的智商、學識、甚至說智慧有多高，只要不具備「意識/心靈/靈性」的相關認知，就也進不了「理性判斷」這一步，因為沒有任何「內在規則」可以來辨識這個領域的事情，那麼關於神靈這類的事情，不論有多麼「荒謬的解釋」，都能成為「合理化」的規則，只因為我們也亟需對於這些事情一個「可思索的」，自己解釋得通的說法，「心智功能」的本質及是如此啦。

那麼怎麼樣才能使「宗教崇拜」的階段完成呢？就普及這些關於「意識」的合理解譯吧，不然還能怎麼辦呢？呵……

H：難道只有「意識/心靈/靈性」的相關認知，才能完成「宗教崇拜」的階段嗎？

V：是阿，因為若在群體心智結構中，沒有建構一套「合理的解譯結構」，就算擺脫了「宗教崇拜」，也會變成其他對象的崇拜啦……

A：人都需要一個解釋來說服/幫助自己，對於知識含量越高的，越容易陷入自己所相信的解釋。

V：但其實這些「知識含量」真的很高嗎？

A：我只能說，事業成就或是什麼硬知識都是果皮，削開就知道果肉爛不爛了。

V：呵，所以為何無法察覺「果肉」的品質如何呢？

A：形象跟人設品牌可以被人造的關係嗎？這導致解譯能力較低落的人就算看到這種人物出現部分瑕疵，也沒辦法讀出個所以然，繼續依照自己現有規則去「崇拜」這樣的人設。例如某位總統候選人就在一些中年/年輕世代有這樣的現象（無抨擊）。

Z：在埃及是將知識傳播限制在皇家貴族間，也只有他們能識字，能學習聖書體，平民奴隸禁止識字或民間文字，使之區隔起來好管控思想。

V：歷代以來，世界各地，不都是這樣嗎？這其實就像是有個AI，但是不給資料訓練，AI就不會變聰明了，呵。

P：情緒控管不良、貪小便宜、重男輕女、欺善怕惡、嫌貧愛富、默認潛規則、反社會人格、家暴、性騷擾、性侵、亂倫、爭功諉過、貪污舞弊……這一切的一切，跟學歷高低沒什麼關係，跟「意識狀態」才有絕對的關係。所謂高級知識分子，可能有更多的知識、法律工具，可以幫助作惡。所謂高級知識分子，只要接受了一套他們所相信的觀念，往往更難以扭轉。如果拿掉他們相信的基本假設，造成無所適從，那種焦慮感，可能更難以承受。因此，高級知識分子沉迷於宗教、被詐騙集團詐騙，這也不是什麼奇怪的事了。人們有時相信自己認為的規則（儘管它不是正確的），往往會不假思索地，慣性反射出一個答案。

V：呵，也是如此啦……這所有的狀況，其實都是「意識狀態」的顯現啦。所以還是「自我察覺」開始吧……

V：「沉迷」與「熱愛」有甚麼差別呢？呵。

LE：熱愛是自己還可以控制的範圍內，沉迷則是超出可以控制的範圍外了。

V：也就是說，看起來「理智」，但其實並不夠理智？

LE：哈哈，其實是自己認為很理智只是熱愛而已，但在他人看來就是不理智就是沉迷。

LE：版大那可以請問您，學習這些的目的是什麼嗎？

V：其實也不複雜，那是對於「理解自己」的期望阿。

LE：那期望之後呢？

V：有找到「合理」的解釋，稱為「理智」，沒找到「合理的解釋」稱為沉迷阿。

LE：理解意識結構，還有你所學的那些，最終目的是什麼？

V：很簡單，認識自己啊。

LE：可是認識自己後要做什麼？

V：呵，繼續意識演進阿，不然呢活著要做啥呢？

LE：名詞的定義只是方便區分去理解，但有沒有想過為什麼要調頻，那調了之後真的有改變自己的現狀嗎？就好比宗教那些儀軌不也是一個調整的機制，可是不也是反覆持續一直循環，所以在我的感覺看來好像都一樣。哈，不過這只是我個人看法啦！

H：我是覺得「調頻」不是一件容易的事啦，如果自己的心結很多，未能解除，可能怎麼調都一樣吧。還是會建議從「解除心結」入手，而我們探討議題，則是運用「思惟能力」，這有助於「解除心結」。

至於說有甚麼效果呢？真的有改變自己的現狀嗎？其實關於這個問題，先前也討論過很多。我說我「解除心結」之後，工作效率提高，可以「一心多用」，理解力也更加提升，隨時可以思考燒腦的問題，而且不受干擾，因為專注力也提升了。生理層次的話，就是很少生病，即使生病也很快就好，

諸如此類的啦……

V：這其實很「合理」啦，不論甚麼「系統」，是自然生成或人造的系統都一樣，只要減少「內耗」，基本上都能提升「整體」效能，以「身心靈複合體」來說，也是一樣的阿，除非「系統設計」本來就有問題啦，不然都能提高效能，這種高效所產生的感受，才稱為「平靜、靜心」阿。

LE：干擾是什麼？

V：阿，干擾其實是因為自己處理效率太低的緣故阿。

V：值得再提的是，「甚麼都不想」並不是獲得「靜心」的方法，恰恰相反的是「甚麼都想清楚」才是產生「靜心」狀態的方式，因為只有「甚麼都想清楚」之後，我們的心智運作，才會變成「高效的常態」，那麼「意識狀態」才會有所改變。

若我們每天都需要「靜坐冥想」才能獲得片刻的平靜，那其實並非常態性的「意識狀態」，常態性的意識狀態，才是你的真實意識狀態。換句話說，你不需任何「努力」，這種狀態，才是你的意識狀態。

Le：宗教就是個主題式的生活教育、沒有教條式的規範也會有個中心思想，這個思想夠完善就能吸引人或意識。

V：很不幸的是，大多都不太完善啦。更不幸的是，不是「大多」，而是「幾乎」啦，阿。

E：理論是否完整，和本身的需求有關，所以是否理論完整還是要看個人本身。

V：是阿，就之前所提的「察覺+解譯能力」的差異。

E：即使理論在別人看來破洞百出，能讓顯化的個體歸於「平靜」，都是好的。

V：呵，那也未必，也是要看階段狀況，一直平靜的話，「靈性熵值」處於低值狀態，催化提升的機會會降低阿。

E：人不可能安於平靜，通常平靜太久會把平靜當無聊，然後自找麻煩。

V：哈，是如此啦。

V：我記得之前公視一部連續劇「通靈少女」，其描述的女主蘇菲亞的眞實故事，後來聽說蘇菲亞離開宮廟，還是信了回教啦，（我無意去描述任何個人的狀態，也無任何貶意），也就是說，就算你是通靈的，可以與其他意識個體（鬼魂、神靈）溝通，但若不具備較爲完整的意識相關知識，還是無法完成「宗教崇拜」進入「內在平靜」的階段。（參考：https://zh.wikipedia.org/zh-tw/通靈少女_(電視劇)

Z：那索菲亞的例子是否也是暫時歸於平靜而已，只要再到宮廟之類的地方，還是會發生害怕的問題，所以要內心終極平靜還是得先了解意識結構才能解除這些所謂的困擾？

V：是的，這是正確的。所以，如果你有疑惑、困頓、忐忑、恐懼、憂鬱、煩躁、焦慮，開始懷疑人生⋯⋯就能來理解「意識結構」了，他會給你所有你想要的答案⋯⋯（我又開始進入賣瓜模式了，哈）

5.8　群體進程──社會複合體

V：我們要往第四密度（星光層次）的「社會複合體」邁進阿，
　　現在的社會只有「形式上」的複合，但其實還沒有「內在
　　上」的複合阿，所以我們來「實作」一下實質上的社會複合
　　體啦。

H：為什麼說現在社會只有「形式上的複合」，還沒有「內容上
　　的複合」，請問「內容上的複合」是怎樣的呢？

V：「內容上的複合」是指諸多心智上的內在規則，同時運作的
　　和諧度高，也就是內耗少、效能高、穩定度高。「形式上的
　　複合」則是表面上雖然可以運作，但內在規則運作和諧度
　　低、內耗多、效能低、穩定度差……

H：可是如果群體當中，「意識狀態」差距非常大的話，會不會
　　難以形成「內容上的複合」？

V：呵，所以意識狀態相差太多，無法整合時，只能「切割」成
　　幾群了阿。

H：像我們這個群就不會差異太大？好像都還滿理智的？

A：你忘記之前有一些奇奇怪怪的人了嗎？

H：對耶，我怎麼跟金魚一樣……

V：船過水無痕啦，這挺好的阿，至少表示這沒有產生心結阿。

H：但是奇怪的人的出現，也是考驗一個「社會複合體」的穩定
　　度？

V：是阿，也是一種對系統整體的刺激測試阿。

R：我看群組裡有 228 位，發言的可能有 20 位。不能知道其他的 208 位的意識狀態？

V：我認為對「意識結構」有興趣的人，其意識焦點與「議題設定的焦點」不會離得太遠啊……

Le：說到奇怪的人，我之前回看群內容，有看到一隻感覺不舒服的猩猩。

A：我們某種程度上都是有智慧的猩猩阿。

Le：我不接受，我覺得人可以是人就好。

V：似乎是個「心結」。

Z：那為何會有興趣而默默不語的情境為何呢？不明白。

V：很多人比較沒有時間，或者手機打字並不擅長，又或者有興趣參考，但並無探討的興趣，也是有還在整理並進入理解的狀況……都是有可能的阿。不過也都無妨啦，有興趣了解與有興趣探討，本社群都是歡迎的阿。

A：有興趣跟表達欲應該沒有太大的關係吧。

V：是阿，也是可能之一。

Z：表達欲？有這種東西？

A：你沒有過那種對某個議題很有興趣，但在出現這個議題的場域裡沒有任何想表達意見的慾望的感受嗎？

Z：我想想，應該是在有興趣但不熟悉的狀況下就選擇先看看是有的。但表達欲這個是跟表演欲有關嗎？

V：內在有所感受，才會觸動表達或表演的意圖阿，就像狗狗不喜歡聽故事一樣阿，聽到有人在說故事，就會頭也不回地離開了，因為無感啦，呵。

A：我覺得表演跟表達是同一件事情，只是表演傾向被連結到身體姿態，表達則被連結到口說表情。

A：規則層次的落差會影響到「與其他個體交流的意圖或難易度」？

V：這題也不錯阿。

不同階段所認定的內在規則會有所差異，而其有所感受的對應議題（每個議題有其對應的頻率）自然會有所差異，沒有感受的議題便不會產生「交流的意圖」，由於強行對頻，通常是無法達成，也是因為頻率落差太大的因素阿。

Xi：最近自我覺察遇到了瓶頸，不知道生活是為了什麼，對任何事都沒有動力，但又不能不工作，以為自己這情況是因為對之前的工作倦怠，換了一份工作後很沒辦法適應，不知道是工作問題還是自己的問題，想要離職又覺得是自己抗壓差，但上班時間很痛苦，腦子知道事情，但生理感受不安和焦慮無處安放，因為無法不顧慮現實考量，又覺得是不是需要時間適應，陷入低潮，希望大家能給予意見，非常感謝～～

V：如果你必須要有收入，那麼不如再換一個吧。

Si：妳的思維會影響妳以後的走向，慎思。

V：如果你換了很多個工作，或許你需要考慮：

1. 你是否適合去公司上班？
2. 你是否不願意接受「我需要收入」的這個內在規則？
3. 你是否不願意接受「我的工作收入目標」與實際上的落差？
4. 你是否不願接受「我的理想工作環境」與現實上的落差？

總和來說，你是否內心有很多關於「工作」的規則，而現實狀況都達不到你的「期盼的標準」？簡單的說，你是否不願

調整你的諸多內在規則的標準，而去「面對現實」（現實所能提供給你的狀況）呢？

P：其實也沒有一定要工作啊！只要當事人能夠承受不工作的後果。

V：是阿，沒有規定一定要工作啦。

Xi：換了工作後我覺察到了一件事就是這個很煩的情緒一直存在，只是本來在前公司不煩的事變成現在公司煩的事，之前煩的在這不煩，所以我覺察到這個很煩的情緒，如果我沒有消化這個很煩的情緒，他只會一直來找我，然後思維，我一直認為自己很正面，換工作的挫折，陷入質疑自己的情緒，之前努力的覺察完全被情緒淹末，跳脫不出來，很無力，*沒有一定要工作*可能覺得人生很漫長，不能不工作吧。

V：「煩悶」的原因其實很簡單啊，就只是我剛剛問你的其中一條吧，還是好好思索自己有哪些內在規則（期望）吧，不然尋求再多的協助，也是無效的啦。

Xi：找到後改變這條內在規則嗎？

V：呵，是阿。

P：覺得人生很漫長，人生也不一定是漫長的喔！在這樣的人生裡，時間還是要花在自己必須要做，以及自己最想做的事情上面。

V：是如此啦。

V：其實算算八十年也才 29200 天而已啦，沒有多長啦，呵。

A：這句話真的很高密度。

5.9 心電感應

NL：昨天去一個場子，一位小姐摸了一排盧恩 Runes 然後說她有修，我適合一個文，她的手有能量，是相同概念嗎？

V：呵，你覺得文字的力量，是怎麼來的呢？

NL：小姐說她的手有能量，然後對應到文字和我的能量這樣。

V：有甚麼可說的「道理」嗎？不論甚麼事情，其運作都是有些「規則」的阿，你覺得呢？

A：這個我也蠻想知道的，「符號如何產生力量」？

V：呵，這就屬於「通訊」之後的資訊處理的範圍了。

Leo：我是好奇對於跟其他的人達到連結、心電感應，甚至互相控制，讓對方像是觸電一樣震動，社長對這種情況會有什麼看法？

V：其實絕大多數，都是一種「通訊機制」阿，所以若要理解的話，要從身體是具有「通訊設備」的功能說起阿。

Lia：媽媽可以預知小孩下一秒要做什麼或說什麼！這個算嗎？有時夫妻之間也可～尤其是吵架的時候，都會知道對方會回什麼話！

A：你說的應該偏向摸清規則而已。

Mi：這算血脈的連結，那若是陌生人的呢？

V：呵，其實也無所謂「陌生人」阿，只是看內在結構的關聯程度而已啦，有的親屬血緣也不見得就有所謂的「共振效應」阿。

V：先說說「腺體」的生理組織好了。要有「通訊功能」當然需要有「可通訊的功能單元」啦。

Lia：通訊跟腺體有什麼關係？

V：其實很像「麥克風」，收音的方式差不多跟「腺體」原理一樣阿。「薄膜震動」阿，「腺體」也是薄膜組織，所以與麥克風有同樣的「收訊原理」阿。「傳訊功能」其實也是差不多，就像「喇叭」發聲的原理阿，都需要「薄膜」的振動轉換。呵，這樣有沒有覺得「很實際」阿。

NL：好有趣，最近才認識做耳機的廠商。

V：呵，挺好的阿，意識都在生活中啦。其實「耳膜」也是薄膜組織阿。

H：請問生理層次的「腺體」，和所謂的「心電感應」有什麼關係？因為生理層次的規則，很難人聯想到其他層次的通訊？

V：好的。通常我們說的「心電感應」比較屬於「心智層次」的訊息，在生理上具有「可接收訊號」的生理組織，訊號接收之後，就像手機、電視一樣，也需要經過內部的訊號處理，然後才會有「心智（思維+情緒）」上的解譯，我們才會感受到「思維上」的內容。這在我們生理組織上都可以發現能量訊號上的現象，也就是從腺體經過神經系統與各種共振頻率，傳至腦部來解譯訊號，這是自動化的過程，身體會幫我們自動處理，我們只要察覺處理後的結果，並且可以再做進一步思維與多次、多角度、多層次的詮釋阿。

H：那請問大家經常談論的心電感應方式：「量子通訊」，也有它在物質層次和生理層次的必要基礎嗎？

V：任何通訊方式，其實都有對應的生理組織，不然無法產生通訊功能，在量子的能量層級上，至少是屬於「DNA」的接

收組織才能接收。

H：比方說需要一個「大腦」「松果體」這樣的基礎設備？

V：DNA 的共振頻率接收。

H：好的，那我們知道人類有各種生理組織，可產生通訊功能，包括各種腺體、DNA 奈米天線，收到訊息之後，身體可以自動處理，將各類訊息傳到腦部，於是我們可以感受到？

V：是阿，訊息進入隱態之後，產生感受。

H：如果我們腦部掃描的頻率較高，就能掃描到更多更細致的訊息。請問這樣的理解可以嗎？

V：是如此啦，我們經過松果體的隱態顯態出入口，掃描接收腦部訊號（猶如天線）進入隱態，意圖從隱態中經過松果體，產生能量訊號，驅動腦部開始運作。

H：另外，我在書裡寫了一句筆記，你說：「我們腦中的想法，大多不是自己的。」請問不是自己的，又是哪來的？

V：呵，在隱態中並無所謂「意識個體」這回事，所以「意圖驅動」事實上都是群體共有的，差異只是「個體化」之後的一個一個我，能否解譯這些意圖驅動，而產生心智上的內涵。另外經由外界訊號所觸動的意念想法，事實上，我們其實並無法察覺是哪裡來的，因為在察覺之前，我們是一無所知的阿。換句話說，這兩種獲得訊息的方式，並沒有所謂「個體化後的自己」的意念想法這回事啊。嚴格上說起來，全都是群體隱態與外界訊號所驅動的阿。

H：為什麼會出現在我們腦中呢？

V：只是因為我們有察覺與解譯的功能，才能觸動我們「察覺到」。

H：有個地方我不明白，當我們提出一個問題，問每一個人，每一個人都有不同的想法。請問什麼情況下沒有「個體化後的自己」？什麼情況下有？

V：當我們再度思考時，才有個體化後的自己，除此之外都沒有。

H：當每一個人說他自己的看法時，已經是「個體化後的自己」？

V：那也未必，如果沒重新思考過，都不屬於自己的想法。

H：也就是經過「個體化的我的內在規則」所「解譯」的腦中的想法？

V：若無「親自思考過」的理解，都無所謂個體化的自我，所建構出來的內在規則與解譯阿。

V：所以原則很簡單啊，未經獨立思考，我們無法建構出一個自我，當然也無法寫回隱態，改變不了任何心智結構阿。

H：越想越覺得不對勁，幾個問題再請教。

  1. 先前定義「思考」為：「基於尋找原因而驅動的腦部運算」，就是這裡講的「親自思考/重新思考/獨立思考」嗎？這才是「真正的思考」嗎？

V：是的，「真正的思考」是為了「自己建構」個體心智結構，當然若不真正思考，也是可以「被自動建構」一個個體心智結構，但那其中並無「個體化的自我」啦。

  2. 不是「真正的思考」，就不能建構「個體化的自我」嗎？

V：是的，不能。

Z：那「我」是在幹嘛呢？

V：閒置中。

Z：只是隱態結構中的一堆程式在跑而已嗎？

V：是的。

Z：那又何來所謂「我的感受/我的想法」呢？

V：那只是被設定的規則程式套裝（業力），所產生的感受與想法而已啦，其中並沒有「產生效果的自我」阿。

Z：難道都是「幻覺」來著嗎？

V：感受、想法都是真的有的啦，只是並非自己所設計的而已，且這些感受想法，充其量也只是「如露亦如電」啦。

　3. 同上，如果沒能建構「個體化的自我」，那為什麼又有所謂的「個體化過程」？

V：「被自動化建構」也是個體化過程阿。

　還區分前個人期、初個人期、中個人期、後、觀、超個人期？如果這個過程是從「個體化」到「群體化」的發展過程，難道不是必然在某一期開始「個體化的自我」的建構？並且在另一期完成？

V：由前、初、中個人期的「被自動化建構」的心智結構，到慢慢增加「自我察覺」功能，產生「自己選擇所建構」的心智結構的過程。然後建構心智功能完成，進入另一層次的「群體化功能」的建構階段。

　4. 又是一個白目的問題。就我目前所理解，「基於尋找原因而驅動的腦部運算」其實門檻很高，至少需要足夠的生理能量，提供心智思考使用，尤其需要維持高效與穩定的話，心結太多的情況下無法順利進行。

V：事實上，這也是艱辛的過程阿。

　假設一切順利，達至門檻，結果找到的原因是錯的，也就是經過真正的思考，卻沒有找到正確答案，無法理解事物的真

正原因，那不是很白爛嗎？

V：阿，也無所謂「白爛」阿，只是「尚未成功，仍須努力」如此而已啦。

H：稍微複習過，還是有些地方不明白，請問：

書本 46 頁。「同屬一體」，後天型：經由現在的意圖/意念植入、凝固到意識結構中，而產生關聯，可以傳遞「心智訊息」，進行通訊。請問：植入意圖、意念，並且凝固到意識結構中，是什麼意思？

V：也就是無論是經過「自己思考」或「被植入」都稱爲「植入/置入」的內在規則，若其內在規則強化（深信不疑），就可以進而修改內在規則（意識層次中的心智層次），稱爲「凝固」。

書本 49 頁。到了某個地方，看見什麼「古物、古蹟」，透過調整意識狀態，就能獲得當時在此處發生的「訊息」，「訊息+古物」，就會建構出當時的「情景畫面」。請問：

1. 此處所謂「調整意識狀態」是指什麼意思？

V：是指「調整意識焦點」達成與此訊息對頻的焦點。

2. 我的筆記寫道：「能量場被物質吸收」，爲什麼過了很久，能量場還在？

V：物質可以乘載多重層次的訊息，我們的物質載體本身亦是如此。但是否能乘載或保留多久，與該物質本身的特性與結構有關，以大多數來說，結構比較有序與緻密的物質，能乘載的時間通常比較長。

3. 是因爲訊息還在，所以能量還在嗎？「訊息」指導「能量」？

V：只有能量能乘載訊息，所以是能量還在，訊息才有可能保存。

書本 52-53。一般我們說「解讀能量」，事實上指的是，「對於精確度不同的頻率的解讀能力」。請問這裡講的「精確度不同」表示不同「密度、層次、子層次」的意思嗎？

V：是的，精確度高，頻率密度也較高，此兩者是同一件事情。

國家圖書館出版品預行編目資料

意識探索：內在規則的思索與調校/李國榮
（Vidya Lee）、意識/心靈/靈性 LINE 社群合著.
－初版.－臺中市：李國榮，2023. 10
　　面；　公分
ISBN 978-626-01-1638-5（平裝）
1. CST：意識　2. CST：文集
176. 9　　　　　　　　　　　112013549

意識探索：內在規則的思索與調校

作　　者　李國榮（Vidya Lee）、意識/心靈/靈性 LINE社群
校　　對　李國榮（Vidya Lee）
出版發行　李國榮
　　　　　E-mail：vidyalee127@gmail.com
設計編印　白象文化事業有限公司
　　　　　專案主編：黃麗穎　　經紀人：張輝潭
經銷代理　白象文化事業有限公司
　　　　　412台中市大里區科技路1號8樓之2（台中軟體園區）
　　　　　出版專線：（04）2496-5995　　傳真：（04）2496-9901
　　　　　401台中市東區和平街228巷44號（經銷部）
　　　　　購書專線：（04）2220-8589　　傳真：（04）2220-8505
印　　刷　基盛印刷工場
初版一刷　2023 年 10 月
定　　價　450 元